이번엔
부산

이번엔 부산

지은이 구지선
펴낸이 임상진
펴낸곳 (주)넥서스

초판 1쇄 발행 2010년 8월 15일
4판 17쇄 발행 2019년 9월 10일

5판 1쇄 인쇄 2020년 8월 3일
5판 1쇄 발행 2020년 8월 14일

출판신고 1992년 4월 3일 제311-2002-2호
10880 경기도 파주시 지목로 5
Tel (02)330-5500 Fax (02)330-5555

ISBN 979-11-90927-33-8 13980

저자와 출판사의 허락 없이 내용의 일부를
인용하거나 발췌하는 것을 금합니다.
저자와의 협의에 따라서 인지는 붙이지 않습니다.

가격은 뒤표지에 있습니다.
잘못 만들어진 책은 구입처에서 바꾸어 드립니다.

www.nexusbook.com

ENJOY Local trip guide

ENJOY 국내여행

—

6

이번엔
부산

—

구지선 지음

넥서스BOOKS

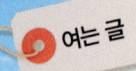 여는 글

신은 모든 곳에 있을 수 없어 부산을 만들었다!

바다는 물을 가려 받지 않고, 하늘은 모든 것을 덮어 주고, 산은 아낌없이 내어 준다는데 부산은 이 행복 3종 세트를 모두 가지고 있는 도시이다. 가진 것이 많아서일까? 부산에는 타 도시에서는 볼 수 없는 여유와 배포가 있다.

한국 전쟁 당시 전국에서 모여든 피란민을 끌어안았던 부산엔 아직도 전쟁을 견뎌 낸 힘이 남아 있고 가난을 이겨 낸 열정이 남아 있다. 힘들 때 사람을 버리지 않았던 부산이기 때문일까? 부산을 여행하다 보면 저절로 정이 느껴진다.

부산은 그야말로 도시 전체가 쉬지 않고 움직인다. 사람, 자연, 역사, 열정이 끊임없이 도시 전체에 에너지를 공급하고 있는데 이로 인해 부산이라는 도시는 마치 살아 있는 생명체처럼 움직인다.

자연이 오랜 세월에 걸쳐 만들어 낸 경이로운 경치와 살아 있는 역사라 해도 과언이 아닌 거리 곳곳은 부산을 천의 얼굴로 만들었다. 자연이 변하는 시간에 따라, 사람들이 깨어 움직이는 시간에 따라, 부산은 놀라울 정도로 다른 매력을 드러낸다. 그리고 그렇게 형성된 묘한 매력과 넘치는 에너지는 찾아온 사람들의 심장을 뛰게 만든다. 사는 일에 지쳐 방전된 인생을 재충전시켜 준다.

부산을 여행하고 나면 알게 될 것이다. 자신도 모르는 사이에 눈에는 아름다움을, 가슴에는 열정을, 머리에는 여유를 담고 왔다는 것을!

부산을 구석구석 볼 수 있는 행운을 나에게 주시고 정성과 열정을 다해 개정판 작업을 해 주신 넥서스 관계자 분들께 고마운 마음을 전한다. 그리고 늘 변함없는 응원을 보내 주고 내가 하는 일을 항상 같이 기뻐해 주는 나의 가족들에게 고맙다는 말을 전하고 싶다. 또 정말 많은 친절을 베풀어 주시고 취재에 따뜻한 도움을 주었던 부산 시민들과 나에게 정말 많은 것을 보여 주고 느끼게 해 주고 가르쳐 준 나의 고향 부산에 깊은 감사의 인사를 드린다.

끝으로 부산에서의 생활을 아름답고 행복한 기억으로 가득 채워준 가족들과 친구들에게 이 자리를 빌려 마음을 다해 감사의 인사를 드린다.

구지선

이 책을 보는 방법

미리 만나는 부산

부산에는 볼거리, 먹을거리, 살거리, 즐길거리가 너무 많아서 고민이다. 부산의 대표 관광지와 해수욕장, 오래된 골목길을 사진으로 만나 보고, 꼭 맛보아야 할 음식과 쇼핑 명소, 즐길거리도 체크해 보자.

추천 코스 부산을 여행하는 다양한 코스를 소개한다. 연인과 함께, 친구나 가족과 함께, 아니면 혼자여도 좋은 부산 최고의 여행지를 엄선하여 자신에게 맞는 일정을 세워 보자.

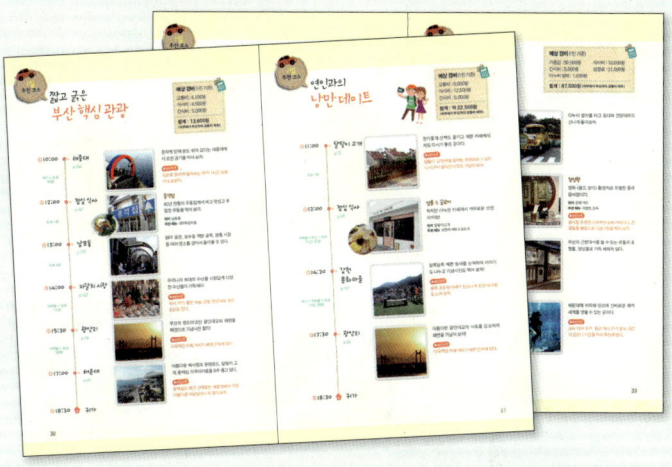

지역 여행 부산을 가장 잘 보고, 느끼고, 체험할 수 있는 대표적인 곳을 소개하고 관련 정보를 담았다. 꼭 가 봐야 할 곳, 자주 갔어도 잘 몰랐던 곳, 새롭게 떠오르는 명소까지 구석구석 살펴본다.

맛집·숙소

여행에 빠질 수 없는 것이 바로 식당과 숙소이다. 잘 먹고 잘 자야 몸과 마음이 행복한 여행이 된다. 입소문이 자자한 맛집과 편안한 잠자리를 소개한다.

근교 여행

모처럼 여행을 왔는데 부산만 보고 돌아가기 아쉽다면? 부산 여행을 마치고 돌아가는 길에 들르거나 부산에 머물면서 당일치기로 다녀올 수 있는 근교 여행지를 소개한다.

테마 여행

부산 국제 영화제 즐기기부터 영화 속 배경을 찾아가는 시네마 투어, 버스로 즐기는 산복도로 드라이브, 걷기 여행, 유람선 여행, 부산에서 배 타고 일본 가기, 지역 축제 즐기기까지 다양한 테마로 부산을 특별하게 즐겨 보자.

여행 정보

부산 여행을 시작하기 전에 알아 두면 좋은 부산의 기본 정보와 여행 전 준비할 사항들, 부산으로 가는 방법, 대중교통과 시티투어까지 부산 여행의 필수 정보를 꼼꼼히 담았다.

Notice! 부산의 최신 정보를 정확하고 자세하게 담고자 하였으나 시시각각 변화하는 부산의 특성상 현지 사정에 의해 정보가 달라질 수 있음을 사전에 알려 드립니다. 또한 코로나 19 여파로 관광지 상황이 수시로 변하고 있으므로 방문 전에 확인 바랍니다.

여는 글 • 4
이 책을 보는 방법 • 6

미리 만나는 부산
부산에서 꼭 가 봐야 할 관광 명소 • 14
푸른 바다로 풍덩! 해수욕장 • 18
사람 냄새 물씬 풍기는 골목길 • 20
종류도 가격대도 천차만별! 쇼핑 명소 • 22
현지인들이 인정한 맛! 먹을거리 • 24
365일 즐거움이 있는 부산! 즐길거리 • 26

추천 코스
짧고 굵은 부산 핵심 관광 • 30
연인과의 낭만 데이트 • 31
실속파를 위한 쇼핑 투어 • 32
아이와 함께 가족 여행 • 33
영화 속 주인공처럼 시네마 투어 • 34
부산 구석구석 완전 정복 여행 • 36

지역 여행
해운대 • 46
송정 · 해동 용궁사 • 60
광안리 • 68
이기대 · 유엔 기념 공원 • 78
서면 • 94
범일동 • 104
부산역 • 116
남포동 • 130
태종대 • 150
송도 · 감천 문화 마을 • 164
다대포 • 176
동래 • 184
부산대 앞 • 200
범어사 · 금정산성 • 208

부산의 특별한 숙소 • 222

근교 여행

김해 봉하 마을 • **230**
양산 통도사 • **240**
경주 역사 유적 지구 • **254**
진주성 • **262**
남해 독일 마을 • **272**

여행 준비

부산의 어제와 오늘 • **316**
여행 준비하기 • **317**
부산 가는 길 • **320**
대중교통 이용하기 • **323**
시티투어 즐기기 • **326**
유용한 전화번호 & 사이트 & 어플 • **328**

테마 여행

부산 국제 영화제 • **280**
시네마 투어 • **284**
산복도로 드라이브 • **288**
부산 걷기 여행 • **292**
유람선 여행 • **300**
배 타고 일본 여행 • **306**
부산의 축제 속으로 • **310**

볼거리, 먹을거리, 살거리, 놀거리가 너~무 많아서 고민인 부산!
해운대, 남포동, 태종대 등 꼭 봐야 할 관광지도 즐비하고
푸른 바다 넘실대는 해수욕장도, 정겨운 산복도로 골목길도 매력적이다.
물론 맛집 투어와 쇼핑, 다양한 즐길거리도 놓칠 수 없다.
여행이 끝나고 나서 빠뜨렸다고 아쉬워하지 말고
부산에 가면 꼭 보고, 먹고, 사고, 즐겨야 할 것들을 미리 체크해 보자!

미리 만나는 부산

부산에서 꼭 가 봐야 할 **관광 명소**
푸른 바다로 풍덩! **해수욕장**
사람 냄새 물씬 풍기는 **골목길**
종류도 가격대도 천차만별! **쇼핑 명소**
현지인들이 인정한 맛 **먹을거리**
365일 즐거움이 있는 부산! **즐길거리**

부산에서 꼭 가 봐야 할 관광 명소 BEST 10

부산의 많은 볼거리 중에서 어디부터 구경해야 할지 막막하다면 우선 대표적인 명소부터 공략해 보자. 어느 날 갑자기 돈을 투자해 만든 곳이 아니라 오랜 세월을 거치는 동안 자연과 사람에 의해 형성된 부산의 명소에는 재미와 감동이 공존한다.

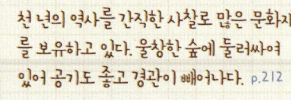

천 년의 역사를 간직한 사찰로 많은 문화재를 보유하고 있다. 울창한 숲에 둘러싸여 있어 공기도 좋고 경관이 빼어나다. p.212

범어사

태종대

울창한 숲과 기암절벽, 푸른 바다가 어우러져 절경을 이루는 곳이다. 잘 가꾸진 산책로를 걸으며 탁 트인 바다를 만나자. p.154

이기대

원시 그대로의 기암절벽과 검푸른 바다가 절경을 이룬다. 바다 건너 해운대가 한눈에 들어오는 전망도 일품이다. p.82

남포동

부산 대표 관광 명소라고 해도 과언이 아닌 남포동은 원래 쇼핑가로 유명하지만 먹을거리도 많고 볼거리도 많다. p.130

상해 거리

중국 음식점도 많고 볼거리도 많은 차이나타운으로, <올드 보이>, <범죄와의 전쟁> 등 유명 영화가 촬영된 곳이기도 하다. p.120

시원하게 펼쳐진 해수욕장 주
위로 달맞이 고개, 누리마루
APEC 하우스, 동백 공원 등
다양한 볼거리가 있다. p.146

● 해운대

● 광안리

'다이아몬드 브리지'라고 불리는 광안대교와
아름다운 해변이 있는 곳이다. 주위에 멋진
카페도 많아 이국적인 분위기이다. p.68

● 자갈치 시장

우리나라 최대의 수산물 시장으로, 활기 넘치는
재래시장 특유의 분위기는 물론이고 항구 풍경까
지 즐길 수 있다. p.142

용두산 공원

도심 한복판에 위치한 용두산은 녹음으로 둘러싸인 휴식처이며, 산 정상에는 부산 시내를 한눈에 내려다볼 수 있는 부산 타워가 위치해 있다. p.139

해동 용궁사

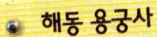

진심으로 기도하면 누구나 한 가지 소원은 꼭 이룬다는 이야기가 전해지는 사찰이다. 바다와 어우러진 풍경이 유명하며 일출을 감상하기에도 제격이다. p.65

해수욕장 BEST 5
푸른 바다로 풍덩!

부산을 이국적이고 아름다운 도시로 만든 일등 공신은 바다가 아닐까 싶다. 해운대에 십만 인파가 몰리는 한여름 피서철이 아니더라도, 시원하게 펼쳐진 동해 바다와 하늘, 흰 모래사장이 만들어 내는 풍경은 사시사철 여행자들의 발길을 모은다.

해운대 해수욕장

여름이면 전국에서 사람들이 몰려드는 부산 대표 해수욕장. 넓고 긴 해변과 아름다운 풍경을 갖고 있으며 교통이나 주변 여건도 편리하다. p.50

광안리 해수욕장

여름에는 해수욕장으로, 가을에는 부산 불꽃 축제로 달아오른다. 카페 거리와도 가까워 이국적이고 여유로운 풍경 속에서 커피 한잔을 즐기기 위해 찾는 사람들도 많다. p.72

송정 해수욕장

자연 그대로의 아름다움을 간직한 곳이다. 해수욕장 바로 옆에는 솔숲으로 뒤덮여 있는 죽도 공원이 있어 산책을 즐기기에도 좋다. p.64

다대포 해수욕장

밀가루처럼 고운 모래가 깔린 해변으로 사랑받고 있으며, 세계 최대의 낙조 분수와 경관이 뛰어난 몰운대로도 유명하다. p.180

송도 해수욕장

우리나라 제1호 해수욕장답게 아름답고 깨끗하다. 자연 속에서 산책을 즐길 수 있는 암남 공원을 옆에 끼고 있다. p.168

사람 냄새 물씬 풍기는 골목길 BEST 5

관광지가 아닌 진짜 부산 사람들이 사는 부산을 보고 싶다면 동네로 들어가 보자. 오랜 시간의 흔적이 고스란히 쌓여 있는 동네 골목길은 그 자체가 작품이다. 옮겨 갈 수도 없고, 가져갈 수도 없기에 더 심장을 두근거리게 만든다.

매축지 마을

동네 전체가 영화 세트장 같은 느낌이 드는 곳이다. 70년대 풍경을 그대로 간직하고 있는 이곳은 영화 <아저씨>와 <친구> 촬영지로도 유명하다. p.114

감천 문화 마을

'한국의 산토리니'라고 불리는 곳이다. 산비탈을 따라 계단처럼 펼쳐진 색색의 가옥들이 이색적인 풍경을 빚어낸다. p.169

닥밭골 행복 마을

오래된 골목길 사이에는 오래된 집들이 그림처럼 자리하고 있다. 담장마다 그려진 벽화를 구경하면서 한가롭게 산책하기 좋다.
p.174

남부민동

70년대 분위기를 풍기는 오래된 집들과 골목길은 타임머신을 타고 있는 것 같은 기분을 느끼게 한다. 동네에 올라서면 자갈치 시장과 푸른 바다도 한눈에 보인다. p.144

초량동

곳곳에 남아 있는 일본식 가옥과 오래된 골목길, 재래시장, 차이나타운 등으로 산복도로 풍경을 제대로 느낄 수 있는 곳이다. p.123

21

쇼핑 명소 BEST 5

종류도 가격대도 천차만별!

부산은 대한민국 제2의 대도시답게 없는 것이 없다. 해외 명품이 즐비한 럭셔리 백화점부터 패션 트렌드에 가장 민감한 로드숍, 저렴한 가격에 수입품이나 빈티지 아이템을 쓸어 담을 수 있는 재래시장까지! 부산이야말로 쇼퍼홀릭들의 천국이다.

서면

서면 지하상가에는 젊은 층이 선호하는 옷가게가 밀집해 있다. 오래된 재래시장인 부전 마켓 타운과 롯데 백화점도 지하상가와 연결되어 있어 편리하다. p.94

남포동

대형 백화점은 물론 로드숍과 재래시장까지 다양한 쇼핑 공간이 모여 있다. 의류 등의 패션 아이템은 물론, 생활에 필요한 모든 것을 구입할 수 있다. p.130

🏷 국제 시장·깡통 시장

수입품이 많은 곳이라서 외국인들도 즐겨 찾는다. 의류, 과자, 가방, 신발, 그릇 등 다양한 품목을 만날 수 있으며 유부전골, 팥죽 같은 먹을거리도 많다. p.135, p.137

🏷 부산대 앞

대학가답게 젊은 층이 선호하는 옷가게가 모여 있다. 저렴한 가격대를 앞세운 가게부터 유명 메이커 매장만 모여 있는 거리까지 있어 다양한 쇼핑을 즐길 수 있다. p.200

🏷 센텀시티

세계 최대의 백화점인 신세계 백화점과 롯데 백화점이 있어 부산의 럭셔리 쇼핑을 대변하는 곳이다. 백화점 옥상에는 공원이 조성되어 있어 쉬어 가기에도 좋다. p.57

현지인들이 인정한 맛!
먹을거리 BEST 7

금강산도 식후경인데 여행에 먹거리가 빠지면 섭섭하다. 부산에서 인기 있는 음식은 대체로 싸고 맛있고 푸짐하다는 공통점이 있다. 씨앗호떡부터 냉채족발까지 소문난 먹거리와 수십 년 전통의 맛집들은 부산 여행의 즐거움을 두 배로 만들어 준다.

족발

피부 미용에 좋은 콜라겐이 풍부한 족발이 먹고 싶다면 부산으로 가자. 일반적인 족발 외에도 부산의 별미 냉채족발을 맛볼 수 있다.

유부전골

커다란 유부 안에는 양념이 된 맛있는 당면이 듬뿍 들어가 있다. 어묵과 함께 한 그릇을 먹고 나면 속이 든든해져서 식사 대용으로도 충분하다.

돼지국밥

부산에서 제일 많이 만날 수 있는 음식으로, 고기가 듬뿍 들어 있어 한 그릇 먹고 나면 그야말로 한 끼를 제대로 먹었다는 기분이 든다. 가격도 저렴하니 금상첨화다.

📌 **칼국수**

부산에는 칼국수를 잘하는 집이 유난히 많다. 서면 먹자골목, 다대포, 범어사 쪽에서 쉽게 만날 수 있는 칼국수는 처음 찾은 사람을 세 번 놀라게 한다. 맛있어서 놀라고, 푸짐해서 놀라고, 저렴해서 놀란다.

📌 **씨앗호떡**

호떡에 씨앗을 넣자 전국 각지에서 사람들이 남포동 PIFF 광장으로 몰려오기 시작했다. 별 맛 있을까 하고 시큰둥하던 사람들도 고소한 맛에 반하곤 한다.

📌 **밀면**

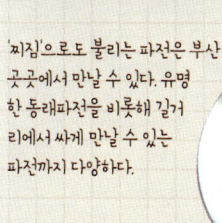

부산의 대표 음식으로 꼽히는 밀면은 어찌 보면 심심한 듯한 깔끔한 맛에다 가격도 저렴하다. 서면에 위치한 개금밀면은 특히 맛있고 양도 많기로 유명하다.

📌 **파전**

'찌짐'으로도 불리는 파전은 부산 곳곳에서 만날 수 있다. 유명한 동래파전을 비롯해 길거리에서 싸게 만날 수 있는 파전까지 다양하다.

즐길거리 BEST 5

365일 즐거움이 있는 부산!

부산은 넓고 즐길거리는 많다. 온천욕, 유람선, 해양 스포츠 등 그 어떤 것을 즐겨도 상상 이상의 것이 기다리고 있으니 마음 놓고 즐겨 보자. 뭐든 흥을 돋우는 부산 사람 특유의 분위기 때문인지 누구나 흠뻑 빠져들어서 신나는 한때를 보낼 수 있을 것이다.

● 사직구장 야구 경기

'아주라 문화'를 탄생시킨 부산의 야구 응원은 너무나 유명하다. 야구를 잘 몰라도 딱 하루만 열정적인 롯데 팬이 되어 부산 사람들의 폭발적인 응원에 동참해 보자.

● 동래 온천

동래에는 동양 최대 규모의 온천 시설을 자랑하는 허심청을 비롯하여 온천을 즐길 수 있는 곳이 많다. 옛날 왕들도 즐겨 찾은 곳이라 그런지 물 하나는 끝내준다.

유람선

누리마루, 동백호, 티파니21 등의 유람선을 타고 바다 여행을 해 보자. 특히 바다 위에서 바라보는 부산의 야경은 놓칠 수 없는 포인트이다.

해수욕·해양 스포츠

부산에서는 그야말로 제대로 된 바다 수영을 즐길 수 있다. 해운대 등의 해수욕장에서는 해수욕뿐만 아니라 요트와 카약 등 해양 스포츠도 즐길 수 있다.

나이트라이프

편안히 술 한잔 기울이기 좋은 서면, 핫 플레이스로 소문난 해운대의 클럽, 인디 뮤지션들의 공연 문화가 살아 있는 부산대 앞과 경성대 앞은 낮보다 밤이 더 화려한 불야성이다.

나만의 방법으로 부산을 즐기는 다양한 코스를 소개한다!
가장 전형적인 부산 핵심 관광 코스는 물론이고
연인과 함께하는 데이트 코스, 자녀와 함께하는 가족 여행 코스,
영화 촬영지를 찾아보는 시네마 투어와 알뜰 쇼핑 투어,
부산 구석구석을 빠짐없이 돌아보는 완전 정복 코스까지 준비되어 있어
취향별로 골라서 자신만의 일정을 세울 수 있다!

추천 코스

짧고 굵은 **부산 핵심 관광**
연인과의 **낭만 데이트**
실속파를 위한 **쇼핑 투어**
아이와 함께 **가족 여행**
영화 속 주인공처럼 **시네마 투어**
부산 구석구석 **완전 정복 여행**

1일 추천 코스

짧고 굵은
부산 핵심 관광

예상 경비 (1인 기준)
교통비 : 4,200원
식사비 : 6,000원
간식비 : 5,000원
합계 : 15,200원
(외부에서 부산까지 교통비 제외)

🕙 **10:00** ● **태종대** p.154

버스 + 도보 40분

경치에 반해 왕도 쉬어 갔다는 태종대에서 오전 공기를 마셔 보자.

★point
도로로 한 바퀴 돌아보는 데 약 1시간 30분이 소요된다.

🕛 **12:00** ● **점심 식사** p.147

도보 1분

종각집
40년 전통의 우동집에서 싸고 맛있고 푸짐한 우동을 먹어 보자.
위치 남포동
추천 메뉴 새우튀김우동

🕐 **13:00** ● **남포동** p.130

도보 5분

BIFF 광장, 보수동 책방 골목, 깡통 시장 등 여러 명소를 걸어서 돌아볼 수 있다.

🕑 **14:00** ● **자갈치 시장** p.142

지하철 + 도보 1시간

우리나라 최대의 수산물 시장답게 다양한 수산물이 가득하다.

★point
쉬어 가기 좋은 하늘 공원 전망대와 친수 공간도 있다.

🕞 **15:30** ● **광안리** p.68

지하철 + 도보 30분

부산의 랜드마크인 광안대교와 해변을 배경으로 기념사진 찰칵!

★point
이국적인 카페 거리가 해변 근처에 있다.

🕔 **17:00** ● **해운대** p.46

아름다운 백사장과 문탠로드, 달맞이 고개, 동백섬, 아쿠아리움을 모두 품고 있다.

★point
동백섬의 해안 산책로는 해운대에서 가장 아름다운 바닷길이니 꼭 걸어 보자.

🕡 **18:30** 🏠 **귀가**

1일 추천 코스

연인과의
낭만 데이트

예상 경비 (1인 기준)
교통비 : 5,200원
식사비 : 12,000원
간식비 : 5,000원

합계 : 22,200원
(외부에서 부산까지 교통비 제외)

🕐 **11:00** ▶ **달맞이 고개**
p.52

도보 1분

한가롭게 산책도 즐기고 예쁜 카페에서 차도 마시기 좋은 곳이다.

★ point
달맞이 고개 바로 밑에는 문탠로드가 있으니 시간이 된다면 이곳도 거닐어 보자.

🕐 **12:00** ▶ **점심 식사**
p.58

지하철 + 버스 + 도보
1시간 30분

달타이
달맞이 고개에서 즐기는 이색적인 식사!
위치 달맞이 고개
추천 메뉴 꿰띠여우느어(쌀국수)

🕐 **14:30** ▶ **감천 문화마을**
p.169

버스 + 지하철 + 도보
1시간 30분

알록달록 예쁜 동네를 산책하며 이야기도 나누고 기념사진도 찍어 보자!

★ point
골목 곳곳에 카페가 있으니 차 한잔의 여유도 느껴 보자.

🕐 **17:30** ▶ **광안리**
p.68

아름다운 광안대교의 낙조를 감상하며 해변을 거닐어 보자!

★ point
이국적인 카페 거리가 해변 근처에 있다.

🕐 **18:30** 🏠 귀가

실속파를 위한 쇼핑 투어

예상 경비 (1인 기준)
교통비 : 2,800원
식사비 : 7,000원
간식비 : 5,000원

합계 : 14,800원
(외부에서 부산까지 교통비 제외)

🕐 **11:00** ▶ **신세계 백화점 센텀시티점** p.57

지하철 + 도보 30분

세계에서 가장 큰 백화점으로 기네스북에도 등재된 신세계 백화점에서 쇼핑을 즐기자.

★point
신세계 백화점 바로 옆에는 롯데 백화점도 있다.

🕐 **13:00** ▶ **점심 식사** p.102

도보 1분

경주 국밥
고기가 듬뿍 들어간 뜨끈한 돼지국밥이 일품이다.
위치 서면
추천 메뉴 돼지국밥

🕐 **14:00** ▶ **서면 지하상가** p.98

지하철 + 도보 30분

젊은 층이 선호하는 옷가게가 많아 부산 사람들은 물론 외국인 관광객에게도 인기가 많다.

★point
롯데 백화점과도 지하로 연결되어 있다.

🕐 **16:30** ▶ **남포동 구제 골목** p.135

구제 옷가게가 모여 있는 곳으로 잘만 고르면 싼값에 보물을 건질 수 있다.

★point
남포동에는 백화점도 있고 중저가 의류 매장도 밀집해 있어 다양한 쇼핑이 가능하다.

🕐 **18:30**   **귀가**

1일 추천 코스

아이와 함께
가족 여행

예상 경비 (1인 기준)
기름값 : 50,000원   식사비 : 16,000원
간식비 : 5,000원   입장료 : 29,000원
다누비 열차 : 3,000원

합계 : 103,000원 (외부에서 부산까지 교통비 제외)

⏰ 11:00 ● 태종대
p.154

다누비 열차를 타고 등대와 전망대까지 신나게 돌아보자.

승용차 30분

⏰ 13:00 ● 점심 식사
p.128

장성향
영화 〈올드 보이〉 촬영지로 유명한 중국 음식점이다.

위치 상해 거리
추천 메뉴 간짜장, 만두

★point
음식점 주변은 이국적인 상해 거리이니, 건물들을 배경으로 기념사진을 찍어 보자.

승용차 10분

⏰ 14:00 ● 부산 근대 역사관
p.138

부산의 근현대사를 볼 수 있는 유물과 조형물, 영상물로 가득 채워져 있다.

승용차 50분

⏰ 16:30 ● 부산 아쿠아리움
p.51

해운대에 위치해 있으며 신비로운 해저 세계를 엿볼 수 있는 곳이다.

★point
상어 먹이 주기, 펭귄 먹이 주기 등의 공연이 있으니 시간을 미리 확인해 둔다.

⏰ 18:30 🏠 귀가

1박 2일 추천 코스

영화 속 주인공처럼
시네마 투어

 첫째 날

🕚 11:00 — 도보 2분 — 🕛 12:00 — 도보 15분 — 🕐 13:00 — 도보 5분 — 🕑 14:00

부산데파트
p.285

점심 식사
p.149

중앙성당옆길
p.285

용두산 공원
p.139, p.287

영화 〈도둑들〉에서 다이아몬드를 둘러싼 총격전이 벌어졌던 곳이다.

★point
롯데 백화점과 자갈치 시장에서 가까워 함께 돌아보기 좋다.

롯데백화점
롯데백화점 지하 1층에는 다양하고 깔끔한 맛집이 가득하다.

위치 롯데 백화점 광복점 지하 1층
추천 메뉴 큐브 스테이크 덮밥

용두산 공원 아래, 중앙성당 옆길에서 영화 〈변호인〉의 시위 장면이 촬영되었다.

★point
길 건너편 남성여고 방향에는 예쁜 벽화길도 있다.

영화 〈사생결단〉에서 형사 황정민과 마약 판매상의 추격전이 촬영된 곳이다.

 둘째 날

🕚 11:00 — 지하철 + 도보 20분 — 🕛 12:30 — 도보 1분

매축지 마을
p.114, p.286

점심 식사
p.128

70년대 분위기의 영화 세트장 같은 동네로, 영화 〈아저씨〉와 〈친구〉가 촬영되었다.

★point
최근에는 벽화 마을로 조성되어 벽화를 찾아보는 재미가 더해졌다.

일품향
이국적인 상해 거리에 있는 맛집에서 잡채밥 한 그릇!
위치 상해 거리
추천 메뉴 잡채밥

예상 경비 (1인 기준)

교통비 : 2,800원　　식사비 : 26,000원
간식비 : 10,000원　　숙박비 : 20,000원

합계 : **58,800원** (외부에서 부산까지 교통비 제외)

도보 15분　　🕒 **15:30**　　도보 5분　　🕒 **17:00**　　도보 1분　　🕒 **18:00**　　🕒 **19:00**

남포동 BIFF 광장
p.134

자갈치 시장
p.142, p.286

저녁 식사
p.149

숙소

부산 국제 영화제의 핵사가 열리는 곳으로, 영화관도 많고 유명인들의 핸드프린팅도 볼 수 있다.

★point
부산의 명물 씨앗호떡도 바로 이곳에서 맛볼 수 있다.

영화 〈친구〉에서 장동건과 진구들이 교복을 입고 달리는 장면이 이곳 건어물 상가에서 촬영되었다.

제일 횟집
바삭하게 구운 생선구이가 특히 맛있는 집이다.
위치 자갈치 시장
추천 메뉴 생선구이

🕒 **13:30**　　지하철 + 도보 10분　　🕒 **14:30**　　🕒 **17:00**

상해거리
p.120, p.286

40계단 문화관광 테마거리
p.124

귀가

영화 〈올드 보이〉의 촬영지로 거리 자체가 이국적인 곳이다. 중국 음식점이 특히 많다.

영화 〈인정사정 볼 것 없다〉에서 안성기와 박중훈이 비를 맞으면서 싸운 곳이 바로 40계단이다.

★point
거리 곳곳에 50~60년대를 연상시키는 조형물이 있고 40계단 문화관도 있다.

부산 구석구석 완전 정복 여행

첫째 날

🕐 10:00   지하철 + 버스 + 도보 30분   🕐 12:00   도보 10분

범어사
p.212

천 년의 역사를 간직한 부산 대표 사찰로 많은 문화재를 간직하고 있다.

★point
범어사는 울창한 숲으로 둘러싸여 있어 공기도 좋고 경치도 수려하다.

점심 식사
p.198

동래 할매파전
부산 민속 음식점 1호에서 맛보는, 해물 듬뿍 들어간 파전!
위치 동래읍성 밑
추천 메뉴 동래파전

🕐 17:00   지하철 + 도보 15분   🕐 18:00   도보 1분

금강공원
p.196

문화재가 가득한 공원으로, 금정산을 오르는 케이블카도 탈 수 있다.

저녁 식사
p.207

진주 비봉식당
국밥 골목에서도 특히 유명한 식당에서 즐기는 돼지국밥 한 그릇!
위치 부산 대학교 앞
추천 메뉴 돼지국밥

예상 경비 (1인 기준)

교통비 : 13,200원 식사비 : 55,500원
간식비 : 15,000원 허심청 입장료 : 8,000원
숙박비 : 40,000원

합계 : 131,700원 (외부에서 부산까지 교통비 제외)

⏱ 13:00 ——— 지하철 + 도보 15분 ——— 15:00 ——— 도보 20분 ———

동래 읍성지
p.188

조선 시대의 대표적인 읍성으로 임진왜란 때 치열한 전투가 벌어졌던 곳이다.

★point
주변에 복천 박물관, 복천동 고분군, 장영실 과학 동산 등 볼거리가 많다.

허심청
p.194

동양 최대의 온천 허심청에서 물 좋기로 유명한 온천을 즐겨 보자.

★point
이 일대에는 길거리에서 무료로 즐길 수 있는 노천 족탕도 있다.

⏱ 19:00 20:00

부산대앞
p.200

숙소

지하철 부산대역과 부산 대학교 사이에는 젊은 층이 좋아하는 옷가게로 가득 차 있다.

⏰ 11:00 ···도보 15분··· ⏰ 12:30 ···버스 30분··· ⏰ 14:00 ···버스 + 도보 20분···

해동 용궁사
p.65

점심 식사
p.67

해운대
p.46

소원을 들어 주는 사찰로 유명한 해동 용궁사에서 소원을 빌어 보자.

용궁 해물쟁반짜장

양도 많고 맛있는 해물쟁반짜장으로 배를 든든히 채우자!

위치 해동 용궁사 입구
추천 메뉴 해물쟁반짜장, 해물쟁반짬뽕

아름다운 백사장과 문탠로드, 달맞이 고개, 동백섬, 아쿠아리움을 모두 품고 있다.

★point
동백섬의 해안 산책로는 해운대에서 가장 아름다운 바닷길이니 꼭 걸어 보자.

⏰ 10:00 ···버스+지하철+도보 30분··· ⏰ 12:00 ···도보 2분···

감천 문화마을
p.169

점심 식사
p.149

알록달록 예쁜 동네를 산책하며 기념사진도 찍어 보자!

★point
골목 곳곳에 카페가 있으니 차 한 잔의 여유도 느껴 보자.

제일 횟집

바삭하게 구운 생선구이가 특히 맛있는 집이다.

위치 자갈치 시장
추천 메뉴 생선구이

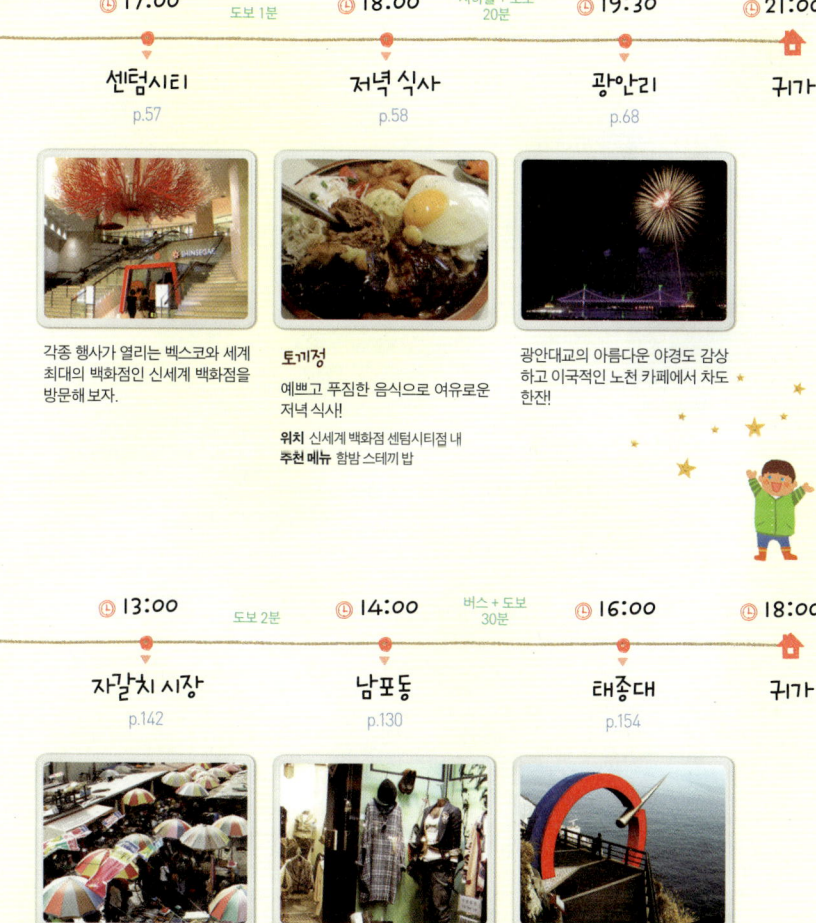

17:00 센텀시티 p.57
도보 1분

각종 행사가 열리는 벡스코와 세계 최대의 백화점인 신세계 백화점을 방문해 보자.

18:00 저녁 식사 p.58
지하철 + 도보 20분

토끼정
예쁘고 푸짐한 음식으로 여유로운 저녁 식사!
위치 신세계 백화점 센텀시티점 내
추천 메뉴 함박 스테끼 밥

19:30 광안리 p.68

광안대교의 아름다운 야경도 감상하고 이국적인 노천 카페에서 차도 한잔!

21:00 귀가

13:00 자갈치 시장 p.142
도보 2분

우리나라 최대의 수산물 시장답게 다양한 수산물이 가득하다.

★point
쉬어 가기 좋은 하늘 공원 전망대와 친수 공간도 있다.

14:00 남포동 p.130
버스 + 도보 30분

BIFF 광장, 보수동 책방 골목, 깡통시장 등 여러 명소를 걸어서 돌아볼 수 있다.

16:00 태종대 p.154

경치에 반해 왕도 쉬어 갔다는 태종대에서 아름다운 낙조를 감상하자.

★point
도보로 한 바퀴 돌아보는 데 약 1시간 30분이 소요된다.

18:00 귀가

부산은 넓은 면적만큼 다양한 볼거리가 숨어 있는 도시!
부산을 가장 잘 보고, 느끼고, 체험할 수 있는 대표적인 곳들을
14개의 지역별로 상세하고 친절하게 소개한다.
부산에서 꼭 가 봐야 할 곳, 가 봤어도 잘 몰랐던 곳,
새롭게 떠오르는 명소까지 구석구석 살펴보고
지역별 베스트 코스와 맛집, 숙소 정보까지 꼼꼼히 챙겨 보자!

지역 여행

해운대
송정·해동 용궁사
광안리
이기대·유엔 기념 공원
서면
범일동
부산역
남포동
태종대
송도·감천 문화 마을
다대포
동래
부산대
범어사·금정산성

• 부산의 특별한 숙소

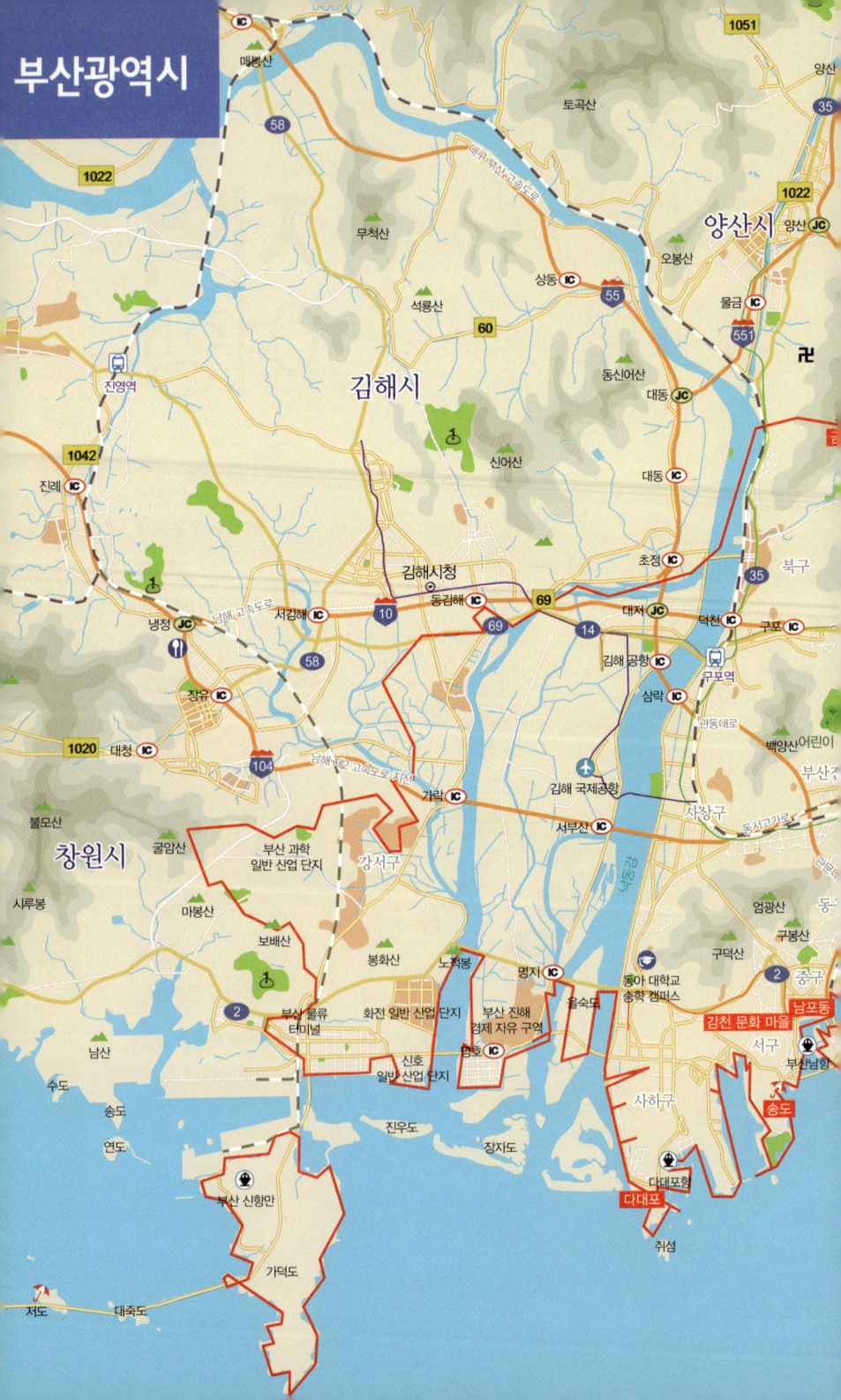

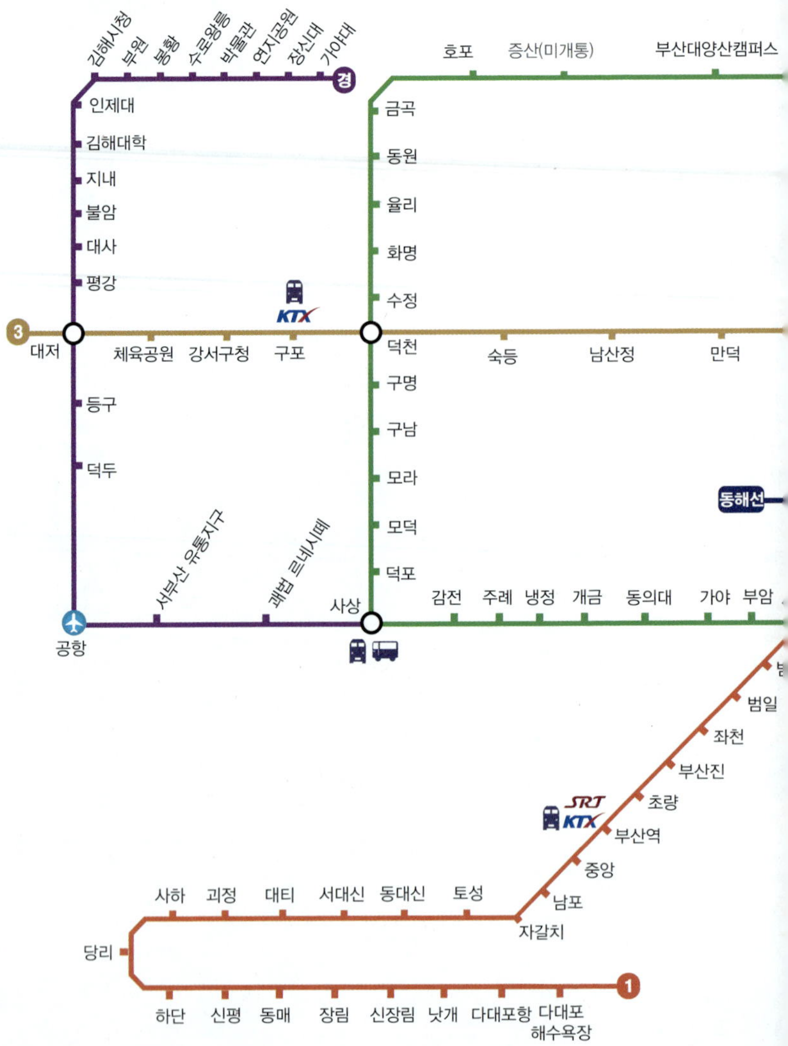

1호선
2호선
3호선
4호선
부산 – 김해 경전철
동해선
갈아타는 역
기차역
버스 터미널
신기
북부
북정
2
범어사
노포
1
남산
두실
구서
장전
부산대
온천장
명륜
4
동래
수안
낙민
충렬사
명장
서동
금사
반여농산물시장
석대
영산대
4
안평
고촌
동부산대학
동해선
일광
기장
교대
동래
거제
연산
시청
물만골
안락
재송
신해운대
송정
오시리아
배산
센텀
문현
지게골
못골
대연
경성대 · 부경대
남천
금련산
광안
망미
해운대
중동
장산
2
동백
벡스코
센텀시티
민락
수영
3

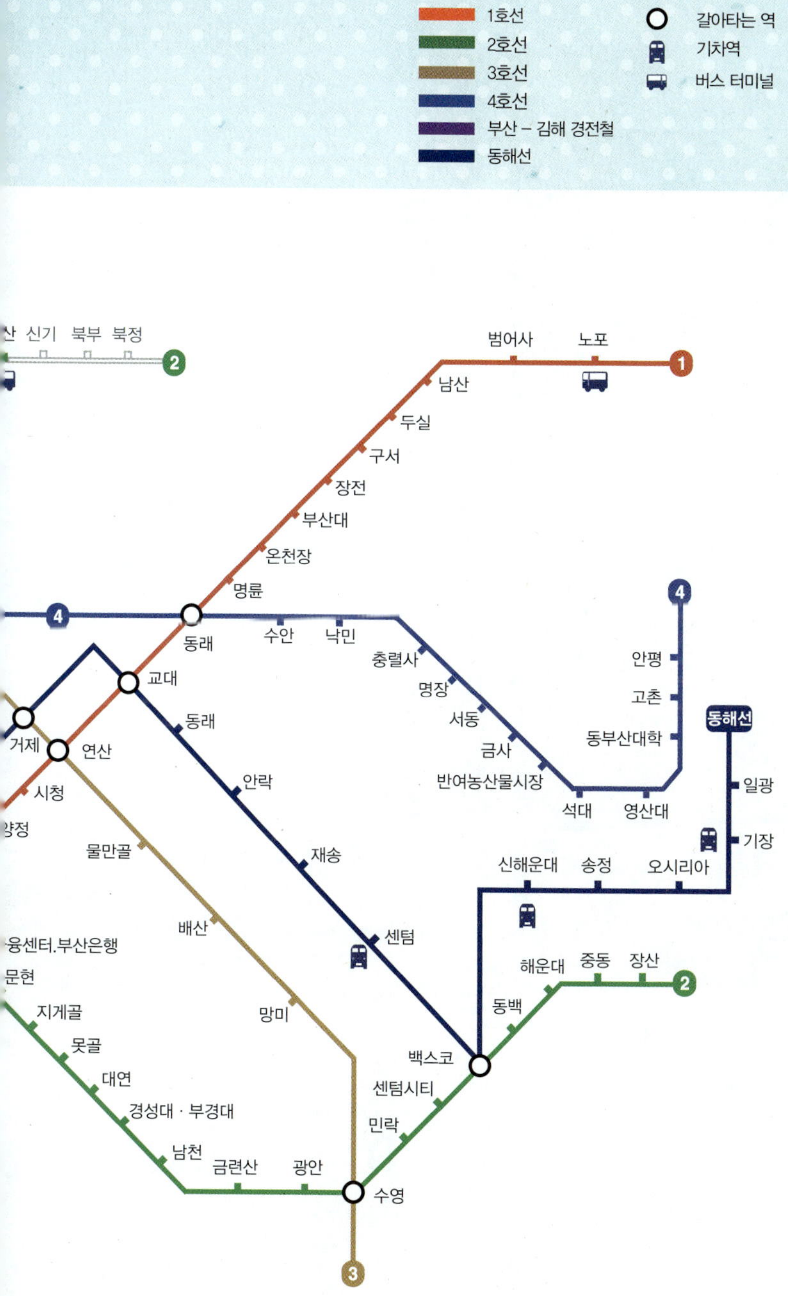

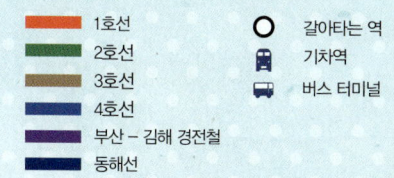

해운대

세계적인 휴양지

통일 신라 말기의 석학 최치원의 자(字)인 '해운(海雲)'에서 이름을 따왔다는 해운대는 1994년 관광 특구로 지정되어 세계적인 휴양지로 발전되어 왔다. 해운대의 아름다움은 예로부터 유명했는데, 최치원은 벼슬을 버리고 가야산으로 가던 중 해운대에 들렀다가 달맞이 고개의 경치와 동백섬의 절경에 취해 해운대를 떠나지 못하고 오랫동안 머물렀고, 소설가 춘원 이광수는 해운대의 아름다움을 표현한 〈해운대에서〉라는 시를 쓰기도 했다. 외지인들은 해운대를 여름철 해수욕장이 유명한 곳이라고만 생각하지만 사실 해운대는 일 년 내내 새롭고 아름다운 모습을 보여 준다. 새벽에는 장엄한 바다 일출을 볼 수 있고, 밤에는 문탠로드에서 은은한 월출을 볼 수 있으며 산책부터 수영까지 다양하게 즐길 수도 있다. 벡스코, 부산 아쿠아리움, 미포항, 누리마루, 동백섬, 달맞이 고개 등도 있어 사계절 내내 찾아온 모든 이들을 즐겁게 해 준다.

ACCESS

🚇 **해운대 해수욕장** 지하철 2호선 해운대역 3, 5번 출구
센텀시티 지하철 2호선 센텀시티역

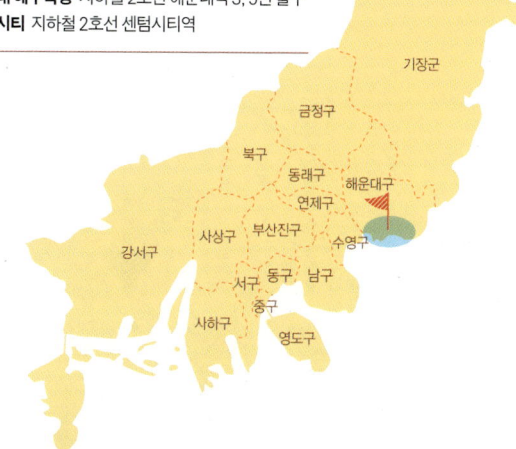

Best Tour

해운대 하루 코스 ⏱ 약 7시간 소요

해운대 해수욕장 ➡ 부산 아쿠아리움 ➡ 미포항 ➡ 문탠로드 ➡ 달맞이 고개
➡ 벡스코 ➡ 부산 시립 미술관 ➡ 신세계 백화점 · 롯데 백화점

워낙 다양한 볼거리가 모여 있어 하루를 온전히 투자해도 좋은 곳이지만, 상당히 넓기 때문에 계획 없이 움직이면 지치기 쉽다. 해수욕장 주변과 센텀시티 중에서 어느 쪽을 먼저 갈지, 해수욕장 주변은 어느 방향으로 이동하면서 구경할지 등의 동선을 미리 정하고 움직이자.

출발!

해운대 해수욕장
드넓은 백사장과 바다가 있는 곳 (40분)

도보 5분

부산 아쿠아리움
국내 최대 규모의 해양 동물원 (1시간)

도보 10분

미포항
영화 〈해운대〉 촬영지 (20분)

문탠로드
솔향기 나는 숲길 산책 (30분)

도보 10분

달맞이 고개
드라이브 하기 좋은 예쁜 길 (30분)

도보 3분

지하철 + 도보 30분

벡스코
다양한 행사가 열리는 곳 (1시간)

부산 시립 미술관
다양한 미술 작품 감상 (1시간)

도보 5분

신세계 백화점 · 롯데 백화점
살 거리, 볼거리, 먹을거리 가득 (1시간)

도착!

도보 10분

해운대 해수욕장

신이 부산에 준 선물

전국 제일의 해수욕장으로 각광받는 해운대는 해마다 여름이면 많은 인파가 몰려드는 곳이다. 백사장의 길이는 1.5km이고 폭은 30~50m, 면적은 58.4km^{2}로 12만 명을 수용할 수 있다. 해운대는 깨끗한 모래와 마치 그린 것처럼 반짝이는 바다를 자랑하는데, 특히 해운대의 모래는 춘천천으로부터 유입된 모래와 조개껍질이 오랜 세월 동안 풍화작용을 거쳐 잘 다듬어진 것으로, 몸에 붙으면 잘 떨어지는 특성이 있다. 주위 경관도 아름다워 여름철뿐 아니라 사시사철 많은 이들이 즐겨 찾고 있으며, 축제나 행사도 자주 열려 볼거리 또한 풍부하다.

🏠 해운대구 해운대해변로 🚌 지하철 2호선 해운대역 3, 5번 출구에서 도보 10분 🌐 www.haeundae.go.kr/index.do

부산 아쿠아리움

신비로운 해저 세계

단일 시설물로는 국내 최대 규모이며 열대 우림 수조, 자카스펭귄 수조, 한국 민물고기 수조, 작은발톱수달 수조, 복어 수조, 물범 수조, 해룡 수조, 열대어 수조, 해파리 수조, 해저 터널 등 테마별로 특성을 살린 수족관이 있다. 상어 먹이 주기쇼, 펭귄 먹이 주기쇼, 뮤직 토킹쇼 등 다양한 공연도 펼쳐진다.

🏠 해운대구 해운대해변로 266 🚌 해운대 해수욕장에서 도보 1분 ⏰ 월~목 10:00~20:00, 금~일·공휴일 09:00~22:00 (폐장 1시간 전에는 입장해야 함) ₩ 성인(13세~) 29,000원, 소인(만 3세~12세) 23,000원 ☎ 051-740-1700 ℹ www.busanaquarium.com

저렴하게 즐기는 부산 아쿠아리움

부산 아쿠아리움은 카드 할인을 비롯하여 경로 할인, 경찰 할인 등 다양한 할인을 실시하고 있다. 할인에 대한 상세한 내용은 홈페이지에 기재되어 있으니 참고하자.

미포항

천만 관객을 끌어들인 작은 항구

천만 관객을 돌파한 영화 <해운대>의 촬영 장소로 유명한 곳으로, 주변에는 횟집이 늘어서 있다. 항구에 정박해 있는 작은 배들로 인해 묘한 분위기가 풍기는 곳이니 해운대에 왔다면 꼭 들러 보자.

🏠 해운대구 달맞이길 62번길 🚇 지하철 2호선 해운대역 3, 5번 출구에서 도보 20분

달맞이 고개

대한 팔경의 하나로 손꼽히는 곳

와우산 중턱에 위치해 있는 곳으로 와우산을 거쳐 송정까지 해안 절경을 따라 15번 이상 굽어진다 해서 '15곡도'라고 불리기도 한다. 바다 절경은 물론 봄철에는 벚꽃도 볼 수 있어 드라이브 코스로 인기가 있으며 길 주변에는 미술관과 예쁜 카페들이 있어 쉼터로 많은 사랑을 받고 있다.

🏠 해운대구 달맞이길 🚌 미포항에서 도보 10~15분

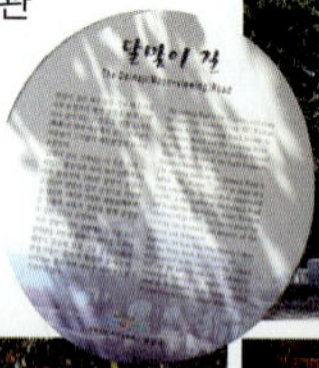

추리 문학관

조용하고 예쁜 북 카페

1층 '셜록 홈즈의 방'은 다양한 책이 구비되어 있으며 내부 인테리어도 예쁘고 조용해 여행을 하다가 쉬어 가기에 적합하며, 2층과 3층은 도서관처럼 되어 있어 책을 읽거나 개인 공부를 하는 사람들이 즐겨 찾고 있다. 국내외 추리 소설과 외국 추리 소설 원서, 일반 문학서 및 각종 잡지와 주간지 등을 자유롭게 볼 수 있으니 달맞이 고개에 오면 꼭 들러보자.

🏠 해운대구 달맞이길 117번 나길 111 🚌 달맞이 어울마당에서 도보 5분 🕐 1층 09:00~19:00 / 2, 3층 09:00~18:00(명절 휴무) ₩ 성인 5,000원, 청소년 4,000원, 어린이 3,000원 ☎ 051-743-0480 ℹ www.007spyhouse.com

문탠로드

아름다운 달빛 속으로의 산책

달빛이 쏟아지는 문탠로드는 솔숲으로 이루어져 있어 눈은 물론 몸까지 즐겁게 해 준다. 달빛꽃잠길, 달빛나들목, 바다 전망대, 체육 공원, 달빛바투길, 달맞이 어울마당, 달빛함께길, 달빛만남길 등으로 이루어져 있으며 시간은 약 30분 정도가 소요된다. 밤에는 달빛 모양의 조명이 숲을 밝혀주어 운치를 더한다.

🏠 해운대구 달맞이길 🚌 미포항에서 도보 10~15분 ₩ 무료 ⏰ 조명 켜지는 시간 일몰~23:00, 05:00~일출

동백 공원

산책하기 좋은 공원

동백섬은 섬 전체가 부산광역시 지정 기념물 제46호로 지정되어 있다. 이곳은 원래는 섬이었으나, 장산 폭포에서 흘러내린 물과 부흥봉에서 내려온 물에 모래가 실려 와서 쌓이면서 뭍과 연결되었다.

동백 공원은 동백섬 내에 있는 공원으로, 동백나무와 소나무가 울창하여 공기가 깨끗하고 경치 또한 아름다워 인근 주민들의 휴식처로 사랑받고 있다. 섬의 둘레를 따라서 해안을 걷는 산책로가 잘 조성되어 있는데, 걷기 편하게 나무 데크가 깔린 산책로를 따라서 걷다 보면 푸른 바다와 해운대의 절경을 감상할 수 있으며 중간중간 인어상과 등대, 출렁다리, 누리마루 APEC 하우스 등 동백 공원의 주요 뷰 포인트를 만날 수 있다.

🚇 해운대구 우동 / 지하철 2호선 해운대역 3, 5번 출구에서 도보 25분 / 지하철 2호선 동백역 1번 출구에서 도보 10분

⭐ 인어상

공주의 슬픈 사연

1974년에 건립된 것으로 높이는 2.5m이다. 이 인어상에는 인어에서 인간의 모습으로 변해 살아간 황옥 공주에 대한 전설이 얽혀 있는데 그 전설이 슬퍼서인지 보는 이들로 하여금 애잔함을 느끼게 한다.

⭐ 해운정

동백섬 정상에 있는 정자

최치원 동상 바로 옆에 있는 정자로, 고운 최치원 선생의 유적을 전시하고 관리하고 있는 곳이다. 옆에는 의자 등 쉼터가 조성되어 있어 쉬어 가기에 좋다.

⭐ 최치원 동상

해운대를 사랑한 학자

해운대 지명을 유래시킨 신라 말기의 학자이자 문장가인 최치원 선생의 동상이 동백 공원 내에 있다. 최치원 선생은 경주 사량부 출신으로, 857년 신라 헌안왕 때 태어나서 18세 때 당나라 과거에 급제하여 문학 방면에 큰 업적을 남겼다. 그는 지나다가 발견한 해운대의 절경에 도취하여 해운대에 머물며 동백섬 암반에 '해운대'라는 글자를 새겨 넣기도 했다.

누리마루 APEC 하우스

세계의 정상들이 모여 회의를 한 집

누리마루 APEC 하우스라는 이름은 순수 우리말인 '누리(세상, 세계)'와 '마루(정상, 꼭대기)'에 APEC 회의장을 상징하는 'APEC 하우스'를 조합한 것으로 '세계의 정상들이 모여 APEC 회의를 한 집'이라는 뜻을 가지고 있다. 내부에는 2005년 APEC 제2차 정상 회의의 흔적들이 있다. 동백나무와 소나무가 우거진 동백섬은 물론 바다의 절경을 감상할 수 있어 관광객들의 발길이 끊이지 않고 있다.

🏠 해운대구 동백로 116 🚇 지하철 2호선 해운대역 3, 5번 출구에서 도보 25분 / 지하철 2호선 동백역 1번 출구에서 도보 10분 🕘 09:00~18:00(매월 첫째 주 월요일 휴무, 국제 회의 등 개최 시 개방이 일시 제한될 수 있음) ₩ 무료 ☎ 051-743-1974~5

수영만 요트 경기장

아시아권 최대 규모 요트 경기장

부산 수영만 요트 경기장은 올림픽을 치룬 세계적 규모의 계류장이다. 또 부산 국제 영화제 등 다양한 문화 행사도 열려 문화의 명소로도 각광받고 있다. 요트를 구경하는 것은 무료이니 멋진 요트와 함께 기념사진을 남길 수 있다. 주변에는 누리마루 APEC 하우스, 벡스코, 부산 시립 미술관, 해운대 해수욕장, 광안리 해수욕장이 있다.

🏠 해운대구 해운대해변로 84 🚇 지하철 동백역 3번 출구에서 도보 10분 ☎ 051-500-2111 ℹ stadium.busan.go.kr

벡스코 (BEXCO)

즐거운 행사가 가득!

벡스코(BEXCO)는 '부산 전시 컨벤션 센터'의 약칭으로, 총 면적 26,5km², 지하 1층과 지상 7층 규모로 건설된 국제 규모의 전시·컨벤션 센터이다. 공인 축구장 3배 크기의 전문 전시장과 다목적 홀, 야외 전시장, 상설 전시장에서는 다양한 행사와 회의가 열린다. 주변에는 롯데 백화점, 신세계 백화점, 부산 시립 미술관이 있으니 BEXCO에서 열리는 전시, 이벤트 행사를 본 후 미술 감상이나 쇼핑도 즐겨 보자.

🏠 해운대구 APEC로 55 🚇 지하철 2호선 센텀시티역 1번 출구에서 도보 3분 ☎ 051-740-7300 ℹ www.bexco.co.kr

부산 시립 미술관

부산 최초의 시립 미술관

부산 미술의 특색을 보여 주는 작품과 일본, 중국 등의 아시아 미술, 그리고 국제적인 수준의 해외 현대 미술 작품까지 다양하게 소장하고 있다. 작품 기증과 매년 2차례 이상 이루어지는 작품 구입으로 인해 소장품은 계속 증가하고 있다고 한다. 지하 2층에서 지상 3층까지 현대적 구조를 갖추고 있으며 전시 공간이 매우 넓어 여유롭게 작품을 감상할 수 있다.

🏠 해운대구 APEC로 58 🚇 지하철 2호선, 동해선 벡스코역 5번 출구에서 도보 3분, 지하철 2호선 센텀시티역 1번 출구에서 도보 5분 🕐 화~일 10:00~18:00(1월 1일, 매주 월요일 휴관 / 단, 월요일이 공휴일인 경우 다음 날 휴관) 💰 성인 5,000원, 청소년·어린이·군인·예술인패스 소지자 3,000원 ☎ 051-744-2602 ℹ art.busan.go.kr

신세계 백화점

세계에서 가장 큰 백화점

신세계 백화점 센텀시티점은 '세계 최대의 백화점'으로 2009년 6월 26일 기네스 월드 레코드에 올랐는데, 기존의 세계 최대 백화점이었던 미국 뉴욕 맨해튼의 메이시스 백화점보다 95,405m^2 더 큰 면적을 자랑한다. 이곳에는 사계절 내내 즐기는 실내 아이스링크, 실내 골프 레인지, CGV, 교보문고, 스파랜드, 식품관, 의류 매장 등이 입점해 있다. 또한 단순히 규모만 큰 것이 아니라 미국, 이탈리아 등 전 세계의 건축 및 인테리어 대가들이 모여 부산을 상징하는 랜드마크를 완성하였다. 밤이 되면 황금빛 바다를 이루는 건물 외관 조명과 해외 쇼핑몰에서 볼 수 있는 광장 기능을 부여한 보이드(Void)도 볼 만하니 눈여겨살펴보자.

🏠 해운대구 센텀남대로 35 🚌 지하철 2호선 센텀시티역에서 바로 연결 ⏰ 월~목 11:00~20:00(연장 영업 11:00~20:30) / 식당가와 센텀시티 몰은 시설에 따라 다름 / 한 달에 한 번(월요일) 휴무 ☎ 1588-1234 ℹ www.shinsegae.com

롯데 백화점

센텀시티 속 쇼핑 천국

신세계 백화점 바로 옆에 있는 백화점이다. 의류, 화장품, 식품, 가구 등 다양한 상품을 판매하고 있으며 영화관도 있다. 자연과 함께하는 힐링 플레이스인 옥상 정원 샤롯데가든도 있어 백화점을 찾은 이들에게 큰 만족을 준다.

🏠 해운대구 센텀남대로 59 🚌 지하철 2호선 센텀시티역에서 바로 연결(6, 8번 출구에서 도보 2분) ⏰ 10:30~20:00(연장 영업 10:30~20:30) / 한 달에 한 번(월요일) 휴무 ☎ 051-730-2500 ℹ www.lotteshopping.com

꼭 가봐야 할 맛집

달타이

달맞이 고개에서 만나는 예쁜 태국 음식

'예쁘다!', '푸짐하다!', '맛있다!', '이색적이다!'라는 말이 달타이에서 판매하는 음식을 표현하기에 적합하다. 내부 인테리어도 이국적이라 데이트 장소로 많은 사랑을 받는 곳이며, 달맞이 고개에서 맛집으로 꼽힌다. 쌀국수, 커리, 볶음면 등을 선보이고 있다. 쌀국수 메뉴와 볶음면 메뉴는 특히 비주얼이 훌륭하다.

🏠 해운대구 달맞이길 193 🚌 달맞이길 어울 마당에서 도보 3분 🕛 12:00~22:00 🍜 꿰띠여우느어(쌀국수) 12,000원, 팟타이(볶음면) 13,000원 ☎ 051-741-1122

롯데 백화점 식당가

쾌적한 환경에서 즐기는 식사

롯데 백화점 6층에는 다양한 다이닝 매장이 입점해 있다. 정통 중화요리를 맛볼 수 있는 얌차이나를 비롯해 스시, 돈까스가게 등이 있다.

🏠 해운대구 센텀남대로 59(롯데 백화점 내) 🚇 지하철 2호선 센텀시티역에서 지하 2층으로 바로 연결 🕛 10:30~20:00 ☎ 051-730-2500

토끼정

예쁜 음식들로 젊은층에 인기!

고로케, 소다 음료, 카레 밥, 함박 스테이크 등을 선보이는 집이다. 음식이 보기에 워낙 예쁘게 나와 젊은층에 인기가 많다.

🏠 해운대구 센텀남대로 35(신세계 백화점 센텀시티점 4층) 🚇 지하철 2호선 센텀시티역에서 지하 1층으로 바로 연결 🕛 11:00~21:00 🍱 함박 스테끼 밥 13,500원, 숯불구이 반반 14,200원 ☎ 051-745-1964

고래사 어묵

바로 먹는 건강한 간식

밀가루와 방부제를 사용하지 않은 어묵으로 유명하다. 어묵을 쪄서 직화로 굽거나 살짝 튀겨 낸 것이 특징이다. 해운대역 5번 출구에서 해운대 해수욕장으로 향하는 길에 위치해 있는데, 건물 외관이 특이해 금방 눈에 띈다. 각종 어묵은 2,000원 안팎으로 저렴한 편이며 어묵과 떡볶이도 판매하고 있다. 포장도 가능하고 앉아서 먹고 갈 수 있는 공간도 있다.

🏠 부산광역시 해운대구 구남로 14 (우동) 🚇 지하철 2호선 해운대역 5번 출구에서 도보 2분 ⏰ 10:00~21:30
💰 어우동 6,000원, 어묵이 6,000원 ☎ 1577-9820 ℹ️
www.goraesa.com

해운대 시장

영화 〈해운대〉 촬영지

해운대 백사장에서 가까운 곳에 위치해 있는 재래시장으로, 회는 물론 떡볶이, 튀김, 어묵, 호떡 등의 국민 간식도 맛볼 수 있다.

🏠 해운대구 구남로 41번길 🚇 지하철 해운대역 3번 출구에서 도보 6분

송정·해동 용궁사

부산 속 힐링 공간

해운대에서 북쪽으로 이어지는 해안 지역에는 송정 해수욕장과 해동 용궁사 등이 자리 잡고 있다.
송정 해수욕장은 넓은 백사장과 깨끗한 바다가 솔숲을 배경으로 펼쳐져 있는 아름다운 해변으로, 근처에 산책로가 잘 조성된 죽도 공원도 있어 함께 둘러보기 좋다. 해동 용궁사는 일반적인 사찰과는 달리 해안에 있어, 푸른 바다와 사찰이 어우러진 풍경으로 유명하다. 고려 공민왕의 왕사였던 나옹 대사가 창건한 해동 용궁사는, 누구나 간절히 빌면 소원이 이루어지는 곳으로 소문이 나서 내국인은 물론 외국인 관광객도 많이 찾고 있다.

ACCESS

🚇 **송정 해수욕장** 지하철 2호선 해운대역 7번 출구에서 100, 141번 버스 이용하여 송정 해수욕장 입구 또는 송정 하차
해동 용궁사 지하철 2호선 해운대역 7번 출구에서 181번 버스 이용하여 용궁사·국립 수산 과학원 앞 하차

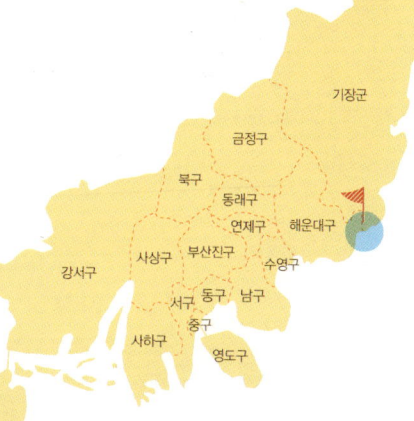

송정 해동 용궁사

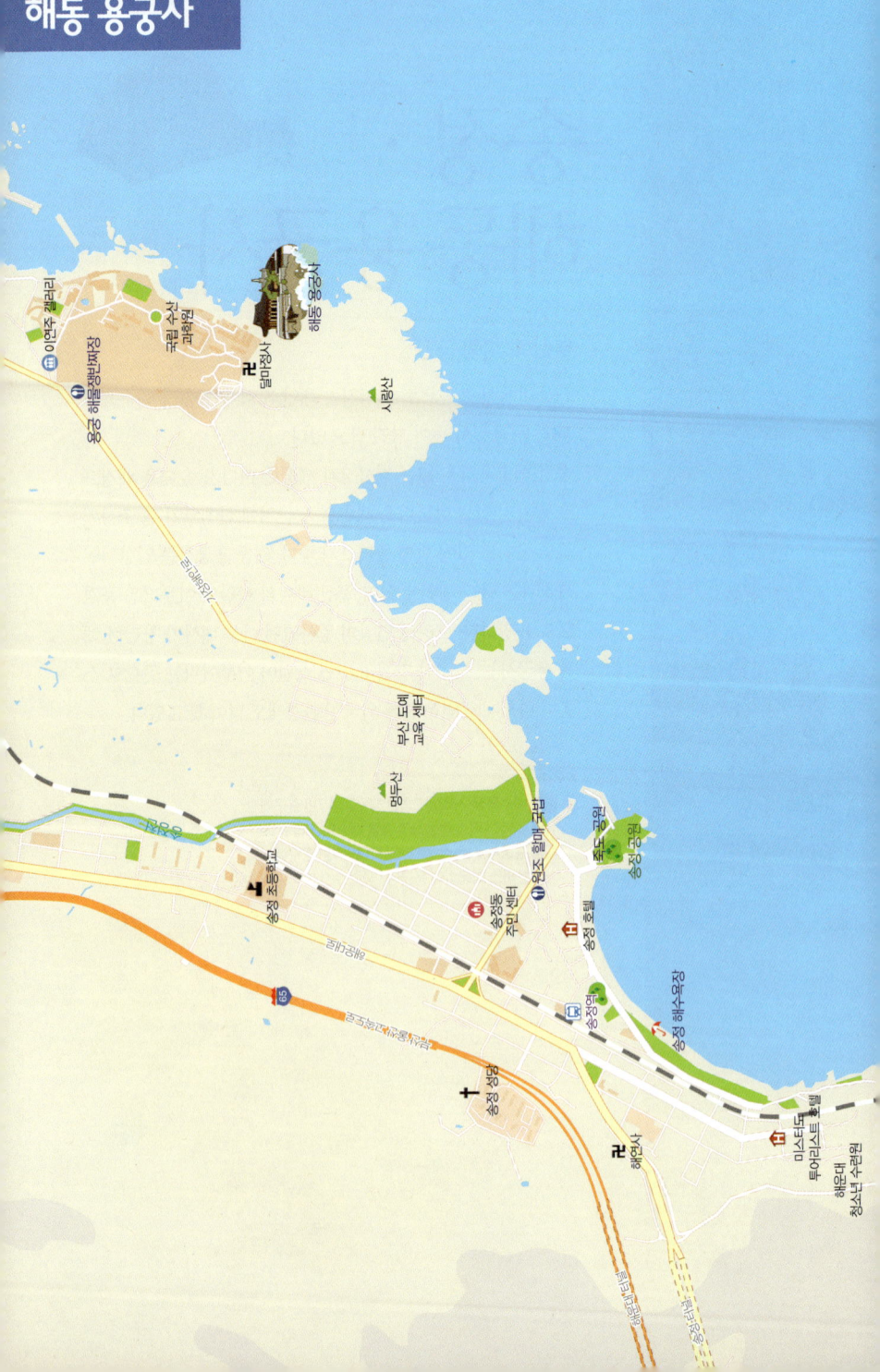

Best Tour

송정·해동 용궁사 한나절 코스

해동 용궁사 ➡ 송정 해수욕장 ➡ 죽도 공원   약 3시간 반 소요

체력이 충분하다면 해동 용궁사에서 송정 해수욕장까지 걸어서 가 보는 것도 좋다. 해변의 갈맷길을 따라 30분쯤 걸어가면 죽도 공원을 지나 해수욕장에 닿게 된다. 푸른 바다와 소박한 어촌 풍경을 감상하며 걷는 재미도 있고, 버스를 이용할 때와 시간 차이도 크지 않다.

출발!

해동 용궁사
한 가지 소원은 들어준다는 사찰
(1시간)

도보 + 버스
25분

송정 해수욕장
아름다운 해변이 인상적인 곳
(1시간)

도보 2분

죽도 공원
산책로가 아름다운 곳
(1시간)

도착!

송정 해수욕장

소박하고 조용한 바닷가

백사장 길이가 1.2km, 폭 57m 이르는 해수욕장이다. 해운대에 비해 조용하고 소박한 분위기이며, 수심이 얕고 파도도 거칠지 않아 물놀이를 즐기기에 적합하다. 또한 깨끗한 바다와 수려한 주변 경관을 지니고 있어 많은 이들이 즐겨 찾는다. 울창한 송림으로 유명한 죽도 공원도 옆에 있어 산책하는 즐거움도 느낄 수 있다.

🏠 해운대구 송정해변로 🚇 지하철 2호선 해운대역 7번 출구에서 100, 141번 버스 이용하여 송정 해수욕장 입구 또는 송정 하차, 송정 해수욕장 방면으로 500m ℹ️ www.haeundae.go.kr/index.do

죽도 공원

울창한 송림이 매력적인 곳

송정 해수욕장 바로 옆에 있는 공원이다. 산책길이 잘 꾸며져 있어 걷기 좋고, 바다를 보며 걷는 것도 이곳의 큰 매력이다. 울창한 송림이 있어서 그런지 공기도 좋아서 부산 사람들에게는 휴식의 공간으로, 관광객들에게는 힐링의 공간으로 많은 사랑을 받고 있다.

🏠 해운대구 송정해변로 🚇 지하철 2호선 해운대역 7번 출구에서 100, 141번 버스 이용하여 송정해수욕장 입구 또는 송정 하차, 송정 해수욕장 방면으로 500m 🆓 무료

해동 용궁사

소원을 들어주는 사찰

해가 제일 먼저 뜨는 절인 해동 용궁사는 진심으로 기도하면 누구나 한 가지 소원은 꼭 이룬다는 이야기가 전해지는 사찰이다. 지금으로부터 600여 년 전인 1376년에 고려 공민왕의 왕사였던 나옹 대사가 창건하였으며, 임진왜란 때 화재로 소실되었다가 1930년대 초에 중창되었다. 해동 용궁사는 놀라울 정도로 아름다운 자연 경관으로도 유명한데, 특이하게도 산속이 아닌 바닷가에 지어져 바다와 절이 어우러진 멋진 풍광에 여행자들의 발길이 끊이지 않는다. 또한 소원을 이루어 준다는 이야기로 인해 외국인 참배객들도 줄을 잇고 있다.

🏠 기장군 기장읍 용궁길 86 🚌 지하철 2호선 해운대역 7번 출구에서 181번 버스 이용하여 용궁사·국립 수산 과학원 앞 하차, 도보 10분 💰 무료 ☎ 051-722-7744
www.yongkungsa.or.kr

⭐ **신비한 약수터**

절의 지하에 위치한 약수터이다. 바닷가에 위치해 있음에도 바닷물이 아닌 민물이 흐르고 있어 신비한 약수터라는 이름이 붙었다고 한다. 약수를 마시면 좋은 일도 생긴다고 하니 꼭 한 모금마셔 보자.

⭐ 득남불

해동 용궁사 108계단 초입에 서 있는 포대화상으로, 코와 배를 만지면 득남을 한다는 소문이 있는데 득남을 원하는 사람들의 손때가 묻어 코와 배만 다른 색을 띄고 있다.

⭐ 108 장수 계단

송림 사이에 있는 계단으로, 해동 용궁사로 들어가려면 이 계단을 거쳐야 한다. 한 계단 한 계단 밟을 때마다 108가지 번뇌가 사라지고, 지극정성으로 한번 왔다 갔다 하면 108세까지 산다는 이야기가 전해지고 있다.

⭐ 십이지상

해동 용궁사의 십이지상은 중국에서 건너온 것으로, 원래는 고대 능묘의 호석이었을 것으로 추정된다. 벽화나 부조 형태의 십이지상은 다른 사찰에서도 흔히 볼 수 있으나 석상 형태로 봉안한 것은 해동 용궁사 한 곳뿐이라고 한다.

⭐ 해돋이 바위

해가 제일 먼저 뜨는 절답게 해돋이 바위도 있는데 해돋이 바위에 서면 일출뿐 아니라 탁 트인 바다도 덤으로 감상할 수 있다.

꼭 가봐야 할 맛집

용궁 해물쟁반짜장

용왕님도 놀랄 해물짬뽕!

면보다 해물이 더 많이 들어 있는 짬뽕과 자장면으로 입소문이 나 있는 맛집이다. 메뉴로는 일반우동, 맵지 않은 일반짜장, 해물짜장밥, 해물짬뽕밥, 해물쟁반짜장, 해물쟁반짬뽕, 군만두, 물만두 등이 있다.

🏠 기장군 기장읍 기장해안로 208 🚌 지하철 2호선 해운대역 7번 출구에서 181번 버스 이용하여 용궁사·국립 수산 과학원 앞 하차, 도보 2분 🕐 10:30~21:30(매주 월요일 휴무) 🍽 해물쟁반짜장 8,000원, 해물쟁반짬뽕 9,000원 ☎ 051-723-0944

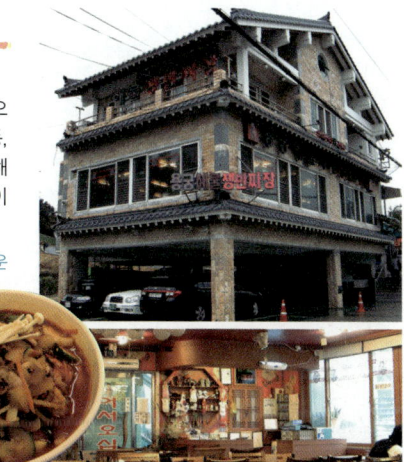

원조 할매 국밥

착한 가격의 모범 음식점

행정안전부와 부산광역시, 해운대구가 지정한 물가 안정 모범 업소답게 가격이 일단 착하다. 30년 넘는 역사를 자랑하는 푸짐하고 맛있는 돼지국밥 한 그릇을 4,500원에 만날 수 있다. 24시간 영업을 하는 것도 이 집의 매력이다.

🏠 해운대구 송정중앙로 36번길 🚌 지하철 2호선 해운대역 7번 출구에서 100, 141번 버스 이용하여 송정역 하차, 송정 해수욕장 방면으로 오다 보면 오른쪽에 바로 보인다. 🕐 24시간 🍽 돼지국밥 4,500원, 순대국밥 6,000원

67

광안리

총천연색 매력을 지닌 부산의 명소

반달 모양의 백사장이 있는 광안리는 마치 달이 지구의 공전에 따라 모습을 바꾸듯이 365일, 24시간 끊임없이 새로운 모습을 보여 준다.

낮에는 부산의 3대 해수욕장 중 하나로 손꼽히는 광안리 해수욕장의 푸른 바다와 예쁜 카페 거리가 찾는 이들을 즐겁게 하고, 밤에는 '다이아몬드 브리지'라는 애칭으로 불리는 광안대교가 10만 가지 이상의 색상을 연출하는 환상적인 야간 조명으로 보는 이들의 마음을 설레게 한다.

봄에는 벚꽃이, 여름에는 시원한 바다가, 가을에는 노천 카페가, 겨울에는 화려한 조명이 있어 사계절 내내 즐거운 광안리에서는 다양한 축제도 열리고 이국적인 분위기가 느껴져 국내외 여행객들에게 색다른 추억을 선물해 준다.

ACCESS
지하철 2호선 광안역 3, 5번 출구

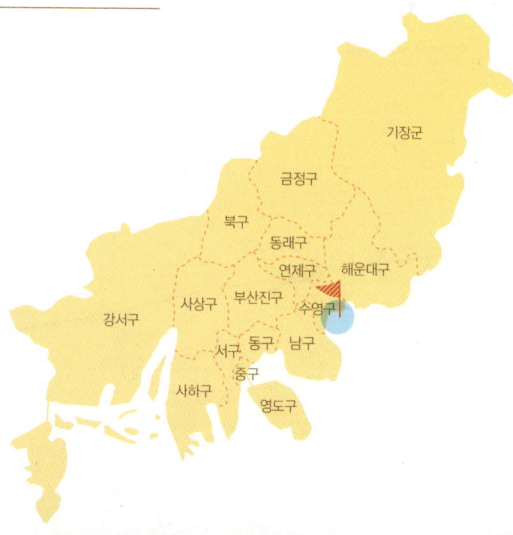

Best Tour

광안리 반나절 코스
⏱ 약 2시간 반 소요

광안리 해수욕장 ➡ 광안리 해변 테마 거리 ➡ 민락 수변 공원

밤에 찾으면 더 좋은 곳이다. 어두워지기 시작하면 광안대교에 불이 켜지는데 그 모습이 환상적이다. 관광 후에 카페 거리에 들러 야경을 보며 차를 마시거나 횟집 거리에서 식사를 하는 것도 좋다.

출발!

광안리 해수욕장
광안대교가 보이는 해변
(1시간)

도보 1분

광안리 해변 테마 거리
아기자기한 조형물이 있는 거리
(30분)

도보 5분

민락 수변 공원
앉아서 쉬기 좋은 공원
(1시간)

도착!

광안리 해수욕장

스스로 빛을 내고 스스로 변하는 곳

부산의 대표적인 해양 관광 명소인 광안리 해수욕장은 반달 모양을 하고 있으며 해수욕장의 총 면적은 82km²이고, 백사장은 길이 1.4km, 폭 25~110m이다. 금련산에서 내려온 질 좋은 모래와 아름다운 경관으로 인해 관광객들의 발길이 1년 내내 끊이지 않는 곳이다. 광안대교의 야경을 볼 수 있는 최고의 장소로도 각광받고 있다.

🏠 수영구 광안해변로 219 🚇 지하철 2호선 광안역 3, 5번 출구에서 도보 5분

광안리 해변 테마 거리

멋진 조형물이 가득한 거리

광안리 해수욕장과 카페 거리 사이에 조성되어 있는 거리이다. 길이 깨끗하게 포장되어 있고 중간중간에 예쁜 조형물들이 있어 산책하기에 좋으며, 해변을 따라 조성되어 있어 바다가 한눈에 보이는 것이 장점이다.

🏠 수영구 광안해변로 219 🚇 지하철 2호선 광안역 3, 5번 출구에서 도보 5분

광안대교

대한민국 최대의 해상 복층 교량

10만 가지 이상의 색상을 연출할 수 있는 야간 조명으로 유명한 다리이다. 광안리 바다를 가로지르는 광안대교는 1994년 12월에 착공하여 2003년 1월 개통하였으며 총 길이 7.42km, 중앙 현수교 900m, 폭 18~25m, 왕복 8차선으로 만들어졌다. 화려한 조명은 물론 예술적 조형미까지 갖추고 있어 낮이나 밤이나 보는 이들로 하여금 감탄을 자아내게 만든다.

🏠 수영구 광안대로 🚇 지하철 2호선 광안역 3, 5번 출구에서 도보 5분(광안리 해수욕장에서 바로 보임) ℹ️
gwanganbridge.bisco.or.kr

광안대교 조명 밝히는 시간

광안대교의 조명은 일몰 시간에 맞춰 켜지고, 소등 시간은 평일 밤 12시, 주말은 새벽 2시다. 여름 휴가 기간인 7월과 8월 그리고 공휴일과 공휴일 전날에도 새벽 2시에 소등.

민락 수변 공원

국내 최초의 수변 공원

해운대와 광안리 중간 지점에 위치해 있는 공원으로 바다를 보면서 휴식을 취하기에 좋다. 수변 공원 계단 벤치에는 공원과 어울리지 않는 아주 큰 바위가 있는데 이 바위는 태풍 '매미'가 왔을 때 바다에서 밀려온 것이다. 태풍의 위력을 느껴 볼 수 있는 바위이니 꼭 살펴보도록 하자.

🏠 수영구 광안해변로 361 🚇 지하철 2호선 광안역 3, 5번 출구에서 도보 20분 ₩ 무료

카페 거리

바다를 보면서 마시는 여유 한 잔

광안리는 노천카페로 유명한데 특히 바다를 보면서 차를 마실 수 있어 찾는 이들에게 색다른 추억을 선물해 준다. 전망 좋은 카페에서 커피를 마시면서 친구와 수다를 떠는 여유를 느끼고 싶다면 카페 거리로 가 보자.

🏠 수영구 광안해변로 🚇 지하철 2호선 광안역 3, 5번 출구에서 도보 5분

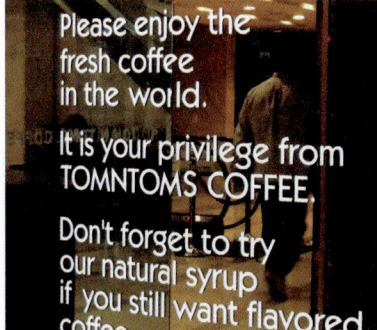

꼭 가봐야 할 맛집

민락동 횟집 거리

전국에서 가장 큰 규모의 횟집 거리

300여 개의 횟집이 모여 있는 데다가 싱싱한 회를 먹을 수 있어 회를 좋아하는 사람들의 발길이 끊이지 않는 곳이다. 식당에서 메뉴에 있는 회를 시켜도 되고 생선을 파는 곳에서 직접 원하는 생선을 골라 먹을 수도 있으니 싱싱한 회를 먹고 싶다면 꼭 들러 보자.

수영구 광안해변로, 민락수변로 일대 지하철 2호선 광안역 3, 5번 출구에서 도보 10분

새벽집

시원한 해장국 한 그릇

해장국 거리에 있는 맛집으로 24시간 내내 뜨끈한 국밥을 맛볼 수 있다. 메뉴로는 콩나물국밥, 시래기된장국밥, 선짓국, 돌솥비빔밥 등이 있다.

수영구 광안해변로 267 지하철 2호선 광안역 3번 출구에서 도보 10분 24시간 운영(연중무휴) 콩나물국밥 6,000원, 시래기된장국밥 7,000원 051-753-5821

프루티(Fruity)

예쁜 팬케이크를 선보이는 카페

광안리에서 꽤 유명한 카페다. 브런치와 생과일이 들어간 음료, 디저트를 판매하고 있다. 특히 유기농 야채와 제철 과일을 사용하고 있어 찾아온 이들을 기쁘게 한다. 무엇보다 선보이는 대부분의 메뉴가 예쁘게 나오고 창가에 앉으면 바깥 풍경도 덤으로 만끽할 수 있다.

🏠 부산광역시 수영구 광남로 555동 2층 4-1, 2 🚇 지하철 2호선 금련산역 5번 출구에서 도보 5분 ⏰ 평일 11:00~20:00(일요일은 19:00까지, 수요일 휴무) 🍴 계절 과일 베이비 16,000원, 비엔나 커피 6,000원

> **TIP** 광안리 해변에서 남천동로 108번 길로 들어가 횡단보도를 건넌 후 오른쪽(백산 맨션)으로 도로를 따라 걸어가면 2층에 보인다.

광안 시장

해변에서 만나는 오래된 재래시장

TV를 통해 알려진 박고지 김밥을 만날 수 있는 재래시장이다. 1955년에 개설된 전통 시장으로 먹을거리와 과일, 생선, 채소 등을 구매할 수 있다. 오래된 재래시장을 방문하고 싶다면 찾아가 보자.

🏠 수영구 수영로 603 🚇 지하철 2호선 광안역 2번 출구에서 도보 2분

이기대 · 유엔 기념 공원

부산의 역사와 청정한 자연을 함께 볼 수 있는 곳

장산봉 자락에 위치한 이기대는 '이기대 도시 자연 공원' 또는 '이기대 해상 공원' 등으로도 불리는데, 빼어난 해안 절경으로 유명하다. 오랫동안 군사 지역으로 민간인의 출입이 통제되었기 때문에 청정한 자연이 그대로 남아 있으며, 기암괴석으로 이루어진 약 2km의 해안을 따라 산책로가 조성되어 있어 멋진 풍경을 감상하며 산책을 즐기기에 안성맞춤이다.

이기대에서 멀지 않은 곳에 위치한 유엔 기념 공원은 유엔에서 지정한 세계 유일의 유엔군 묘지로서, 한국 전쟁 중 전사한 4만여 명의 전몰장병이 잠들어 있다. 또한 이곳 주변에는 조각 공원, 평화 공원, 부산 박물관 등이 있어 부산의 역사와 문화를 배우고 느끼기 좋은 여행지로 많은 사랑을 받고 있다.

ACCESS

이기대 지하철 2호선 경성대·부경대역 5번 출구에서 남구2, 22, 24, 27, 131번 버스 이용하여 이기대 입구 하차
유엔 기념 공원 지하철 2호선 대연역 3번 출구

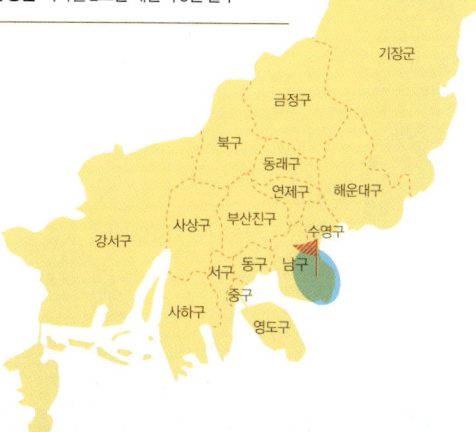

이기대·유엔 기념 공원 한나절 코스

부산 박물관 ➡ 유엔 기념 공원 ➡ 이기대   ⏱ 약 3시간 20분 소요

유엔 기념 공원에서 이기대까지 거리는 멀지 않지만 버스 정류장에서 산책로까지 걸어 들어가는 데 시간이 꽤 걸리니 택시를 이용하는 것도 한 방법이다. 이기대의 해안 산책로를 모두 걸으려면 2~3시간 정도를 잡아야 하지만, 본격 트레킹이 목적이 아니라면 어울마당부터 동생말까지의 1.2km 코스만 걸어도 충분하다.

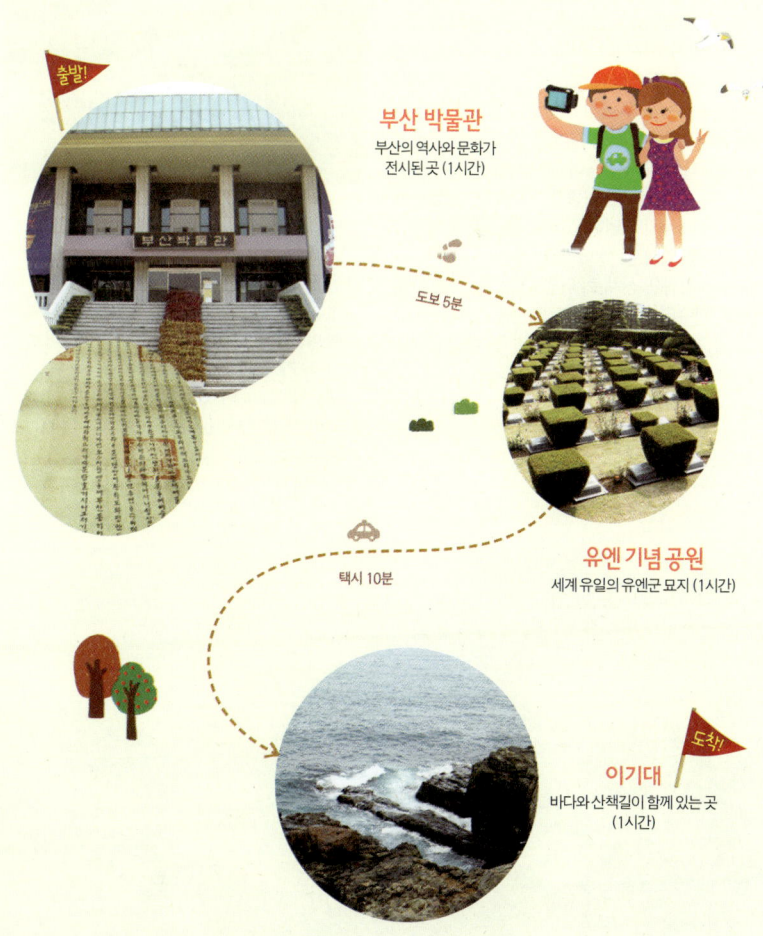

부산 박물관
부산의 역사와 문화가 전시된 곳 (1시간)

도보 5분

택시 10분

유엔 기념 공원
세계 유일의 유엔군 묘지 (1시간)

이기대
바다와 산책길이 함께 있는 곳
(1시간)

이기대 도시 자연 공원

손때가 타지 않은 청정 자연 그대로

남구 용호동에 있는 장자산(해발 225.3m) 자락이 동쪽 바다와 접한 곳에 위치한 이기대 도시 자연 공원은, 한마디로 말하면 사람의 감정선과 눈물샘을 자극하는 곳이다. 기기묘묘한 바위로 이루어진 빼어난 해안 절경, 인간의 손때를 많이 타지 않은 청정 자연 등은 찾아온 이들을 단숨에 감동으로 몰아넣는다.

이곳이 자연 그대로의 모습을 유지할 수 있었던 것은 군사 지역이라서 오랫동안 민간인들의 출입이 통제되었기 때문이다. 이기대라는 이름의 유래에 대해서는, 임진왜란 때 왜군이 수영성을 함락시킨 후 경치 좋은 곳을 골라 축하 잔치를 열었는데 그때 기녀가 왜장을 술에 취하게 한 후 왜장을 끌어안고 물속에 떨어져 죽어 그 기녀를 기리기 위해 '의기대'로 부르다가 나중에 '이기대'가 되었다는 설과 두 기생의 무덤이 있어서 '이기대'가 되었다는 설 등이 있다.

구름다리, 해안 산책로, 어울 마당, 솔밭 쉼터, 산책로, 약수터, 큰고개 쉼터, 장산봉, 오륙도 등으로 이루어져 있으며 약 2km에 달하는 해안 일대를 산책하는 데는 약 2~3시간이 걸린다.

🏠 남구 용호동 산25 🚇 지하철 2호선 경성대·부경대역 5번 출구에서 남구2, 22, 24, 27, 131번 버스 이용하여 이기대 입구 하차, 도보 10분~15분 ₩ 무료 ☎ 051-607-4538

travel tip · 최적의 산책 코스

바다를 보면서 무난하게 산책을 즐기고 싶다면 어울 마당에서 시작하여 동생말까지 걷는 것이 좋다. 이 코스는 약 30분 정도 걸리며, 산책길에서는 공룡 발자국, 해녀 막사, 철책, 구름다리 등을 볼 수 있고 바다 건너 해운대와 광안대교를 조망하기에도 좋다.

⭐ 어울 마당

잠시 쉬어 갈 수 있는 쉼터

버스를 타고 이기대 입구에서 내려 표지판을 보며 이기대 도시 자연 공원으로 올라오면 제일 먼저 만나게 되는 곳이다. 이기대에서 하나뿐인 매점이 이 곳에 있으니 산책을 하기 전에 목을 축이고 가자.

🚌 이기대 입구 버스 정류장에서 도보 15분

⭐ 이기대 바닷길

조물주의 선물 같은 곳

인간의 손때를 타지 않은 자연 그대로의 넓은 바다와 자연이 빚어 낸 기기묘묘한 바위들이 있어 더 아름다운 곳이다. 어울 마당에서 동생말까지 잘 정비된 산책길을 따라 걷다 보면 몸은 물론 마음까지 깨끗해지는 느낌이 든다.

🚌 어울 마당에서 도보 1분

⭐ 공룡 발자국

공룡도 쉬어 간 바위

대형 초식 공룡인 울트라사우르스의 발자국으로 추정되는 화석이 발견된 곳이다. 울트라사우르스는 전체 몸길이가 약 24m~42m, 체중이 30t~50t이나 되었다고 한다. 바위 위에는 동물의 발자국처럼 보이는 웅덩이가 군데군데 패여 있다.

🚌 어울 마당에서 도보 5분

⭐ 해녀 막사

강한 파도를 견뎌 낸 해녀들의 자취

거북이가 바다로 나아가는 모습을 하고 있는 이 막사는 해녀들이 해산물 채취를 위해 어구를 보관하고 잠수복을 탈의했던 해녀들의 휴식 장소이다. 40여 년 전에 만들어져 활용되어 오던 것이 '이기대 해안 산책로 조성 사업'을 계기로 정비 복원되었으며 현재도 해녀들의 삶의 터전으로 이용되고 있다.

🚌 어울 마당에서 도보 8분

⭐ 군사용 해안 경계 철책

아픈 역사의 흔적

이 철책은 간첩 침투 예방을 위해 설치한 것으로 대한민국의 분단 현실을 고스란히 간직하고 있는 흔적이라 할 수 있다. 2005년 '이기대 해안 산책로 조성 사업'을 계기로 철책을 모두 철거하였는데 이 부분은 역사와 교육의 장으로 보존하기 위하여 남겨 놓았다.

🚌 어울 마당에서 도보 15분

오륙도

아름다운 여섯 개의 섬

보는 위치와 조수의 차이에 따라 섬이 다섯 개로 보이기도 하고 여섯 개로 보이기도 해서 오륙도라고 불린다. 방패섬, 솔섬, 등대섬, 굴섬, 송곳섬, 수리섬이 있는데, 등대섬을 제외하면 모두 무인도이다.
오륙도 유람선 선착장에서 유람선을 타면 오륙도를 가까이에서 둘러보고 중간중간 섬에 내려 경치를 감상할 수 있다. 특히 등대섬에서 하선하면 부산 앞바다의 경치를 감상할 수 있다. 하선하지 않고 한 바퀴를 쭉 도는 데 약 30분 정도가 걸린다.
오륙도를 감상하는 또 하나의 뷰 포인트는 선착장 위쪽에 위치한 오륙도 해맞이 공원과 스카이워크이다. 바다 위로 튀어나온 인공 구조물인 스카이워크는 바닥이 유리로 되어 있어 마치 바다 위를 걷는 듯한 느낌을 주니 한번 들러보자.

유람선 남구 용호동 산936 / 지하철 2호선 경성대, 부경대역 5번 출구에서 27, 131번 버스를 탄 후 오륙도 SK뷰 후문 하차 / 남구 2, 2-1번 마을버스를 타고 오륙도 선착장 입구 하차 / 일출 30분 전~일몰 30분 후, 따로 정해진 출항 시간 없이 사람이 어느 정도 모이면 바로 출항하는 형식임(명절 휴무) / **유람선** 성인 10,000원(왕복), 어린이 5,000원(왕복) / 051-626-8953
www.oryukdo.com

travel tip — 오륙도 스카이워크에서 출발하는 이기대 해안길

27, 131번 버스를 탄 후 오륙도 SK뷰 후문에서 하차 후 왼쪽을 보면 해파랑길 관광 안내소가 보인다. 오륙도 스카이워크 입구에 위치해 있는 해파랑길 관광 안내소에는 공중 화장실도 있고, 잠시 쉬어 갈 수 있는 카페도 있고, 물품 보관함도 있다. 관광 안내소를 마주 본 상태에서 왼쪽을 보면 해파랑길로도 불리는 이기대 해안 산책로가 보인다. 이기대 어울 마당까지는 약 2시간 정도가 소요된다.

유엔 기념 공원

유엔군 전몰장병의 혼이 서린 곳

세계 평화와 자유의 대의를 위해 생명을 바친 각국의 용사들이 잠들어 있는 곳으로 유엔에서 지정한 세계 유일의 유엔군 묘지이며, 관련국과의 외교 관계에 초석이 될 뿐만 아니라 교육의 장으로서의 역할도 하고 있다.
한국 전쟁이 일어난 이듬해인 1951년 1월 18일 유엔군 전사자 매장을 위해 유엔군 사령부가 이곳에 묘지를 조성하였다. 1955년 대한민국 국회가 유엔군의 희생에 보답하기 위해 토지를 영구히 기증하고, 성지로 지정할 것을 유엔에 건의했는데 1955년 12월 15일 유엔이 영구적으로 관리하기로 유엔 총회에서 결의(결의문 제 977(X)호)하였다. 2007년 10월 24일 근대 문화재(등록 문화재 제359호)로 등록되었으며, 원래는 재한 유엔 기념 묘지로 불렸으나 2001년 3월 30일 한국어 명칭을 재한 유엔 기념 공원으로 변경하였다.
공원 내에는 한국 전쟁 중 전사한 4만여 명의 유엔군 전몰장병들의 이름을 새긴 유엔군 전몰장병 추모명비와 유엔군 사진 자료 및 기념물을 전시한 기념관, 유해가 안장되어 있는 묘역 등이 있으며 주변에는 조각 공원, 평화 공원, 부산 박물관 등이 있어 역사와 문화를 배우고 느끼기에 좋다.
이곳은 유엔군 전몰장병들이 잠들어 있는 성스러운 곳이니 고성방가, 꽃 꺾기 등 예의에 벗어나는 행동은 삼가자.

🏠 남구 유엔평화로 93 🚌 지하철 2호선 대연역 3번 출구에서 도보 15분 🕐 10월~4월 09:00~17:00, 5월~9월 09:00~18:00(연중무휴) ₩ 무료 ☎ 051-625-0625 🌐 www.unmck.or.kr:450

TIP 대연역 3번 출구로 나와 직진으로 걷지 말고 뒤돌아서 유엔로터리 방향 쪽으로 걸어가야 함.

한국 전쟁 중 유엔 참전국 현황

전투 지원 16개국
미국, 영국, 터키, 캐나다, 호주, 프랑스, 네덜란드, 뉴질랜드, 남아공, 콜롬비아, 그리스, 태국, 에티오피아, 필리핀, 벨기에, 룩셈부르크

의료 지원 5개국
노르웨이, 덴마크, 인도, 이탈리아, 스웨덴

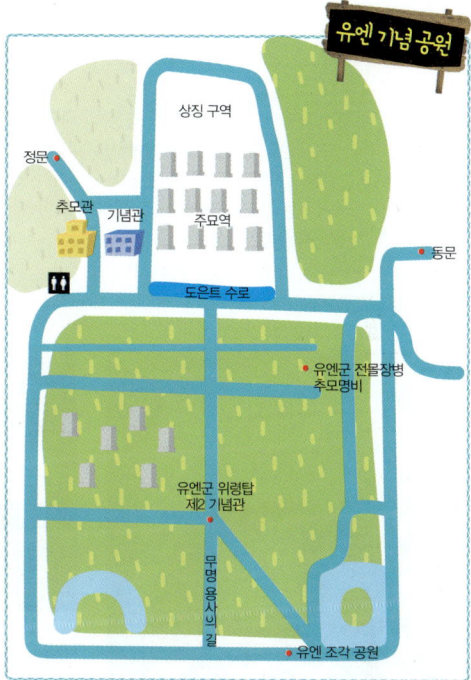

⭐ 도은트 수로

신성함을 함축한 곳
이 수로의 이름은 유엔 기념 공원에 안장된 전사자 중 최연소자(17세)인 호주 병사 J. P. 도은트의 성을 따서 지은 것으로, 삶(녹지 지역)과 죽음(묘역) 사이의 경계라는 신성함을 함축하고 있다. 수로의 크기는 폭 0.7m, 길이는 110m가량이며 깨끗한 물 안에는 물고기가 살고 있다.

🚌 유엔 기념 공원 동문에서 도보 2분

⭐ 묘역

유해가 안장된 곳
호주, 캐나다, 프랑스, 네덜란드, 터키, 영국, 미국 등 7개국의 묘역이 있고 영연방 위령탑, 호주 기념비, 캐나다 기념 동상, 프랑스 기념비 등이 있다. 유엔군 전몰장병들이 잠들어 있는 곳이니 그분들의 고귀한 희생이 훼손되지 않도록 경건한 마음으로 돌아보도록 하자.

🚌 유엔 기념 공원 동문에서 도보 3분

⭐ 기념관

유엔군 사진 자료 및 기념물 전시
한국 전쟁 당시 유엔군 사령부가 최초로 사용했던 유엔기를 비롯하여, 전쟁 당시 유엔군의 활약상을 담은 사진과 기념 유품, 방문 기념패 등이 전시되어 있다.

🚌 유엔 기념 공원 동문에서 도보 10분

⭐ 추모관

영령을 추모하는 곳
1964년 건축가 김중업 씨가 설계하고 유엔이 건립하였다. 건물은 유엔군 전몰장병들의 영령을 추모하기 위해 추상성, 영원성을 강조하는 기하학적인 삼각 형태로 되어 있으며, 양쪽 유리창은 평화의 사도, 승화, 전쟁의 참상, 사랑과 평화의 의미를 표현한 스테인드글라스 작품으로 되어 있다.

🚌 유엔 기념 공원 동문에서 도보 10분

⭐ 유엔군 전몰장병 추모명비

40,895명의 고귀한 이름을 기억하다

대한민국을 수호하기 위해 고귀한 생명을 바친 유엔군 전몰자를 추모하기 위해 건립되었다. 검정색 명비에는 40,895명의 전사자(실종자 포함)의 이름이 알파벳 순서(국가별, 개인별)로 새겨져 있으며 유엔 기념 공원에 안장된 전몰자는 이름 뒤에 ◇ 표시를 붙여 구분하였다.

🚌 유엔 기념 공원 동문에서 도보 5분

⭐ 유엔군 위령탑

눈부시게 흰 위령탑

1978년에 한국 정부가 건립하여 2007년에 재정비한 탑이다. 정면에 평화를 상징하는 비둘기가 조각되어 있고 '유엔군 위령탑'이라는 고 박정희 대통령의 친필 휘호가 새겨져 있으며, 벽면에는 각국별 전투 지원 내역과 전사자 숫자가 동판에 새겨져 있다. 위령탑 내부의 공간은 안장자의 사진과 자료를 전시하는 제2 기념관으로 활용되고 있다.

🚌 유엔 기념 공원 동문에서 도보 8분

⭐ 제2 기념관

안장자들의 사진 및 기념품이 전시된 곳

유엔군 위령탑 내부에 있는 기념관으로, 각국의 유가족에게 제공받은 안장자 사진을 바둑판 배열로 모은 대형 판넬을 비롯하여 안장자와 관련된 기념품 및 그림 등을 상설 전시하고 있다.

🚌 유엔 기념 공원 동문에서 도보 8분

⭐ 무명 용사의 길

11계단의 수로

무명 용사의 길은 11개의 물 계단, 수로 위 11개의 분수대, 수로 옆에 늘어선 11개의 소나무로 이루어져 있는데 여기서 11은 유엔 기념 공원에 안장된 11개국과 한국 전쟁에 참전한 22개국(한국 포함)을 의미한다.

🚌 유엔 기념 공원 동문에서 도보 10분

유엔 조각 공원

아름다운 공원

세계 각국 조각가의 작품 34점이 전시되어 있는데 작품들은 자유, 평화, 통일을 주제로 제작되었다. 한적한 분위기이고 근방에는 공공 화장실도 있어 여행을 하다가 쉬어가기에 좋다.

🏠 남구 유엔로 187 부근 🚇 지하철 2호선 대연역 3번 출구에서 도보 15분 ₩ 무료

부산 박물관

부산의 역사와 문화를 볼 수 있는 곳

1978년 7월 11일 개관한 박물관으로 3만여 점의 유물을 관리하고 있으며 1천 3백여 점을 상설 전시하고 있다. 제1 전시관에선 부산의 각 시대별 문화상을, 제2 전시관에선 부산을 중심으로 펼쳐졌던 한국과 일본의 관계사와 부산의 생활 문화 등을, 기증실에선 기증 유물을 전시하고 있으며 그 외에 매년 다양한 기획 전시가 열리는 기획 전시실도 있다.

🏠 남구 유엔평화로 63 🚇 지하철 2호선 대연역 3번 출구에서 도보 8분 ⏱ 평일, 일요일 09:00~18:00, 매주 금~토(주 2회) 09:00~21:00 (1월 1일, 매주 월요일 휴관 / 단, 월요일이 휴일인 경우 그 다음 날 휴관) ₩ 무료 ☎ 051-610-7111 🌐 museum.busan.go.kr

경성대·부경대 앞

대학 문화를 한눈에 볼 수 있는 곳

경성대와 부경대 사이의 일대는 부산대 앞과 함께 부산의 대표적인 '젊음의 거리'라고 할 수 있다. 음식점과 카페, 각종 상점이 밀집한 전형적인 대학가 상권이 형성되어 있을 뿐만 아니라, 소극장과 갤러리 등을 아우른 '문화 골목', 부산 재즈의 산 증인인 '몽크' 등의 젊은 문화 공간도 밀집해 있다.

🚇 지하철 2호선 경성대·부경대역 3, 5번 출구

꼭 가봐야 할 맛집

경성대·부경대 앞 맛집 거리

다양한 먹을거리가 가득

경성대와 부경대 사이에는 음식점, 카페, 옷가게 등이 들어서 있는데, 특히 지하철 2호선 경성대·부경대역 5번 근처에 맛집이 모여 있다. 어디로 가야 할지 고민이 된다면 경성대·부경대역 5번 출구로 나와 보자.

🏠 지하철 2호선 경성대·부경대역 5번 출구 일대

수라 국밥

까다로운 여대생들도 찾는 맛집

뜨끈하고 푸짐한 국밥이 먹고 싶을 때 찾으면 좋은 집이다. 메뉴는 돼지따로국밥, 순대따로국밥, 내장따로국밥, 수육, 순대 등이 있다. 이기대나 오륙도에 가기 전, 배가 출출하다면 한번 들러 보자.

🏠 남구 용소로 8번길 21 🚇 지하철 2호선 경성대·부경대역 5번 출구에서 도보 5분 ⏰ 24시간 영업 🍲 돼지따로국밥 7,500원, 내장따로국밥 7,500원 ☎ 051-627-5557

비단비

짬뽕도 자장면도 일품!

유엔 조각 공원 맞은편에 위치한 중국식 레스토랑으로, 아주 유명한 맛집이다. 깊은 국물 맛이 일품인 짬뽕엔 해물도 듬뿍 들어 있고, 자장면도 소문보다 더 훌륭한 맛을 자랑한다. 메뉴로는 비단비자장면, 볶음밥, 비단비우동, 비단비짬뽕, 비단비볶음밥 등이 있다.

🏠 남구 유엔로 187 🚇 지하철 2호선 대연역 3번 출구에서 도보 15분 ⏰ 11:30~21:20(음식 주문은 20:30까지) 🍲 우동 6,500원, 짬뽕 7,500원 ☎ 051-626-0111

덕산명가 참소국밥

24시간 내내 즐기는 국밥

메뉴로는 참소국밥, 선지국밥, 열무비빔밥 등이 있으며, 음식은 물론 인테리어도 깔끔하여 찾아온 이들에게 만족을 주는 집이다.

🏠 남구 유엔로 187 🚌 지하철 2호선 대연역 3번 출구에서 도보 15분 🕐 24시간 영업(명절 휴무) 💰 참소국밥 6,500원, 선지국밥 7,000원 ☎ 051-626-0222

쌍둥이 돼지국밥

대연동 소문난 맛집

점심 시간에 늘어선 긴 줄이 이 집의 음식 맛을 대신 말해 주고 있다. 대연동에서는 모르는 사람이 없을 정도로 소문난 맛집이며, 판매하는 메뉴로는 돼지국밥, 내장국밥 등이 있다. 점심 시간에 가면 복잡한 데다가 줄까지 서야 하니 되도록이면 식사 시간대를 피해서 가자.

🏠 남구 유엔평화로13번길 2 🚌 지하철 2호선 대연역 3번 출구에서 도보 3분 🕐 10:00~24:00(명절 휴무) 💰 돼지국밥 7,000원, 내장국밥 7,000원 ☎ 051-628-7020

서면

쇼핑의 중심! 만남의 광장!

서면은 서울로 치면 명동과 노량진이 결합된 곳이라 할 수 있는데, 명동처럼 패션, 미용, 음식점, 은행 등이 밀집해 있고 노량진처럼 고시 학원도 밀집해 있다. 지하철 1호선과 2호선이 교차하는 구간인데다가 중앙로, 가야로, 전포로 등 타 지역으로 통하는 서면 로터리가 있어 하루 통행 인구가 200만 명에 달하기 때문에 부산 교통의 심장부로 불리기도 한다.

특히 서면에는 전국 최대 규모의 현대식 재래시장인 부전 마켓 타운, 100여 개의 다양한 상업 시설이 밀집해 있는 서면 1번가, 대규모 쇼핑 센터인 롯데 백화점, 의류 상가들이 밀집해 있는 서면 지하상가까지 한곳에 모여 있어 쇼핑의 천국으로 불린다. 서면은 다양한 쇼핑 매장과 먹을거리로 인해 부산의 대표적인 관광지로 날마다 새롭게 태어나고 있다.

ACCESS

서면 지하상가 지하철 1, 2호선 서면역 1, 2번 출구
롯데 백화점 지하철 1, 2호선 서면역 7번 출구
부전 마켓 타운(부전 시장) 지하철 1호선 부전역 1번 출구
동해선 부전역 1번 출구

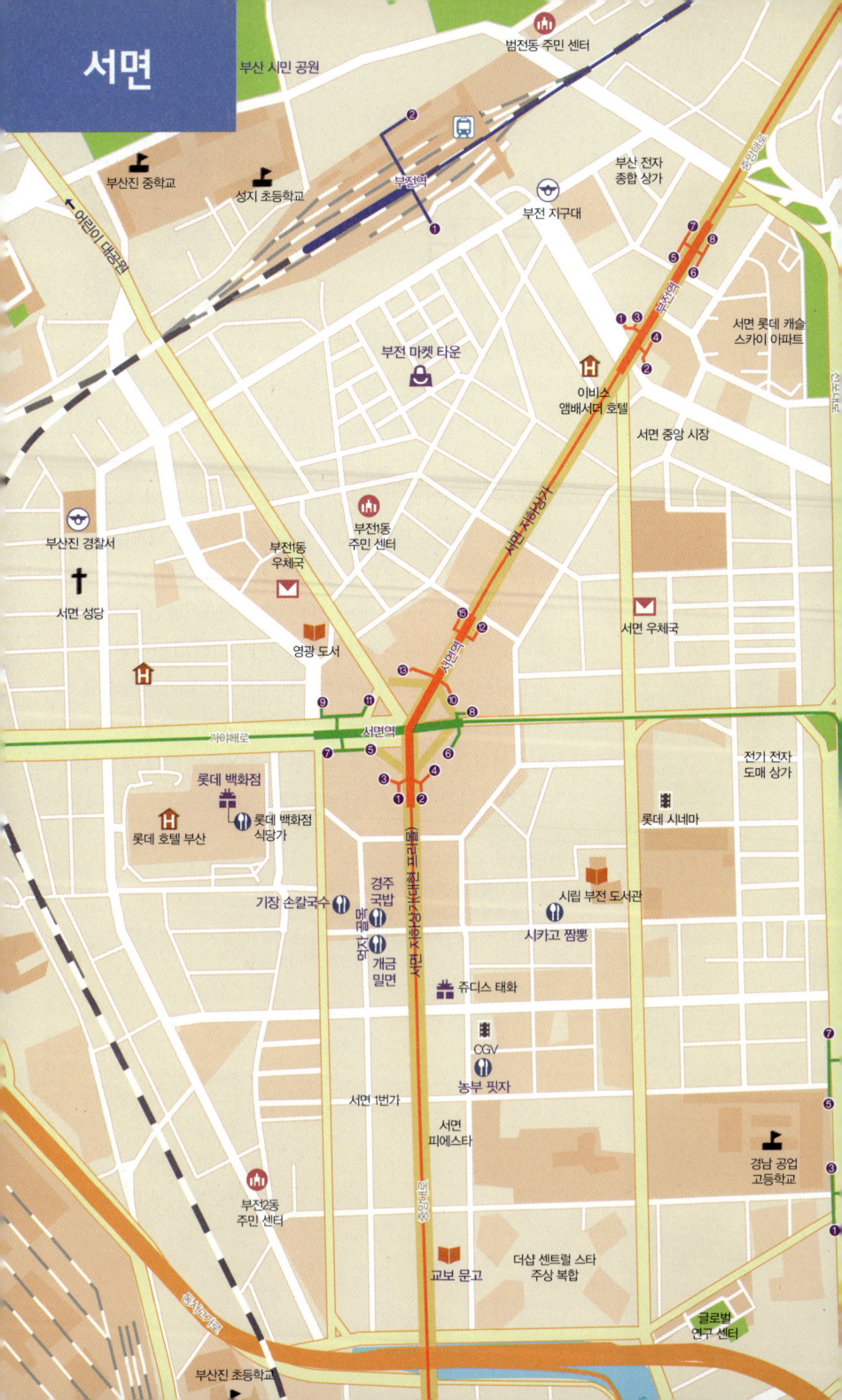

Best Tour

서면 반나절 코스 ⓘ 약 2시간 반 소요

서면 지하상가 ➡ 먹자골목 ➡ 롯데 백화점

중저가 의류부터 명품까지 폭넓은 쇼핑을 즐길 수 있는 곳이니 미리 쇼핑 목록을 작성해 가면 도움이 된다. 지하상가와 롯데 백화점 등이 모두 지하로 연결되어 있어 비가 오는 날 방문해도 불편하지 않다. 단, 둘째 주 화요일은 서면 지하상가 휴무일이니 이날은 피해서 가도록 하자.

서면 지하상가
부산 시민들의 쇼핑 천국
(1시간)

도보 2분

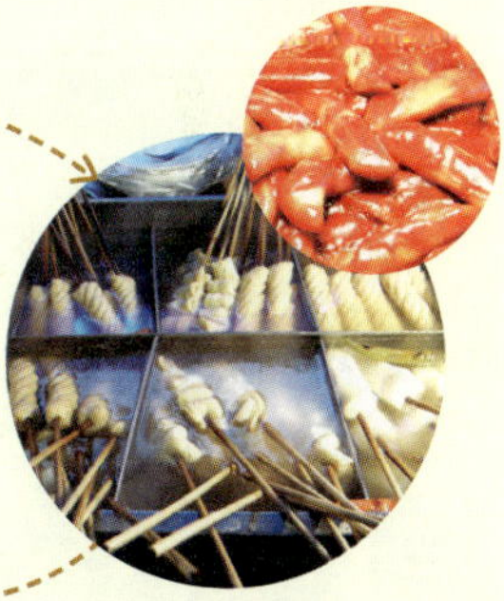

먹자골목
저렴하고 배부른
먹을거리가 가득 (30분)

도보 5분

롯데 백화점
복합 생활 문화 공간 (1시간)

서면 지하상가

멋쟁이들의 아지트

1985년 7월 23일 지하철 서면역 개통과 함께 화려하게 개장한 곳이다. 대현 지하상가라고도 불리는 이곳은 길이 직선으로 되어 있어 걷기 편한데다가 의류 상가가 질서정연하게 늘어서 있어 아이쇼핑을 즐기기에도 편하다. 1995년 인근에 롯데 백화점이 들어서자 서면 지하상가의 유동 인구가 줄어 상권 또한 죽을 것이라는 예상이 많았지만, 이는 기우에 불과했다. 롯데 백화점이 들어선 후 지금까지도 서면 지하상가는 부산 시민들의 쇼핑 천국으로 변함없는 지지와 사랑을 받고 있다.

🏠 부산진구 중앙대로(지하) 🚇 지하철 1, 2호선 서면역 1, 2번 출구 지하에서 바로 연결 🕐 상점마다 다름(둘째 주 화요일 휴무)

travel tip

만남의 광장 태화 쇼핑!

롯데 백화점 지하와 쥬디스 태화(옛 태화 쇼핑) 앞의 만남의 광장으로 유명하다. 지금도 쥬디스 태화라는 이름보다 태화 쇼핑으로 더 많이 불리는 이곳은 사람들의 약속 장소뿐 아니라 집회 장소로도 많이 이용된다. 근처에 동보 서적과 파리 바게트가 있어 기다리는 지루함도 덜어 준다. 부산 사람과 서면에서 만날 일이 있을 때 태화 쇼핑 앞에서 만나자고 하면 무난하니 꼭 기억해 두자.

롯데 백화점

복합 생활 문화 공간

1995년 옛 부산상고 자리에 들어선 지하 5층, 지상 11층의 초현대식 백화점이다. 식품, 영 스퀘어, 남성 패션, 여성 패션, 생활용품 등의 매장이 입점해 있으며 면세점은 물론 식당가와 시네마관도 있어 다양하게 즐길 수 있다.

🏠 부산진구 가야대로 772 🚌 지하철 1, 2호선 서면역 7번 출구 지하에서 바로 연결 ⏰ 10:30~20:00(연장 영업과 휴점일은 홈페이지 참조) ☎ 051-810-2500 🌐 www.lotteshopping.com

부전 마켓 타운(부전 시장)

기억의 장터

부산 사람들에게는 '부전 시장'으로 더 알려져 있는 곳이다. 주로 식재료를 판매하고 있는데 부전 시장에 없으면 부산에도 없다는 말이 나올 정도로 다양한 식재료를 판매하며 규모 자체도 매우 크다. 부전 마켓 타운은 비 오는 날에도 다니기 편하게 아케이드가 설치되어 있다. 또 옛날 흔적을 고스란히 간직한 상가들도 많아 쇼핑뿐 아니라 볼거리도 풍부하다.

🏠 부산진구 부전로 158번길, 162번길, 새싹로 8번길 일대 🚌 지하철 1호선 부전역 1번 출구에서 도보 2분, 동해선 부전역 1번 출구

교보 문고

넓은 매장! 다양한 서적!

교보 생명 빌딩 내에 있는 서점으로 서면 중심가에서 조금 떨어진 곳에 위치해 있음에도 도심 속의 문화 공간으로 많은 사랑을 받고 있다. 2002년 개점한 이곳은 부산 최대 규모의 매장을 자랑하는데 넓은 공간만큼 다양한 서적도 보유하고 있다.

🏠 부산진구 중앙대로 658(교보생명 빌딩) 🚍 지하철 1, 2호선 서면역 2번 출구에서 도보 10~15분 ⏱ 11:00~21:30(명절 휴무) ☎ 051-806-3501 ℹ www.kyobobook.co.kr

부산 시민 공원

100년 만에 돌아온 공원

미군 부대가 주둔하던 캠프 하야리아가 이전하고 나서 그 부지에 조성된 거대한 공원이다. 옛 미군 부대의 흔적을 남겨 놓아 당시 분위기도 조금 느낄 수 있다. 캠프 하야리아의 장교 클럽을 리모델링한 공원 역사관에는 다양한 전시물이 전시되어 있다. 또 숲길, 산책길, 폭포, 역사의 길 등으로 다양하게 꾸며져 있어 부산 시민들의 휴식처로 사랑받고 있다.

🏠 부산진구 시민공원로 73 🚍 지하철 1, 2호선 서면역 7번 출구에서 33번 버스를 이용하여 부산 시민 공원 하차 / 동해선 부전역 2번 출구에서 도보 1분 / 지하철 1호선 부전역 7번 출구에서 도보 15분 ⏱ 05:00~24:00 ₩ 무료 ☎ 051-850-6000 ℹ www.citizenpark.or.kr

어린이 대공원

산림욕을 즐길 수 있는 공원

우리나라 최초의 돌붙임 콘크리트 중력식 댐인 성지곡 수원지는 집수와 저수, 여과지로 향한 도수로 등이 거의 원형 그대로 잘 보존되어 2008년 국가 문화재로 등록되었는데 바로 이 수원지로 인해 어린이 대공원은 한때 성지곡 수원지로 불렸다. 어린이 대공원 안에는 성지곡 수원지를 비롯하여 수변 공원과 산림욕장, 놀이동산 등이 있는데 특히 산림욕장은 울창한 편백나무로 둘러싸여 있어 색다른 즐거움을 준다.

🏠 부산진구 성지곡로 3 🚌 서면 쥬디스 태화(구 태화 쇼핑) 부근에서 81, 133번 버스를 이용하여 어린이 대공원 하차 ₩ 무료 ☎ 051-860-7848 ℹ️ www.bschildpark.or.kr

꼭 가봐야 할 맛집

먹자골목

국민 간식 천국!
떡볶이, 어묵, 순대, 만두 등 저렴한 먹을거리들을 만날 수 있는 골목이다. 밤늦은 시간까지 영업을 하는 데다가 간편하게 즐길 수 있으니 출출할 때 들러보자.

🏠 부산진구 서면로 68번길 🚇 지하철 1, 2호선 서면역 1번 출구에서 도보 5분 ⏰ 12:00~24:00(연중무휴) 🍴 떡볶이 2,500원, 어묵 500원

경주 국밥

각종 언론이 격찬한 집
'경주 박가 국밥'으로도 불리는 집으로 국밥 안에 돼지고기를 듬뿍 넣어 준다. 곁들여져 나오는 신선한 부추무침과 새우젓을 국밥 안에 넣어 먹으면 하루의 피로가 싹 풀리는 느낌까지 든다. 메뉴로는 돼지국밥, 순대국밥, 내장국밥, 따로국밥 등이 있다.

🏠 부산진구 서면로 68번길 27 🚇 지하철 1, 2호선 서면역 1번 출구에서 도보 5분 ⏰ 24시간 운영(명절 휴무) 🍴 돼지국밥 7,000원, 순대국밥 7,000원 ☎ 051-806-2706

기장 손칼국수

칼국수가 정말 맛있는 집
이 허름한 식당의 밖과 안은 늘 분주하다. 안은 칼국수를 먹기 위해 찾은 손님들로 붐비고 밖은 칼국수를 만드는 손길로 인해 바쁘다. 한번 먹어 본 사람은 또 찾아오게 만든다는 기장 손칼국수는 면발뿐 아니라 국물도 끝내주니 서면에 오면 꼭 맛보기를 추천한다. 메뉴로는 손칼국수, 김밥 등이 있다.

🏠 부산진구 서면로 56 🚇 지하철 1, 2호선 서면역 1번 출구에서 도보 5분 ⏰ 09:00~21:00(명절 휴무) 🍴 손칼국수 5,000원, 김밥 1,500원 ☎ 051-806-6832

개금 밀면

서면 시장 인기 스타

일단 가격이 저렴해서 많은 사랑을 받고 있는 곳이다. 하지만 가격에 비해 음식은 괜찮게 나오는 편이다. 양도 많고 맛도 좋다. 물밀면, 비빔밀면, 만두 등을 판매하고 있는데 어느 것을 선택해도 후회가 없을 정도로 모두 맛있다. 기장 손칼국수집 맞은편에 위치해 있어 찾기도 쉽다.

🏠 부산진구 서면로 68번길 39 🚇 지하철 1, 2호선 서면역 1번 출구에서 도보 5분 🕐 하절기 09:00~22:00, 동절기 09:00~21:00 🍜 물밀면 6,000원, 비빔밀면 6,500원 ☎ 051-802-0456

시카고 짬뽕

분위기 좋은 짬뽕집

서면에서 꽤 유명한 짬뽕집이다. 내부 인테리어가 좋아서 데이트를 하기에도 좋다. 각종 야채와 해물을 넣고 사골 육수로 만든 오리지널 시카고 짬뽕은 순한 맛, 보통 맛, 매운맛으로 선택할 수 있다. 이외에도 피자, 탕수육, 돈가스도 판매하고 있다.

🏠 부산진구 중앙대로 702번길 15 (부전동 2층) 🚇 지하철 1, 2호선 서면역 2번 출구에서 도보 5분(동보 프라자 건물 뒤편 위치) 🕐 11:30~22:30(주문 가능 시간 ~21:30) 🍜 시카고짬뽕 8,000원, 크림탕수육 9,000원 ☎ 051-806-6094

농부 핏자

수요미식회에서 추천한 서면 맛집

tvN 프로그램 수요미식회에 출연한 피자집이다. 화덕 피자를 선보이고 있는데, 분위기도 좋고 음식도 예쁘게 나온다. 나폴리 피자 장인 협회에서 인증한 피자 장인이 현지의 방식과 동일하게 피자를 만든다는 것을 강조하고 있다.

🏠 부산 진구 신천대로 50번길 72, 2층 🚇 지하철 1, 2호선 서면역 2번 출구에서 도보 10분(CGV 건물 뒤편 위치) 🕐 11:30~22:00 🍜 마르게리타 18,000원, 콰트로 풍기 18,000원 ☎ 051-818-8858

범일동

70~80년대의 향수가 서린 곳

한국 전쟁 당시 범일동에는 피란민 수용소가 있었고 그 주변에는 판자촌이 형성되어 있었다. 지금은 판자촌도 모두 사라지고 피란민 수용소도 없지만 육교와 철길, 오래된 동네, 옛 보림 극장 터 등 70~80년대의 향수를 불러일으키는 흔적들이 곳곳에 남아 있어 그때 그 시절을 떠올리게 한다.

그래서인지 언젠가부터 이곳이 영화 촬영지로 이름을 날리기 시작했다. 영화〈친구〉에서 주인공들이 교복을 입고 옆구리에는 가방을 끼고 신나게 달리던 육교, 그리고 장동건이 수차례 칼에 찔리며 "마이 무따 아이가. 고마 해라."를 말하며 숨져 간 전봇대가 바로 범일동에 있다. 또 영화〈아저씨〉에서 원빈과 김새론이 열연을 펼쳤던 동네도 바로 범일동이다.

예전부터 진 시장, 평화 시장, 자유 시장 등 대형 시장이 있어 쇼핑객들의 발길이 끊이지 않았던 이곳에 이제 영화 촬영지를 찾는 관광객들의 발길도 이어지고 있는 것이다.

ACCESS

- **범일동** 지하철 1호선 범일역 1~12번 출구
- **매축지 마을** 지하철 1호선 좌천역 4번 출구

Best Tour

범일동 한나절 코스
⏱ 약 3시간 반 소요

친구 육교 ➡ 부산진 시장 ➡ 자성대 공원 ➡ 매축지 마을

영화 촬영지를 둘러보고 쇼핑도 함께 즐길 수 있는 지역이다. 명소와 명소 간의 거리가 애매해서 차를 타기보다는 도보로 이동해야 하는 편이니 구두보다는 운동화를 신도록 하자. 특히 매축지 마을은 주민들이 생활하는 공간이니 밤보다는 낮에 방문하고 다닐 때는 소음을 일으키지 말자.

출발! 친구 육교
영화 <친구>의 주인공들이 신나게 달리던 곳 (10분)

도보 10분

부산진 시장
의류 등을 판매하는 대형 시장 (1시간)

도보 5분

자성대 공원
일본군이 쌓은 일본식 성 (1시간)

도보 15분

도착! 매축지 마을
영화 <아저씨> 촬영지 (1시간)

107

친구 육교

과거와 현재를 연결하는 육교

영화 〈친구〉에서 모범생 상택(서태화) 덕에 패싸움을 하고도 퇴학을 면한 동수(장동건)와 친구들은 기쁜 마음을 억누를 길이 없어 신나게 육교 위를 달린다. 교복 차림의 주인공들이 달리던 육교 주변은 지금도 70~80년대의 분위기를 풍기는데 육교 위에 서서 철도와 주변 동네를 보고 있으면 마치 시간 여행을 하여 과거로 돌아간 느낌이 든다.

🏠 동구 범일로 125번길 🚌 지하철 1호선 범일역 7번 출구에서 도보 3분

장동건 전봇대

무뚝뚝한 모습으로 서 있는 전봇대

영화 〈친구〉 속에서 장동건이 수차례 칼에 찔리며 "마이 무따 아이가. 고마 해라."를 말하며 죽었던 바로 그곳으로 부산 국제 호텔 앞에 위치해 있다. 부산 사나이처럼 무뚝뚝하고 멋없게 서있는 전봇대라 이곳이 명소임을 눈치 채는 사람이 없을 정도이다. 예전에는 촬영 장소라는 표지판이 있었으나 지금은 없어져 찾기가 쉽지 않다. 전봇대 바로 앞에 만물 슈퍼라는 가게가 있으니 가게를 찾는 편이 빠르다.

🏠 동구 범일로 90번길 🚇 지하철 1호선 범일역 2번 출구에서 도보 10분

자성대 공원

부산광역시 지전 기념물 제7호

자성대는 원래 부산진성의 한 부분으로 공식적인 이름은 부산진지성(釜山鎭支城)인데, 지금 남아 있는 성터는 임진왜란 때인 1593년에 왜군이 주둔하면서 다시 쌓은 일본식 성이다. 임진왜란 때 왜군의 지휘소로 이용되기도 하여, 왜군 장수의 이름을 따서 고니시 성이라고도 불리기도 했다.
현재 남아 있는 성터는 2단이며, 성벽의 높이는 최고 10m, 최저 1.5m이다. 성벽은 비스듬히 경사져 있고 아래쪽에서 위쪽으로 올라가며 나선형을 이룬다. 이 성은 일본식 성의 연구에 좋은 자료가 되고 있어 부산광역시 기념물 제7호로 지정되었다.
주변에 시끌벅적한 큰 시장이 있어 눈에 잘 띄지 않는 곳이지만 안으로 들어가면 조용한 산책로와 체육 시설이 있어 인근 직장인들이 즐겨 찾고 있다.

🏠 동구 자성로 99 🚇 지하철1호선 범일역 2번 출구에서 도보 15분 ☎ 051-440-4064

⭐ 진남대

자성대 정상에 있는 장대

진남은 자성에 가설되었던 남문의 이름으로, 겹처마 팔작지붕 형태를 하고 있으며 현판은 남쪽을 향해 달려 있다. 옆에는 임진왜란 때 명나라에서 원병을 이끌고 우리나라에 왔다가 귀화하여 천씨의 시조가 된 충장공 천만리 장군의 유적비가 있으니 찾아보도록 하자.

🚌 자성대 공원 북문 입구에서 도보 5분

⭐ 우주석

부산광역시 지정 기념물 제19호

부산진지성(자성대)의 중요성을 보여 주는 돌기둥이다. 임진왜란 후 부산진지성을 축성할 때 세운 것으로 추정되며 돌기둥에는 '이곳은 나라의 목에 해당되는 남쪽 국경이라, 서문은 나라의 자물쇠 같다'라는 뜻인 '남요인후 서문쇄약(南徼咽喉 西門鎖鑰)'이 새겨져 있다. 이 석축의 좌측은 높이 272cm, 폭 46~94cm이며, 우측은 높이 277cm, 폭 62~71cm이다.

🚌 자성대 공원 북문 입구에서 도보 15분

⭐ 최영 장군 사당

황금 보기를 돌같이 본 장군

신출귀몰한 전술과 탁월한 군 통솔력으로 왜구를 섬멸한 최영 장군의 사당이다. 최영 장군은 고려 충숙왕 3년(1316년)에 출생하였고 왕실의 숙위병으로 근무하였으며 공민왕 3년(1354년)에는 대호군이 되어 수차례에 걸쳐 내·외란을 평정하여 그 이름을 원나라까지 떨쳤다. 또 최영 장군은 "황금 보기를 돌같이 하라."라는 부친의 말씀을 평생 가슴에 새기며 청렴하게 산 것으로도 유명하다.

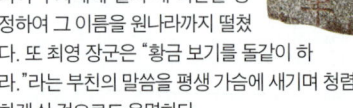

🚌 자성대 공원 북문 입구에서 도보 10분

⭐ 영가대

한·일 선린 외교를 상징하는 유적지

조선 통신사와 관계가 깊은 정자로, 1617년 오윤겸이 처음 영가대에서 일본으로 출발한 이후로는 줄곧 통신사 일행이 출발하고 돌아오던 장소로 쓰였으며 통신사들이 일본을 향해 배를 띄우면서 무사 항해를 기원하는 해신제를 지내기도 했다. 1910년경 경부선 철도 부설과 항만 매축 공사로 소실된 것을 90여 년 만에 복원하여 준공하였다.

🚌 자성대 공원 북문 입구에서 도보 10분

💡TIP 영가대 옆에는 조선 통신사에 대해 자세히 알 수 있는 조선 통신사 역사관도 있으니 한번 들러 보자.

⏰ 09:00~18:00(1월 1일과 월요일 휴무, 월요일이 공휴일인 경우 다음 날 휴무) ₩ 무료 ☎ 051-631-0858 www.tongsinsa.com

좌천동 골목

오랜 세월을 간직한 동네

좌천동에는 50년 넘는 역사를 자랑하는 가구 거리가 있는데, 이 가구 거리 뒤편에는 오랜 세월을 간직한 동네가 자리하고 있다. 지하철 1호선 좌천역 2번 출구로 나오면 옆에 작은 굴다리가 보이는데, 이 굴다리를 통과하면 조용하고 소박한 동네를 만날 수 있다. 범일동에서 걸어서 가도 되는데 친구 육교를 통해도 되고, 부산진 시장 뒤편에 있는 육교를 통해도 쉽게 만날 수 있다. 동네 구경을 마친 후에는 지역 최대의 가구점 밀집 지역인 좌천동 가구 거리에서 가구 구경도 해 보자.

🏠 동구 자성로 8번길 🚌 지하철 1호선 좌천역 4번 출구에서 도보 1분

부산진 시장

역사와 전통을 자랑하는 시장

부산을 대표하는 전국 3대 재래시장으로 1913년 9월 함석 상가로 출발한 것이 그 시작이었다. 건물 내부에는 한복, 주방용품, 침구, 수예, 주단, 커튼, 원단 부자재, 양복, 여성 의류, 남성 의류, 속옷 등을 판매하는 곳이 방대하게 들어서 있어 다양한 물건을 저렴하게 구입할 수 있다. 특히 부산진 시장은 혼수 전문 시장으로도 유명하니 결혼을 앞두고 있다면 한번 찾아보자. 범일동에는 부산진 시장 외에도 귀금속 도매 상가, 평화 특화 시장, 자유 도매 시장, 현대 백화점 등 대형 쇼핑 공간이 몰려 있어서 함께 돌아보기도 좋다.

동구 범일동 진시장로 24 지하철 1호선 범일역 2번 출구에서 도보 3~5분 07:00~19:00(일요일과 명절은 휴무하는 편, 자세한 휴무일은 홈페이지 참조) 051-646-7041~3 www.busanjinmart.co.kr

travel tip 부산진 시장에서 혼수 준비 해결!

혼수 준비를 단번에 해결하는 방법은 없을까? 바로 부산진 시장에 해답이 있다. 한복부터 시작해서 주방용품, 침구, 수예, 주단, 양복까지, 혼수 준비에 필요한 물품은 없는 게 없을 만큼 다양하게 갖춰져 있다. 결혼 준비에 골머리를 앓는 예비 신랑, 신부가 있다면 지금 당장 부산진 시장을 찾아가 보자.

전쟁을 견디게 한 힘!
돼지국밥

부산에는 유난히 돼지국밥을 파는 음식점이 많다. 동네마다 잘한다는 돼지국밥집이 적어도 한 곳은 있을 정도이니 그 인기를 짐작할 만하다. 게다가 돼지국밥을 판매한 지 10년이나 20년 되는 음식점은 명함도 못 내밀 정도로 부산의 유명 돼지국밥집들은 하나같이 역사와 전통을 자랑한다.

부산에 유난히 돼지국밥 집이 많은 것은 전쟁의 영향 때문이다. 한마디로 돼지국밥은 전쟁이 낳은 음식인 셈인데, 먹을 것이 부족하던 그 시절에 값이 싸면서도 든든한 돼지국밥은 가난한 피란민들의 배를 채워 주었고 영양을 채워 주었다.

지금도 돼지국밥은 그 푸짐함과 영양에 비해 저렴한 가격을 자랑하고 있다. 고기가 몇 점밖에 들어가지 않는 설렁탕과는 달리 돼지국밥은 국과 돼지고기의 양이 비슷한 것이 특징인데, 국밥에 밥은 물론이고 곁들여져 나오는 부추무침을 함께 넣어 먹는 덕에 영양식으로도 불린다. 돼지국밥을 제대로 먹고 싶다면 곁들여져 나오는 부추무침과 소면을 밥과 함께 국에 넣어서 말아서 먹으면 된다.

매축지 마을

영화 〈아저씨〉 촬영지

시간의 흐름이 비켜 간 듯한 동네 풍경은 마치 영화 촬영을 위해 일부러 남겨 놓은 곳 같다. 서민들의 삶의 애환이 서린 낡은 집들은 70년대 향수를 가득 품고 있고, 좁은 골목길에 그려진 벽화는 오래된 동네에 생기를 더하고 있다. 원빈 주연의 영화 〈아저씨〉뿐 아니라, 장동건 주연의 영화 〈친구〉도 이곳에서 촬영되었는데 지금도 당장 아무 영화나 촬영하러 들어와도 될 정도이다.

 동구 성남삼로 18번길 일대 지하철 1호선 좌천역 4번 출구에서 도보 5분

꼭 가봐야 할 맛집

할매 국밥

싸고 푸짐한 국밥 한 그릇

60년 역사를 자랑하는 곳답게 인근 주민들에게는 입소문이 나 있다. 좁은 골목에 위치해 있음에도 점심 시간이면 앉을 자리가 없을 정도로 붐빈다. 저렴한 가격에 고기가 듬뿍 들어 있는 국밥을 맛보고 싶다면 꼭 찾아가 보자.

🏠 동구 중앙대로 533번길 4 🚶 친구 육교에서 도보 5분
🕐 10:00~20:00(매주 일요일 휴무) 🍲 따로국밥 6,000원, 국수 4,500원 ☎ 051-646-6295

현대 백화점 식당가

맛집이 모여 있는 곳

맛있는 것을 쾌적한 환경에서 즐기고 싶다면 친구 육교 근처에 있는 현대 백화점에 들어가자. 지하 2층과 지상 9층에는 '밀탑'을 비롯하여 다양한 맛집이 있다.

🏠 동구 범일로 125 🚇 지하철 1호선 범일역 7번 출구에서 도보 1분 🕐 10:30~20:00(연장 영업과 휴무일은 홈페이지 참조) ☎ 051-667-2233

115

부산역

부산 속 작은 외국과 향수 어린 옛 거리들

부산의 관문인 부산역 주변은 이색적인 명소로 가득 차 있다. 부산역 바로 맞은편에는 영화 〈올드 보이〉가 촬영된 상해 거리가 있다. 이곳은 120여 년 전 중국 영사관이 들어서면서 중국인들이 모여들었던 곳으로, 지금도 화교 학교와 중국 음식점 등이 늘어서 있어 이국적인 분위기가 물씬 풍긴다. 또한 이 주변에는 70~80년대의 향수가 느껴지는 초량동 골목길도 있어서 느린 걸음으로 걸으며 둘러보기 좋다.

부산역에서 차로 5분만 가면 영화 〈인정사정 볼 것 없다〉의 명장면이 촬영되기도 했던 40계단 문화 관광 테마 거리가 있다. 이곳은 한국 전쟁 이후 암달러상들이 장사진을 이루었던 곳으로 40계단을 중심으로 당시 생활상을 엿볼 수 있는 조형물과 문화관이 있다. 40계단을 따라 올라가면 영화 〈하류 인생〉 등이 촬영된 동광동 인쇄 골목도 있는데 골목 곳곳에 벽화가 그려져 있어 찾아온 이들을 즐겁게 한다.

ACCESS

- **상해 거리** 지하철 1호선 부산역 1번 출구
- **40계단 문화 관광 테마 거리** 지하철 1호선 중앙역 11, 13, 15번 출구

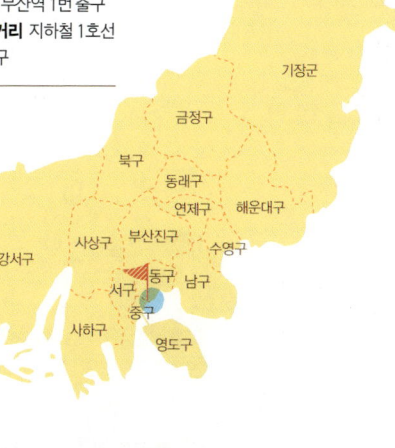

Best Tour

부산역 한나절 코스 ⏱ 약 3시간 소요

상해 거리 ➡ 40계단 문화 관광 테마 거리 ➡ 동광동 인쇄 골목

독특한 풍경을 간직한 거리를 구경하는 것이 이 코스의 포인트다. 많이 걸을수록 더 많은 것을 볼 수 있는 곳이니 편안한 신발을 착용하도록 하자. 동광동 인쇄 골목은 남포동에서 도보로 3분 거리에 있어서 남포동 코스에 넣어도 좋다.

점심 추천 식당 전주 식당 **추천 메뉴** 돌솥비빔밥

상해 거리
부산 속의 작은 중국
(1시간)

지하철과 도보로 10분

40계단 문화 관광 테마 거리
옛 생활상을 엿볼 수 있는 조형물이 있는 곳 (1시간)

도보 1분

동광동 인쇄 골목
곳곳에 예쁜 벽화가 가득!
(1시간)

119

상해 거리

부산 속의 작은 중국

부산역 맞은편에 우뚝 서 있는 상해 문으로 들어가면 색다른 세계가 펼쳐진다.

약 120년 전 중국 영사관이 이곳에 들어서면서부터 중국 인들이 모여들었고 중국인들 은 이곳에 집을 짓고 가게를 마 련했다. 지금은 상해 거리로 불리 지만 한때는 청관 거리, 차이나타운, 또 는 화교촌으로 불리는 등 오래된 세월만큼이나 다 양한 이름이 거쳐 갔다. 상해 거리에는 지금도 화교 학교가 있으며 화교 2세와 3세들이 중국 음식점을 운영하며 살아가고 있다.

특히 상해 거리는 2004년 칸 영화제에서 신사위원 대상을 받은 박찬욱 감독의 영화〈올드 보이〉를 촬 영한 곳으로도 유명한데, 최민식이 강혜정과 함께 자신이 먹었던 만두와 같은 맛의 만두를 찾아다니 는 장면이 이곳에서 촬영되었다. 영화 속 중국 음식 점인 장성향을 찾아서 만두를 맛보는 것도 색다른 재미가 될 것이다.

🏠 동구 중앙대로 179번길, 대영로 243번길 🚌 지하철 1호선 부산역 1번 출구에서 도보 2분

⭐ 중앙 상징물

비천상이 새겨진 상징물

상해 거리 중심부에 위치해 있는 조형물이다. 정 방향 기둥 상부에 꽃비를 뿌리며 하늘로 올라가는 천녀가 새겨져 있는데, 이는 중국의 둔황 막고굴에 있는 당나라의 비천상에서 따온 것이다.

🏠 동구 중앙대로 179번길 🚇 지하철 1호선 부산역 1번 출구에서 도보 5분

⭐ 패왕별희 동상

중국 희극 예술의 대표적 장르

중앙 상징물 옆을 살펴보면 패왕별희 동상을 발견할 수 있다. 〈패왕별희〉는 유명한 고전 경극인데, 경극은 북경에서 발전한 중국 희극 예술의 대표적 장르를 가리킨다. 〈패왕별희〉의 줄거리는 한나라 군에게 포위당한 초나라 왕 항우가 초나라의 패망을 슬퍼하자, 애첩 우희는 이별의 시간이 왔음을 알고 자진을 하고, 혼자 탈출한 항우도 결국 자결하고 만다는 비극적 결말을 다루고 있다.

🏠 동구 중앙대로 179번길 🚇 지하철 1호선 부산역 1번 출구에서 도보 5분

⭐ 부산 화교 중고등학교

화교 자녀들이 공부하는 곳

상해 거리에는 화교 중고등학교가 있다. 화교 학교는 교문부터 시작해 운동장도 한국의 학교와는 다른 분위기를 풍겨 눈길을 사로잡는데, 특히 담장이 삼국지 벽화로 되어 있어 기념사진을 찍기에 좋다. 화교 중고등학교에서 멀지 않은 곳에는 화교 소학교도 있는데, 1884년 중국이 영사관을 설치했던 자리에 들어서 있다.

🏠 동구 대영로 243번길 61 🚇 지하철 1호선 부산역 3번 출구에서 도보 3분

⭐ 동화문

중국 청나라의 건축 양식

상해문의 보조문 역할을 하는 문이다. 현판에는 '래래강녕(來來康寧)'이라는 문구가 새겨져 있는데, 이는 이곳을 드나드는 사람마다 몸이 건강하고 마음이 편안하기를 기원하는 의미를 담고 있다.

🏠 동구 중앙대로 179번길 🚇 지하철 1호선 부산역 1번 출구에서 도보 8분

⭐ 아치문

번성을 기원하는 문

권위와 영화를 상징하는 용 문양이 들어간 아치문으로, 상해 거리를 수호하고 번성을 기원하는 뜻에서 상가들이 밀집해 있는 도로의 양쪽 끝에 하나씩 설치하였다.

🏠 동구 대영로 243번길, 247번길 부근 🚇 지하철 1호선 부산역 5번 출구에서 도보 3분

텍사스촌

밤이면 빛나는 거리

상해 거리 바로 옆에는 상해 거리와는 다른 분위기를 풍기는 텍사스촌이 있다. 이 거리는 미군들과 러시아 선원들이 식사를 하거나 유흥을 즐기기 위해 찾고 있는데 낮에는 대부분의 상점이 문을 닫아 조용하나 해가 지면 미국, 필리핀, 러시아, 우즈베키스탄 등 세계 각지의 사람들로 북적인다. 음식점, 유흥 주점, 커피숍 등이 있고 옷을 판매하는 상점도 있다. 이곳은 청소년 통행 제한 구역이니 청소년들은 밤 시간대에 출입을 삼가자.

🏠 동구 대영로 243번길 🚇 지하철 1호선 부산역 5번 출구에서 도보 3분

초량동 골목길

타임머신 타고 한 바퀴

기차역 부산역에서 횡단보도만 건너면 만날 수 있는 동네가 바로 초량동이다. 상해 거리, 텍사스촌으로 유명한 곳이지만 사실은 그 외에도 볼거리가 많다. 곳곳에 남아 있는 일본식 가옥과 70년대 분위기를 간직한 골목길과 상점 등은 도보 여행자들의 가방에서 카메라를 꺼내게 만든다. 최근에는 이 일대의 골목길을 걷기 여행 코스로 개발한 '이바구길'로 더욱 주목받고 있다.

🏠 동구 초량상로, 초량중로, 초량북로 일대 🚇 지하철 1호선 부산역 3,5,7번 출구에서 도보 1분

TIP 초량 이바구길에 대한 더 많은 정보는 이 책의 '테마 여행' 중에서 '걷기 여행' 편을 참고하자.

40계단 문화 관광 테마 거리

피란민들의 숨소리를 간직한 곳

40계단이 언제 만들어졌는지는 밝혀지지 않았지만 언제 유명해졌는지는 확실하다. 40계단은 한국전쟁 이후 암달러상들이 장사진을 이루었던 곳으로 유명했는데 1953년 11월 27일 부산시 중구 피란민 판자촌 일대에서 발생한 부산역전 대화재 이후에 구호품 시장과 암달러 시장이 더 성황을 이루게 되었다. 피란민들은 40계단 일대에 거주하면서 구호물자를 팔았는데 그로 인해 40계단은 한때 '도떼기시장'으로 불리기도 했다. 특히 40계단은 영도대교와 함께 이산가족 상봉 장소로도 유명했는데 피란민들은 40계단에 앉아 바다를 바라보며 헤어진 가족들을 그리워하며 눈물을 흘렸다.

최근에 와서는 영화 〈인정사정 볼 것 없다〉의 명장면인 비 오는 날 안성기의 살인 장면 촬영 장소로 더 유명해졌다. 40계단과 그 주변은 이제 문화 관광 테마 거리로 변신해 찾아온 이들에게 역사와 문화를 느끼게 해 준다. 피란민을 실어 나르던 부산항을 상징하는 바닷길, 철도 레일과 신호기가 설치된 기찻길, 나무 전봇대에 붙은 영화 포스터 등으로 50~60년대의 분위기를 재현해 놓은 거리는 찾아온 이로 하여금 향수에 젖게 한다. 거리에는 '아버지의 휴식', '뻥튀기 아저씨', '물동이 진 아이' 등 생활상을 재현한 조형물도 있으니 찾아보도록 하자.

🏠 중구 40계단길 🚇 지하철 1호선 중앙역 11, 13, 15번 출구에서 도보 2분

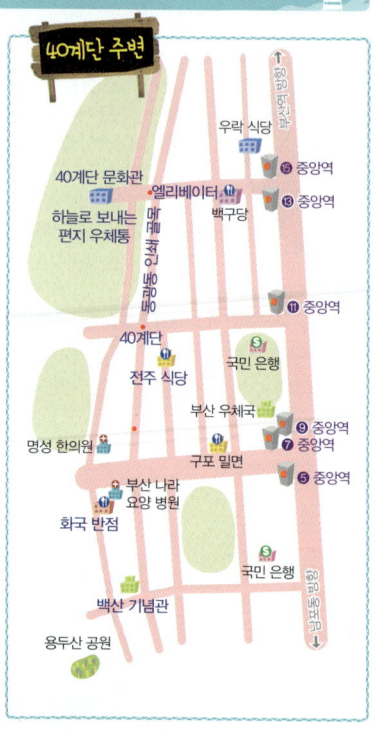

⭐ 40계단

피란민들의 애환을 품은 계단

옛날 40계단은 그 주위를 주거지가 잠식해서 지금은 1m도 되지 않는 아주 좁은 계단으로 변했다. 현재 40계단이라 불리는 곳은 본래의 계단에서 남쪽으로 10m 정도 떨어진 자리에 새로 축조한 것으로, 영화 〈인정사정 볼 것 없다〉의 주요 장면이 촬영되기도 했다.

🏠 중구 40계단길 🚇 지하철 1호선 중앙역 11번 출구에서 도보 5분

travel tip

40계단에서 듣는 '경상도 아가씨'

40계단 중앙에는 아코디언 켜는 아저씨 동상이 있는데 동상 뒤로 사람이 걸어가면 자동으로 음악이 나온다. 나오는 노래는 박재홍이 부른 '경상도 아가씨'라는 노래인데, '40계단 층층대에 앉아 우는 나그네 울지 말고 속 시원히 말 좀 하세요'라는 노랫말로 시작된다.

⭐ 40계단 문화관

역사의 산 교육장

광복 전후 부산의 생활상과 피란 시절 모습, 피난살이에 대한 추억들과 그 시절 사용했던 용품, 그리고 중구의 형성 과정 및 역사 이야기 등을 볼 수 있다. 그밖에 1950년 전후로 중구를 중심으로 한 문화 예술인들과 관련한 물품도 볼 수 있다.

🏠 중구 동광길 49 🚇 지하철 1호선 중앙역 13, 15번 출구에서 도보 6분 🕐 평일 10:00~18:00, 토·일요일 10:00~17:00(매주 월요일, 국경일, 명절 휴무) ₩ 무료 ☎ 051-600-4045 ℹ️ www.bsjunggu.go.kr/tour/index.junggu

⭐ 하늘로 보내는 편지 우체통

향수와 애환을 담은 편지

보고 싶어도 보지 못하는 그리운 사람에게 보내는 글이나 가고 싶어도 가지 못하는 사연 등 피란민들의 향수와 애환을 담은 편지를 넣을 수 있는 우체통이다.

🏠 중구 동광길 49 🚌 40계단 문화관 내

⭐ 엘리베이터

소라 계단의 변신

아주 오랫동안 소라 모양의 타원형 계단이 있던 곳에 소라 모형 외장의 엘리베이터가 세워졌다. 이 엘리베이터를 타면 40계단 문화관으로 쉽게갈수있다.

🏠 중구 중앙대로 81번길
🚌 지하철 1호선 중앙역 13, 15번 출구에서 도보 5분

백산 기념관

백산 안희제 선생 기념관

백산 안희제 선생의 항일 독립운동을 기념하기 위해 세운 곳이다. 안희제 선생은 기념관이 있는 이곳에 백산상회를 설립 운영하여 독립운동 자금을 마련하였다. 전시실에는 독립운동가들의 활동상과 백산 안희제 선생의 국내 비밀 결사 단체 활동 등에 관한 내용들이 전시되어 있다.

🏠 중구 백산길 11 🚌 지하철 1호선 중앙역 5번 출구에서 도보 5분 화~금 10:00~18:00, 토~일 10:00~17:00 (월요일, 공휴일 휴관) ₩ 무료 ☎ 051-600-4067 🌐 www.bsjunggu.go.kr/tour/index.junggu

동광동 인쇄 골목

부산 인쇄업의 총본산

인쇄 관련 업종 200여 개소가 모여 있는 골목으로 지금도 부산 전체 인쇄 물량 중 상당 부분을 이곳에서 처리하고 있다. 골목은 세월의 흔적을 많이 간직하고 있는데, 그 때문인지 전지현과 장혁이 주연한 영화 〈내 여자 친구를 소개합니다〉에서 여경으로 나온 전지현이 범인을 쫓는 장면과 조승우와 김규리가 주연한 영화 〈하류인생〉에서 조승우 일당들이 조직을 피해 도망가는 장면이 촬영되기도 했다. 최근에는 이곳이 벽화 골목으로 새로이 단장되어 더 많은 사람들의 발길을 모으고 있다.

🏠 중구 동광길 🚇 지하철 1호선 중앙역 11, 13, 15번 출구에서 도보 6분

꼭 가봐야 할 맛집

일품향

소문난 상해 거리 맛집
한국에 있는 중국 음식점에서 필수적으로 파는 자장면, 짬뽕 등을 판매하지 않는데도 늘 손님으로 북적이는 집이다. 쫄깃한 당면으로 맛을 낸 잡채밥이 특히 맛있다고 입소문이 나 있다. 반찬으로는 단무지 대신 소스를 뿌린 오이가 나오며 먹다 남은 음식을 포장해 달라고 하면 깨끗하게 포장도 해 준다.

🏠 동구 대영로 243번길 🚇 지하철 1호선 부산역 1번 출구에서 도보 10분 🕐 11:00~20:00(월요일 휴무) 🍜 잡채밥 7,000원, 새우볶음밥 7,000원, 튀김만두 7,000원 ☎ 051-566-1016

장성향

영화 <올드 보이>의 촬영지
박찬욱 감독의 영화 <올드 보이> 촬영지로 유명한 음식점이다. <올드 보이>에서 주요 장면이라 할 수 있는 군만두 신을 이곳에서 촬영했다. 실제로 이곳 군만두는 크기도 크고 맛있다. 고기가 들어간 군만두에서 흐르는 즙은 기름이 아니라 고기 육즙이다.

🏠 동구 대영로 243번길 29 🚇 지하철 1호선 부산역 1번 출구에서 도보 5분 🕐 11:30~21:30 🍜 간짜장 8,000원, 짬뽕 8,000원, 군만두(小) 7,000원 ☎ 051-467-4496

전주 식당

중앙동 소문난 맛집

돌솥에 나오는 밥과 맛깔난 반찬으로 유명한 집이다. 가격 또한 저렴해 인근 직장인들은 물론이고 소문을 듣고 찾아온 이들로 늘 붐빈다. 메뉴로는 돌솥비빔밥, 돌솥밥 등이 있다.

🏠 중구 대청로 135번길 🚇 지하철 1호선 중앙역 11번 출구에서 도보 5분 ⏱ 11:00~21:00(일요일 휴무) 🍲 돌솥비빔밥 5,000원, 돌솥밥 6,000원

화국 반점

영화 〈범죄와의 전쟁〉, 〈신세계〉 촬영지

영화 〈범죄와의 전쟁〉에서는 최민식과 조진웅이 한 잔하던 장소로, 영화 〈신세계〉에서는 이정재와 황정민의 회식 장소로 쓰였던 음식점이다. 영화 촬영 장소로 유명한 곳이지만 화교가 운영하는 곳답게 음식 맛도 괜찮은 편이다. 도보로 5~10분 거리에 남포동과 용두산 공원, 40계단 문화 관광 테마 거리, 동광동 인쇄 골목이 있다.

🏠 중구 백산길(동광동 3가) 3 🚇 지하철 1호선 중앙역 5번 출구에서 도보 5분 ⏱ 11:30~21:30(첫째·셋째 주 월요일 휴무) 🍲 삼선짬뽕 7,000원, 간짜장 6,000원 ☎ 051-245-5305

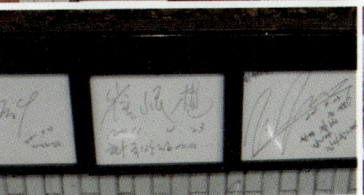  

남포동

부산의 과거와 현재, 미래를 한눈에

부산 중구의 충무동, 남포동, 광복동, 자갈치 시장 일대를 통틀어서 흔히 남포동이라고 부른다.

이곳은 한국 전쟁이 만들어 낸 곳으로, 당시 부산으로 밀려든 피란민들은 먹고 사는 문제를 해결하기 위해 큰 시장이 있는 중구로 몰렸고 용두산 일대는 피란민들의 판자집으로 가득 찼다고 한다. 국제 시장과 자갈치 시장에서 전시 물자가 유통되었고, 생계를 위해 장사에 뛰어든 피란민들로 문전성시를 이루며 남포동 상권은 나날이 커지고 발전해 나갔다.

오늘날 남포동은 패션, 영화, 문화의 중심지로 더욱 유명해졌고, 자갈치 시장은 한국에서 가장 큰 수산 시장으로 여전히 북적이고 있다. 과거와 현재 그리고 미래가 공존하고 있는 남포동은 한국 전쟁 시에는 혼란에 빠진 사람들을 끌어안았고 지금은 부산을 찾은 모든 사람들을 끌어안아 주고 있다.

ACCESS

🚇 **남포동** 지하철 1호선 남포역 1, 3, 5번 출구
　자갈치 시장 지하철 1호선 자갈치역 4, 6, 8, 10번 출구
　또는 지하철 1호선 남포역 2, 4, 6번 출구

`Best Tour`

남포동·자갈치 하루 코스

⏱ 약 5시간 소요

용두산 공원 ➡ 부산 근대 역사관 ➡ 패션 거리 ➡ 국제 시장 ➡ BIFF 광장 ➡ 깡통 시장 ➡ 자갈치 시장

생각보다 넓고 볼거리가 많은 지역이라 하루를 온전히 할애하는 것이 좋다. 많이 걸어야 되는 곳이니 편안한 신발은 필수다. 넓고 복잡한 곳이라 생각 없이 걸으면 봤던 곳을 또 볼 수 있으니 지도를 보며 정해 놓은 동선을 따라 천천히 움직이도록 하자. 살거리가 많은 곳이라 미리 쇼핑 목록을 작성해 방문하면 도움이 된다.

🚩 출발!

용두산 공원
부산을 한눈에 조망 (1시간)

도보 5분

부산 근대 역사관
부산의 근현대사를 조명한 곳 (30분)

도보 3분

패션 거리
중저가 의류 매장이 한자리에 (30분)

도보 3분

국제 시장
온갖 물건이 한자리에! (30분)

도보 3분

BIFF 광장
100년 전통의 영화 거리 (15분)

도보 5분

깡통 시장
다양한 수입품을 살수 있는 시장 (1시간)

도보 10분

🚩 도착!

자갈치 시장
국내 최대의 수산 시장 (1시간)

BIFF 광장

100년 전통의 영화 거리

매년 부산 국제 영화제로 스포트라이트를 한몸에 받는 곳이다. 1903년경 부산 광복로에 부산 최초의 극장 행좌가 들어선 것이 부산 영화 상영관의 효시였다. 1904년 행좌와 송정좌 두 극장에서 부산 최초의 영화가 상영되었는데 이는 프랑스에서 처음 영화가 상영된 지 9년 만의 일이었다. BIFF 광장은 1957년 현대식 극장인 제일 극장이 들어서면서부터 영화 상영관 거리로 전성기를 누렸는데 지금은 부산 국제 영화제로 인해 또 한 번의 큰 전성기를 누리고 있다. 광장 바닥에는 유명 영화감독과 배우들의 핸드프린팅이 있으니 잘 찾아보자.

🏠 중구 비프광장로 37 🚇 지하철 1호선 자갈치역 7번 출구에서 도보 5분

travel tip

BIFF 광장의 명물 씨앗호떡

BIFF광장에는 매스컴에 자주 등장하는 씨앗호떡을 판매하는 노점이 있다. 호떡 가운데에 씨앗이 가득 들어 있어 웰빙 호떡으로도 불리는 씨앗호떡은 부산을 찾은 관광객은 물론 부산 시민들에게도 인기가 있다. 가격은 개당 1,000원 안팎이다.

패션 거리

엣지녀, 간지남들이 사랑하는 거리

비엔씨 빵집이 있는 곳부터 시작하여 광복로 49번길과 그 옆으로 나 있는 길에 옷가게가 밀집해 있다. 유명 메이커 의류가 아닌 중저가 의류를 판매하는 상점들이 모여 있으며, 여성 의류는 물론 남성 의류를 판매하는 골목도 있어 젊은이들이 많이 찾고 있다. 유행에 민감한 곳이니 그해의 패션 동향이나 젊은 이들이 선호하는 의상을 보고 싶다면 찾아가 보자.

🏠 중구 광복로 49번길 일대 🚇 지하철 1호선 자갈치역 7번 출구에서 도보 10분 / 지하철 1호선 남포역 1번 출구에서 도보 10분

광복로 쇼핑 거리

쇼핑 1번지로 변한 하천

광복로에는 원래 작은 하천이 흐르고 있었다. 개항 후 하천 주변으로 사람들이 몰려들었는데 그로 인해 하천은 오염이 심해지고 거리는 혼잡해졌다. 결국 하천을 복개하게 되었는데 복개된 하천은 도로로 편입되어 오늘날 광복로라는 이름을 가지게 되었다. 일제 강점기에는 일본인 상가가 중심을 이루었고 해방 후에는 피란민들의 삶의 터전이 되었으며, 오늘날에는 유명 메이커 의류 매장 거리로 변모했다.

🏠 중구 광복로 🚇 지하철 1호선 자갈치역 7번 출구에서 도보 10분 / 지하철 1호선 남포역 1번 출구에서 도보 5분

국제 시장

큰 규모! 다양한 볼거리!

주단, 그릇, 의류, 잡화류, 조명 등을 판매하는 소규모 상점들이 모여 있는 곳이다. 원래는 한국 전쟁 후 전시 물자가 유통되면서 형성된 시장으로 미군 부대나 일본에서 들어온 물건들이 많아 '국제 시장은 사람 빼고는 모두 외제'라는 말이 유행되기도 했다. 국제 시장은 그때나 지금이나 상당한 규모를 자랑하고 있으며, 외국인 관광객들이 남포동에 오면 꼭 들르는 코스로도 유명하다.

🏠 중구 국제시장1길 🚇 지하철 1호선 자갈치역 7번 출구에서 도보 5분 ☎ 051-245-7389

구제 골목

알찬 빈티지 천국

구제 옷을 판매하는 상점이 모여 있는 곳이다. 독특한 디자인과 파격적인 가격으로 지나가는 사람들의 눈길을 붙잡는다. 잘 고르면 횡재한 기분이 들 정도의 제품도 구입할 수 있으니 꼭 들러 보자.

🏠 중구 중구로 40번길, 광복로 39번길 🚇 지하철 1호선 자갈치역 7번 출구에서 도보 15분 / 지하철 1호선 남포역 1번 출구에서 도보 15분

광복로에 핀 아름다운 꽃!
미화당 백화점

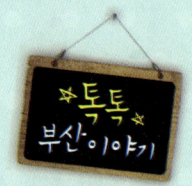

일제 강점기에는 광복로에 일본인들이 많이 살았다. 용두산 공원에는 일본의 신사가 있었고 광복로 일대는 일본인 상점들으로 번화가를 이뤘다. 일본 상인들이 일본에서 가져온 상품을 조선에 홍보하기 위해 상품 진열관까지 세웠을 정도로 일제 강점기 광복로 일대는 일본 문화의 장이었다. 원래는 광복로가 아니라 장수통으로 불렸던 이 거리는 해방이 되자 광복로라는 이름을 가지게 되었는데 이는 일본인들이 많이 머물렀던 곳에서 해방의 기쁨을 만끽하기 위해 지은 이름이다.

미화당 백화점은 1949년 12월 광복로에 들어섰는데 아직도 광복로 하면 미화당 백화점을 떠올릴 정도로 부산 사람들의 추억과 기억 속에 남아 있다. 미화당이라는 이름은 창업주 장한찬이 '아름다운 꽃이 있는 곳'이라는 뜻의 미화당 꽃집을 경영했던 까닭이었다. 그 후 미화당 백화점은 준공을 거쳐 당시로서는 부산에서 가장 높은 건물이 되었고 부산의 명물로 인기가 높았다.

가난한 예술인들이 어려운 여건 속에서 만든 작품을 전시하는 공간으로도 쓰이고 용두산 공원으로 들어가는 통로로도 쓰였던 미화당 백화점은, 한때는 부산에서 가장 비싼 땅값으로도 맹위를 떨쳤지만 1990년대 들어 여러 가지 이유로 경쟁에서 밀렸고 결국 역사 속으로 사라졌다.

깡통 시장

알짜배기 쇼핑! 즐거운 눈요기!

한국 전쟁을 거치면서 형성된 시장으로 옛날에는 주로 미군 부대에서 반출된 물건을 팔던 곳이었다. 미군 부대에선 주로 통조림 같은 깡통 제품이 많이 반출되었는데 그래서 '깡통 시장'이라는 이름이 붙게 되었다고 한다. 지금도 수입품을 많이 판매하고 있는데 술, 과자, 의류, 화장품, 가방, 그릇 등 다양한 물건을 저렴한 가격에 판매하고 있다.
2013년 10월부터는 깡통 야시장이 개장하여 부산 대표 길거리 음식과 다문화 가정이 함께하는 외국 먹거리를 판매하고 있다. 야시장은 저녁 6시부터 자정까지 열리며 늦은 시간까지 부산 시민들과 여행객들로 북적인다.

🏠 중구 중구로 43번길, 47번길 🚇 지하철 1호선 자갈치역 7번 출구에서 도보 7분

보수동 책방 골목

명소가 된 골목길

한국 전쟁 시 미군들은 자신들이 보던 잡지를 팔기 위해서, 피란민들은 자신들의 책을 팔아 생계를 잇기 위해서 이곳으로 왔다. 어쨌든 보수동 책방 골목의 시작도 깡통 시장과 마찬가지로 전쟁이었다. 잡지, 만화, 학습서, 고서적, 미술 서적, 화집, 사전류, 법전류, 소설, 무협지, 기독교 서적 등의 헌책을 팔고 있는 이 골목은 부산의 명소가 되어 관광객들의 발길이 끊임없이 이어지고 있다.

🏠 중구 책방골목길 🚇 지하철 1호선 자갈치역 7번 출구에서 도보 15~20분 ⏰ 상점마다 다름(명절, 첫째·셋째 주 화요일 휴무, 단신학기는 제외)

부산 근대 역사관

전쟁의 슬픔을 간직한 건물

1929년에 지어진 이 건물은 식민지 수탈 기구인 동양 척식 주식회사의 부산 지점으로 사용되었고 해방 후에는 미국 해외 공보처 부산 문화원으로 사용되었다. 이후 부산 시민들의 끈질긴 반환 요구로 미국 정부로부터 완전히 돌려받게 되었고 지금은 격동의 근현대사를 볼 수 있는 장소로 활용되고 있다. 70년 만에 외세의 손에서 벗어나 부산 시민들의 품으로 돌아온 부산 근대 역사관은 부산의 근현대사를 조명할 수 있는 유물 200여 점을 비롯해 영상물, 조형물 등이 전시되어 있다.

🏠 중구 대청로 104 🚌 지하철 1호선 중앙역 5번 출구에서 도보 10분 ⏰ 09:00~18:00(1월 1일과 매주 월요일 휴무, 월요일이 공휴일인 경우 다음 날 휴무) ₩ 무료 ☎ 051-253-3845~6 🌐 museum.busan.go.kr

대각사

근대 조선 개화에 큰 획을 남긴 터

메이지 유신 9년 일본 왕실에서 부산에 사찰을 짓게 하자 오오쿠라 재벌이 앞장서서 이 자리에 일본 사찰을 지었다. 이곳은 한때 개화파의 근거지로서 근대 조선의 개화에 큰 획을 남긴 역사적인 터이기도 하다. 해방 후 이 일본 사찰은 한국 정부에 귀속되었고 이후 3대 원장 김경우 스님에 의해 새로이 한국 사찰로 창건된 것이 현재의 대각사이다. 대각사 대웅전은 약 1,000명을 수용할 수 있는 대단위 건물이며 부처님은 1960년 무렵 지리산 광산사에서 모셔온 아미타불(조선 초기, 15세기)이다. 현대에 와서는 신현준, 정진영이 나온 영화 〈달마야 서울 가자〉에서 절을 지키기 위해 스님들이 조폭들과 싸우는 장면이 촬영되기도 했다.

🏠 중구 광복중앙로 104 🚌 지하철 1호선 남포역 1번 출구에서 도보 10분 ☎ 051-245-8781

용두산 공원

푸른 하늘 아래 가장 멋진 곳

용두산이라는 이름은 일본인들이 바다에서 올라오는 용을 닮았다 하여 불렀던 이름으로 추정한다. 콘삐라 신사와 벤사이텐 신사가 있어 일본인들의 성역으로 조성되었지만 해방 후 신사는 헐리고 용두산은 피란민들의 판자촌으로 변하게 되었다. 그러나 1954년 용두산 대화재로 인해 모든 것은 잿더미가 되었고 용두산은 공원으로 새롭게 조성되었다. 1957년 이승만 대통령의 호를 따 우남 공원으로 불렸던 공원은 이승만 정권이 붕괴되자 용두산 공원으로 불리게 되었다. 지금은 부산을 상징하는 부산타워와 아름다운 꽃시계, 노천카페가 있어 부산 시민은 물론 부산을 찾은 이들의 쉼터로 많은 사랑을 받고 있다.

🏠 중구 용두산길 37-55 🚇 지하철 1호선 남포역 1번 출구에서 도보 10분 ₩ 무료 ☎ 051-860-7820
yongdusanpark.bisco.or.kr

★ 꽃시계

용두산 공원의 백미

전국에 설치된 총 18개의 꽃시계 중 유일하게 초침이 있는 시계로 기념사진 촬영 장소로도 유명하다. 365일 늘 아름다운 꽃들로 장식되어 있으니 꽃들을 배경으로 사진 촬영을 해보자.

★ 시의 거리

숲 향기가 나는 거리

부산 근대 역사관과 가까운 곳에 있는 길이 109m, 폭 7m인 거리로, 주변은 나무로 둘러싸여 있고 장식처럼 세워져 있는 시비에는 시인 유치환 선생과 손중행 선생 등의 시가 새겨져 있어 산책에 즐거움을 더한다.

에스컬레이터 이용하기

용두산 공원은 시의 거리를 걸으면서 가도 되고 에스컬레이터를 이용해서 들어가도 된다. 지하철 1호선 남포역 1번 출구로 나오면 용두산 공원으로 들어가는 에스컬레이터를 만나게 되는데 무료로 이용할 수 있다. 단, 올라가는 방향만 있고 내려오는 방향은 없다.

⭐ 시민의 종

시민의 성금으로 만들어진 종

실제로 부산 시민들의 성금으로 만들어진 종이다. 1월 1일과 광복절, 3·1절에는 시민들이 모인 가운데 타종식이 거행된다. 종각의 규모는 높이 11.3m, 부지 321m², 건평 60.84m²이다.

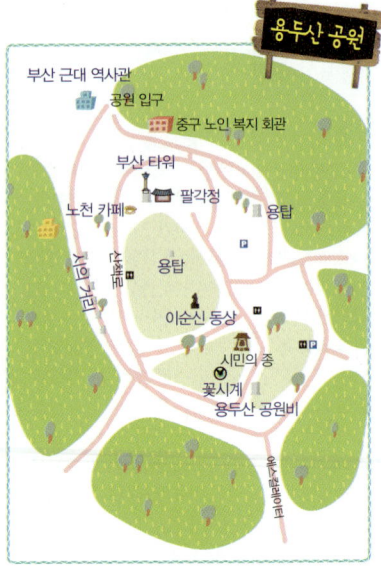

⭐ 팔각정

여유롭게 차 한잔할 수 있는 곳

부산 타워 바로 옆에 보이는 운치 있는 건물이다. 1층에는 스낵 바가 있고, 2층과 3층에는 커피와 디저트를 먹으며 쉬어갈 수 있는 투썸플레이스가 있다.

⏱ 10:00~23:00

⭐ 용탑

용두산의 상징

부산 시민의 역동적인 힘을 상징하는 동상으로 여의주를 움켜쥐고 하늘로 승천하려는 용의 모습이 인상적이다. 용탑의 규모는 높이 4.2m, 폭 1.45m이며 용탑의 재질은 청동이다.

⭐ 노천카페

용두산 공원 속 작은 쉼표
부산이 한눈에 보이는 곳으로 편하게 앉아서 쉬기에 적합하고 야경 장소로도 많은 사랑을 받고 있다. 옆의 편의점에서는 커피, 물, 라면, 과자, 음료수 등을 판매하고 있다.

⭐ 이순신 장군 동상

위풍당당한 모습이 인상적인 동상
임진왜란을 승리로 이끈 이순신 장군을 기리기 위한 동상이다. 이순신 장군은 인종 원년(1545년)에 출생하여 선조 9년(1576년) 무과에 급제하였으며 임진왜란이 일어나자 서해로 침략하려는 적의 수군을 남해안 일대에서 섬멸하여 삼도 수군통제사에 임명되었으며 이후 노량 앞바다에 집결한 적함과 대전하다 최후를 맞았다.

⭐ 용두산 공원비

용두산 공원의 역사를 상징
용두산 공원비는 일제 강점기 말에 설치되었다. 총독부에서 용두산 공원으로 지정 고시하고 이를 상징하기 위해 세웠으며, 자연석으로 제작되었다. 높이 4.18m, 폭 1.56m, 길이 2.46m이다.

⭐ 부산 타워

아름다운 부산을 한눈에
해발 69m에 높이 120m로 지어진 타워로, 경주 불국사의 다보탑과 부산을 상징하는 등대 모양으로 복합 디자인하였다. 1973년에 준공되었으며 전망대를 비롯하여 포토 스튜디오, 기프트 숍, 전시관이 있다.

⏰ 10:00~21:00(각 시설과 요일에 따라 영업 시간이 다름) ₩ 대인 8,000원, 소인 6,000원 ☎ 051-661-9393
www.busantower.net

자갈치 시장

오이소! 보이소! 사이소!

현대식 건물로 되어 있는 자갈치 시장은 1층은 수산물 시장, 2층은 회 센터, 그 외에 한식당, 골프 클럽, 뷔페, 공원 등으로 이루어져 있다. 해산물을 구입하는 것은 물론이고 구입한 생선을 그 자리에서 맛볼 수 있는 이점이 있다.

🏠 중구 자갈치해안로 52 🚌 지하철 1호선 자갈치역 10번 출구에서 도보 5분, 지하철 1호선 남포역 2번 출구에서 도보 5분 ☎ 051-713-8000 ℹ www.jagalchimarket.or.kr

⭐ 하늘 공원 전망대

시원한 옥상 전망대

자갈치 시장 주변은 물론 영도 다리 등의 전경을 한 눈에 볼 수 있는 옥상전망대로 벤치도 있어 쉬어 가기에 적합하다. 자갈치 시장 안내 데스크 옆에 있는 엘리베이터를 이용하여 7층에서 내린 다음 비상계단을 이용해서 올라가면 된다.

🚌 자갈치 시장 옥상 🕘 09:00~18:00

⭐ 친수 공간

바다에서 음악을 감상하다!

자갈치 시장 뒤편에 있는 공간으로 바다를 감상할 수 있는 것은 물론 가끔씩 펼쳐지는 공연으로 눈과 귀가 즐거워지는 곳이다. 앉아서 쉬어 가기에 좋으니 여행을 하다가 다리도 쉴 겸 한번 들러 보자.

🚌 자갈치 시장 뒤편

친구 거리

친구들이 신나게 달리던 길

이곳은 원래 오랜 전통을 자랑하는 남포동 건어물 도매 시장인데 영화 〈친구〉에서 동수(장동건), 준석(유오성), 상택(서태화), 중호(정운택)가 교복을 입고 신나게 뛰어가는 장면이 촬영된 후 친구 거리로도 불리게 되었다. 지금도 영화 속 그대로 오래된 풍경을 유지하고 있어 찾아온 이들에게 즐거움을 안겨 준다. 특히 이곳은 국내 최대의 건어물 시장으로 유명한데 품질 좋은 김, 멸치, 젓갈류 등을 저렴한 가격에 구입할 수 있어 쇼핑을 즐기기에도 좋다.

🏠 중구 용미길 7, 8, 9, 10번길 🚇 지하철 1호선 남포역 2, 4, 6번 출구에서 도보 1분

롯데 백화점

남포동에서 만나는 대형 백화점

지하철역, 지하상가와 연결되어 있는 대형 백화점으로 바로 앞에는 자갈치 시장도 있다. 해외 명품을 비롯한 유명 메이커 제품을 판매하고 있으며, 음식점과 휴식 공간도 많아 남포동 쇼핑의 새로운 강자로 주목받고 있다. 특히 초대형 실내 분수에서 펼쳐지는 아쿠아틱 쇼는 기네스북에도 오른 것으로 유명한데, 시간만 잘 맞추면 무료로 볼 수 있다.

중구 중앙대로 2 지하철 1호선 남포역 10번 출구에서 도보 1분 **백화점** 10:30~20:00(연장 영업과 휴무일은 홈페이지 참조) **아쿠아틱(분수쇼)** 11:00, 13:00, 15:00, 17:00, 19:00, 21:00 ☎ 051-678-2500 store.lotteshopping.com

남부민동

80년대 향수를 가득 품은 동네

매축지 마을과 마찬가지로 당장 70년대를 배경으로 한 영화나 드라마를 촬영해도 될 정도의 분위기를 풍기는 동네다. 골목 사이에 보이는 가옥들은 물론 피아노 학원이나 상점들까지도 세월을 가득 품고 있는 모습이다. 동네에 올라서면 자갈치 바다가 한눈에 보인다. 경치도 좋고 분위기도 이색적인 특별한 동네다.

서구 남부민동 지하철 1호선 자갈치역 2번 출구에서 도보 10분

꼭 가봐야 할 맛집

먹자 골목

추억과 역사를 간직한 골목

40여 년 동안 맥을 이어오고 있는 골목으로 충무김밥, 당면, 순대, 오징어무침 등을 판매하고 있다. 특히 충무김밥엔 부추무침과 나박김치도 함께 곁들여져 나오고 당면은 한 그릇만 먹어도 포만감이 느껴지니 출출할 때 한번 들러 보자.

🏠 중구 광복로33번길 일대 🚌 지하철 1호선 자갈치역 7번 출구에서 도보 5분 🕐 11:00~21:00 💰 당면 2,000원, 충무김밥 3,000원

파전 골목

국가 대표급 길거리 간식!

방금 구워 낸 파전과 보기만 해도 침이 넘어가는 오징어무침이 지나가는 이들의 발길을 붙잡는 곳이다. 패션 거리에 늘어선 포장마차들은 대부분 비슷한 메뉴를 판매하고 있는데 주로 찌짐*, 순대, 떡볶이, 오징어무침, 만두, 김밥, 어묵 등을 판매한다.

🏠 중구 광복로 49번길 🚌 지하철 1호선 자갈치역 7번 출구에서 도보 10~15분 / 지하철 1호선 남포역 1번 출구에서 도보 10~15분
💰 찌짐 3,000원, 떡볶이 3,000원

TIP 여기서 찌짐이란 부침개를 가리키는 경상도 사투리로 부추와 해물을 넣어 부쳐 낸 음식을 말한다.

서울 깍두기

설렁탕으로 유명한 집

점심 시간에는 앉을 자리가 없을 정도로 붐비는 집이다. 인기 메뉴로는 설렁탕, 곰탕이 있으며 설렁탕, 양지탕, 깍두기는 포장도 가능하다.

🏠 중구 구덕로 34번길 🚇 지하철 1호선 남포역 1번 출구에서 도보 5분 🕐 07:00~21:30(명절 휴무) 🍲 설렁탕 11,000원, 곰탕 11,000원 ☎ 051-245-3950

돌고래 순두부

남포동에서 이 집 모르면 간첩!

30년 가까이 남포동을 지켜온 집이다. 맛있는 데다가 가격까지 저렴해 찾아온 이들의 몸과 마음을 훈훈하게 만든다. 메뉴로는 순두부백반, 된장찌개백반, 수중전골, 낙지볶음 등이 있다.

🏠 중구 중구로 40번길 🚇 지하철 1호선 자갈치역 7번 출구에서 도보 15분 / 지하철 1호선 남포역 1번 출구에서 도보 15분 🕐 07:00~21:00(명절 휴무) 🍲 순두부백반 5,000원, 된장찌개백반 5,000원 ☎ 051-246-1825

18번 완당

70년 전통의 뿌리 깊은 맛!

완당이란 중국식 만둣국을 한국인의 입맛에 맞게 개발한 음식인데 맛의 비결은 직접 손으로 빚은 얇은 만두피와 엄선된 재료로 만든 소, 그리고 남해 직송 참멸치 등을 넣고 매일 12시간 우려낸 국물에 있다. 메뉴로는 완당, 모밀국수, 완당우동, 김초밥, 유부초밥 등이 있다.

🏠 중구 비프광장로 31번길 🚇 지하철 1호선 자갈치역 7번 출구에서 도보 5분 🕐 10:00~09:40(연중무휴) 🍲 완당 7,500원, 모밀국수 7,500원, 김초밥 4,000원 ☎ 051-245-0018

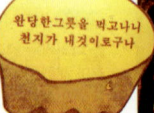
완당 한 그릇을 비고 나니 천지가 내 것이로구나

종각집

50여 년을 이어온 우동 맛!

쫄깃한 면발과 얼큰한 국물로 손님들의 발길이 끊이지 않는 곳이다. 메뉴로는 새우튀김우동, 종각가락우동, 김초밥, 모밀, 비빔우동 등이 있는데 특히 새우튀김우동이 맛있으니 꼭 먹어 보자.

🏠 중구 광복로 55번길 🚇 지하철 1호선 자갈치역 7번 출구에서 도보 7~10분 / 지하철 1호선 남포역 1번 출구에서 도보 7~10분 🕐 11:00~22:00(연중무휴) 🍜 새우튀김가락국수 6,000원, 종각가락국수 5,000원 ☎ 051-246-0737

팥죽 골목

시상에서 즐기는 팥죽 한 그릇

단팥죽과 식혜를 파는 노점들이 모여 있는 곳이다. 특이하게도 팥죽에 인절미를 넣어 주는데 달달한 팥죽과 쫀득한 떡이 조화를 이루는 별미이다.

🏠 중구 중로 24번길 일대 🚇 지하철 1호선 자갈치역 7번 출구에서 도보 10분 🕐 10:00~19:00(연중무휴) 🍜 단팥죽 3,000원

족발 골목

부산의 자랑 냉채족발

지하철 1호선 자갈치역 3번, 5번, 7번 출구로 나와 깡통 시장 쪽으로 걷다 보면 만날 수 있는 골목이다. 족발집들이 그리 넓지 않은 길에 모여 있어 찾기도 쉽다. 부평동 족발 골목은 채소와 해파리냉채를 함께 먹는 냉채족발로 특히 유명한데 족발, 냉채족발, 오향장육 등을 판매하고 있다. 맛이 깔끔하여 여성들에게도 인기가 많다.

🏠 중구 광복로 🚇 지하철 1호선 자갈치역 7번 출구에서 도보 5분

할매 유부전골

진짜 숨어 있는 맛집

유부전골 한 그릇을 먹기 위해 사람들은 좁은 골목에서 서서도 기다리고 앉아서도 기다린다. 미나리로 질끈 묶여 있는 유부 속에는 각종 채소와 쇠고기, 돼지고기 등이 들어 있는데 그 국물 또한 끝내준다. 냉동 포장도 가능하다.

🏠 중구 부평3길 29 🚇 지하철 1호선 자갈치역 7번 출구에서 도보 10분 ⏰ 10:00~19:30(명절 휴무) 🍲 유부전골 5,000원 ☎ 1599-9828 ℹ️ www.yubu.co.kr

개미집

낙지볶음 명가

매콤한 낙지볶음으로 유명한 30년 전통의 음식점으로 매운 것을 좋아하는 부산 사람들에게 특히 인기가 있다. 낙지볶음에 곁들여져 나오는 부추와 김을 넣어 비벼 먹어 보자.

🏠 중구 중구로 30번길 22 🚇 자갈치역 7번 출구에서 도보 15분 / 남포역 1번 출구에서 도보 15분 ⏰ 09:30~21:30 🍲 낙지볶음 9,000원 ☎ 051-245-3147

비엔씨

30년 넘는 역사를 자랑하는 빵집

오랫동안 부산 시민들의 사랑을 듬뿍 받은 빵집이다. 빵이 저렴하고 푸짐하고 맛있어서 외국인 관광객들도 많이 찾고 있다. 1983년 문을 연 비엔씨는 주변에 프랜차이즈 빵집이 생겨났음에도 한결같은 인기를 유지하고 있는 것으로 유명하다.

🏠 중구 구덕로 34번길 3-1 🚇 지하철 남포역 1번 출구에서 도보 5분 ⏰ 09:00~21:00 ☎ 051-245-2361

제일 횟집

푸짐하게 즐기는 식사

잘 구워진 큰 생선을 맛볼 수 있는 집인데 반찬 가짓수도 많고 맛 또한 뛰어나 두루두루 만족을 준다. 생선구이정식을 시키면 시원한 선지해장국이 곁들여져 나온다. 메뉴로는 생선구이정식과 매운탕, 모둠회, 조개구이, 장어구이 등이 있다.

🏠 중구 자갈치로 30 🚇 지하철 1호선 자갈치역 6번 출구에서 도보 5분 🕐 07:00~21:00(연중무휴) 🍲 생선구이정식 7,000원 ☎ 051-246-6442

롯데 백화점 식당가

없는 게 없는 천국

롯데 백화점 광복점 지하 1층엔 맛있는 것들이 가득하다. 빵, 국수, 만두, 돈가스, 카페, 아이스크림이 포진해 있는 것은 물론 아쿠아틱 쇼까지 덤으로 감상할 수 있으니 남포동에 오면 꼭 방문해 보자.

🏠 중구 중앙대로 2 🚌 지하철 1호선 남포역 10번 출구에서 도보 1분 ☎ 051-678-2500

149

태종대

왕도 반해 쉬어간 경치

부산 영도구에는 대한민국 최고의 경치를 가진 곳이 2군데나 있다. 신라 태종 무열왕이 삼국을 통일한 후 이곳에 와서 절경에 도취되어 활을 쏘며 쉬어 갔다고 전해지는 태종대와, 군사 보호 지역으로 묶여 있었던 탓에 자연 그대로의 청정한 모습을 그대로 유지하고 있는 절영 해안 산책로가 바로 그것이다. 태종대는 국가 지정 문화재 명승 제17호답게 파도의 침식으로 자연스럽게 형성된 기기묘묘한 안서 절벽이 푸른 바다와 어우러진 풍경이 감탄을 자아낸다.

절영 해안 산책로는 다양한 테마로 형성된 산책길도 매력적이지만 산책길에서 보이는 바다도 잊지 못할 기억을 남겨 준다. 상당히 긴 산책로이지만 곳곳에 출입로가 있어 산책로에서 빠져나오기도 용이하니 시간이 부족한 이들도 걸어 볼 만하다.

ACCESS

🚇 **태종대** 지하철 1호선 남포역 6번 출구에서 8, 30, 88번 버스 이용하여 태종대 하차
절영해안산책로 지하철 1호선 남포역 6번 출구에서 7, 70, 71, 508번 버스 이용하여 부산 보건 고등학교 (한국 테크노 과학 고등학교) 하차

태종대

Best Tour

태종대 하루 코스
⏱ 약 5시간 소요

절영 해안 산책로 ➡ 동삼동 패총 전시관 ➡ 태종대

상당히 긴 걷기 코스이니 편안한 신발이 필수이다. 절영 해안 산책로는 안전을 위해서라도 꼭 밝을 때 방문하고, 길은 비교적 긴 편이지만 중간중간 출입로가 있으니 완주에 너무 연연하지 말고 체력에 맞는 만큼만 걷도록 하자. 태종대는 등대 아래쪽에 아름다운 풍경이 있으니 놓치지 말고 내려가 볼 것을 추천한다.

출발!

절영 해안 산책로
바다를 보며 걷는 길 (2시간)

버스 30분

동삼동 패총 전시관
신석기 시대를 볼 수 있는 공간
(30분)

버스 15분

태종대
왕도 반해 쉬어 간 산책길
(2시간)

도착!

태종대

끝없이 펼쳐지는 바다의 향연

신라 태종 무열왕이 삼국을 통일하고 이곳에 와서 절경에 도취되어 활을 쏘며 쉬어 갔다고 해서 태종대라고 이름 지어진 곳이다.

파도의 침식으로 자연스럽게 형성된 암석 절벽과 울창한 수풀, 푸른 바다가 어우러진 아름다운 경치로 국가 지정 문화재 명승 제17호에 지정되었다. 태종대는 이처럼 아름다운 경치로도 유명하지만 한때는 자살 바위로 유명세를 떨치기도 했다. 최고봉은 해발 250m이며, 맑은 날에는 순환 도로의 남쪽에 있는 전망대(과거의 자살 바위)에서 대마도를 조망할 수 있다. 등대 쪽으로 내려가면 기암으로 된 바닷가에 이르게 되는데 등대 오른쪽의 평평한 바위에는 신선이 놀았다는 신선바위가 있고, 그 위에는 왜구에게 끌려간 남편을 애타게 기다리던 여인이 돌로 변하였다는 망부석이 있다. 태종대를 다 걷는 데는 약 1시간 정도가 걸리는데 걷는 것이 불편하다면 태종대 입구에 있는 다누비 열차를 타고 중간중간에 하차하여 명소를 관람해도 된다.

🏠 영도구 전망로 24 🚇 지하철 1호선 남포역 6번 출구에서 8, 13, 30, 88번 버스 이용하여 태종대 하차, 도보 3분 🕐 04:00~24:00(연중무휴) ₩ 무료 ☎ 051-405-2004 ℹ www.taejongdae.or.kr

travel tip

다누비 열차 이용하기

태종대 입구에서 3분 정도 올라가면 다누비 열차를 이용할 수 있는 매표소와 승차장을 만날 수 있다. 열차가 순환 도로를 한 바퀴 도는 데는 약 20분 정도 소요되며 배차 간격은 20~30분이다. 태종대 내에는 총 5곳의 승차장이 있으며 당일 구매한 표를 제시하면 중간에 자유롭게 타고 내릴 수 있으니 구매한 표를 잘 보관하자.

🕐 09:00~(동계, 하계 등 기간에 따라 매표, 운행 시간 다름) ₩ **개인** 성인 3,000원, 청소년 2,000원, 어린이 1,500원 / **단체** 성인 2,400원, 청소년 1,600원, 어린이 1,200원

⭐ 자갈 마당

자갈이 깔린 휴식처
앞에는 푸른 바다가, 옆으로는 기암괴석들이 수석처럼 서 있는 자갈 마당이다. 파도에 씻겨 내려가는 자갈을 보고 있으면 마음까지 씻기는 느낌이 드는 곳이니 스트레스가 있다면 이곳에서 날려 보자.

🚌 태종대 정문에서 도보 8분

⭐ 구명사

작은 절이 품고 있는 슬픈 이야기
산 자의 목숨을 구하고 죽은 자의 혼을 달래기 위해 세워진 절이다. 이곳은 옛날에 태종대에 있었던 자살 바위와 연관이 있는데 자살 바위에서 떨어지려는 자들의 목숨을 구하고, 자살 바위에서 목숨을 던진 이들의 혼을 달래기 위해 세워졌다.

🚌 자갈 마당에서 도보 6분

⭐ 남항 조망지

부산의 대표 항구인 남항을 한눈에

사실 태종대는 수려한 경관을 감상할 수 있는 곳이 곳곳에 있다. 그중 남항 조망지는 부산 남항 전경을 한눈에 볼 수 있는 곳인데 주변에 벤치가 있어 앉아서 쉬어 가기에 좋다.

🚌 구명사에서 도보 5분

⭐ 전망대

자살 바위가 있던 자리

예전에는 자살 바위가 있었던 기암절벽 위에 세워진 전망대이다. 이곳에 서 있으면 가까이로는 오륙도를, 멀리로는 대마도를 볼 수 있다. 전망대에 설치되어 있는 망원경은 무료로 이용할 수 있으며 매점, 식당 등도 위치해 있어 태종대를 찾은 이들에게 쉼터 역할을 톡톡히 하고 있다.

🚌 남항 조망지에서 도보 3분

⭐ 모자상

자살도 막은 어머니의 사랑

세상을 비관하여 자살 바위에서 자살을 하려는 사람들에게 어머니의 깊은 사랑을 다시 한 번 생각하게 하여 삶의 안식과 희망을 찾도록 하기 위해 1976년에 설치되었다. 두 아기를 안고 있는 모자상이 세워진 후 실제로 자살률이 줄어들었다고 한다.

🚌 남항 조망지에서 도보 3분

⭐ 신선바위

신선들이 노닐던 장소

전망대에서 2분 정도 걸어가면 신선바위와 망부석, 영도 등대를 볼 수 있는 입구가 있다. 평평한 바위 위에서 신선들이 놀았다고 하여 신선대로 불리었으며 고운 최치원 선생이 '신선대'라고 쓴 진필 각자가 있었다고 한다. 이곳의 암석들은 약 12만 년 전인 제4기의 최종 간빙기에 형성된 것으로 알려져 있으며 현재도 파도의 영향으로 침식 과정이 진행 중이다.

🚌 전망대에서 도보 7분

⭐ 영도 등대

평생 가슴에 남을 절경

1906년 12월 대한제국 세관공사부 등대국에서 설치한 유인 등대이다. 이곳에서 보이는 바다는 사람들의 가슴에 평생 남을 아름다움을 선물한다. 유인 등대는 낮에는 사람들의 가슴에 불을 밝혀 주고 밤에는 50만 촉광의 빛을 18초 간격으로 24마일까지 비추며 뱃길을 밝혀 준다. 전망대, 갤러리, 도서실, 영상관 등도 있으니 한번 들러 보자.

🚌 전망대에서 도보 10~15분

⭐ 망부석

외로운 돌이 간직한 슬픈 전설

신선바위 위에 홀로 외롭게 서있는 이 돌에는 바다에 나간 남편을 애타게 기다리던 여인이 돌로 변했다는 슬픈 전설이 담겨 있다. 이 여인은 돌이 되어서도 남편을 기다린다고 하니 망부석 주변을 돌 때는 조용히 걷자.

🚌 전망대에서 도보 7분

⭐ 태종사

스리랑카와 한국의 인연

태종사에는 한국의 사찰에서 볼 수 없는 건물이 있어 이국적인 분위기가 물씬 풍기는데, 그것은 바로 부처님 진신 사리탑이다. 여기에 모셔진 사리는 스리랑카에서 경건하게 2,500년간 모셔 오다가 스리랑카 정부가 우호의 뜻으로 한국에 증정하여, 불기 2527년(서기 1983년) 소비따 대장로 스님이 태종사의 도성 큰스님에게 전달한 것이다. 이에 태종사에 사리탑을 세우고 봉안하게 되었다.

🚌 영도 등대 입구에서 도보 10분

동삼동 패총 전시관

국가 사적 제266호

동삼동 패총은 1930년대부터 7차례 이상 조사되었는데 한국의 신석기 시대 연구의 기준이 되는 대표적인 유적으로서 그 중요성이 인정되어 국가 사적 제266호로 지정되었다.

동삼동 패총 전시관은 '신석기로의 초대', '패총의 이해', '동삼동 패총인의 생활' 전시실로 이루어져 있으며 전시관 옆에는 바다를 감상할 수 있는 휴식 공간이 있다.

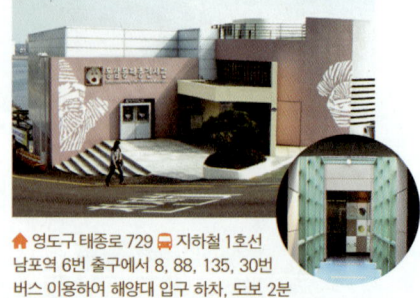

🏠 영도구 태종로 729 🚇 지하철 1호선 남포역 6번 출구에서 8, 88, 135, 30번 버스 이용하여 해양대 입구 하차, 도보 2분
🕘 09:00~18:00(1월 1일과 매주 월요일 휴무, 월요일이 공휴일인 경우 다음날 휴무) ₩ 무료 ☎ 051-403-1193

절영 해안 산책로

청정한 자연의 속살 그대로

군사 보호 지역으로 오랫동안 묶여 있던 곳이라 자연 그대로의 청정한 모습을 유지하고 있다. 영도 팔경의 하나로 불리는 절영 해안 산책로는 영도 영선동에서 동삼중리까지를 말하는데 영화 〈태풍〉, 〈사생결단〉, 〈첫사랑 사수 궐기 대회〉의 촬영 무대가 되기도 하였다.

공공 근로 사업으로 조성한 해안 산책로는 모자이크 타일 벽화, 지압 보도, 파도의 광장, 출렁 다리, 대마도 전망대, 절영 전망대, 구름지 산책로, 중리 산책로 등 다양한 테마 형식으로 되어 있어 걸을 때마다 새로운 곳에 와 있는 기분을 느끼게 한다.

또 천혜의 기암절벽과 끝없이 펼쳐지는 수평선 그리고 산책로 위로 보이는 이국적으로 보이는 오래된 동네는 절영 해안 산책로를 찾은 이들에게 평생 잊지 못할 추억을 안겨 준다.

부산 보건 고등학교에서 구릉지 산책로까지는 약 2시간이 소요되며 중간 중간에 10개 소의 해안 출입로가 있어 중간에 나오기에도 용이하다.

🏠 영도구 절영로 209 🚇 지하철 1호선 남포역 6번 출구에서 7, 70, 71, 508번 버스 이용하여 부산 보건 고등학교 하차. 도보 3분 (부산 보건 고등학교에서 하차하면 절영 해안 산책로 내려가는 길이 보임)

산책 전 미리 알아 두자

1. 절영 해안 산책로는 별도의 출입 통제 시간은 없지만 고바위(언덕)와 자갈밭 등이 있어 해가 지면 위험해질 수 있으니 되도록이면 낮 시간대와 날씨가 맑은 날에만 산책을 즐기도록 하자.
2. 절영 해안 산책로 내에는 음식점이나 매점이 없다. 식사를 하고 싶으면 절영 해안 산책로에서 가까운 곳에 위치한 자갈치 시장이나 남포동, 해양 대학교에서 해결하도록 하자.
3. 절영 해안 산책로 입구에서 15분 정도 걸어가다 보면 앞에 큰 바위로 인해 길이 막혀 있는데 그 길 옆에 파랑, 노랑, 빨강 등으로 칠해져 있는 피아노 계단으로 올라가면 다음 산책길을 만날 수 있으니 당황하지 말자.

★ 주택가

자연과 세월이 만들어낸 걸작

멀리서 보면 이국적으로, 가까이서 보면 오랜 세월이 묻어 나는 동네로, 한국 테크노 과학고에서 절영 해안 산책로 윗길로 걸어가거나 절영 해안 산책로 내에서는 피아노 계단 위로 올라가면 만날 수 있다. 방안 창문이나 집 대문을 열면 푸른 바다가 바로 펼쳐지는 곳에 사는 주민들의 모습을 보고 있으면 부러운 마음까지 들 정도다. 동네는 좁은 골목으로 연결되어 있고 동네 중간 중간에는 절영 해안 산책로 들어가는 출입로가 있다.

🏠 영도구 흰여울길 🚌 피아노 계단 입구에서 도보 3분

⭐ 모자이크 타일 벽화

영도의 과거, 현재, 미래가 한눈에

영도 역사를 41편의 테마로 조성한 타일 벽화로, 절영 해안 산책로 입구에서 가까운 곳에 약 1km 길이로 한 폭의 병풍처럼 타일 벽화가 전개되어 있다. 벽화 앞쪽에는 푸른 바다가 펼쳐져 있고, 발바닥 지압을 할 수 있는 지압 보도가 있어 인근 동네 주민들에게도 산책 코스로 많은 사랑을 받고 있는 곳이다.

🚌 절영 해안 산책로 입구에서 도보 3분

⭐ 파도의 광장

아름다운 행복 콘서트

스탠드식 계단으로 되어 있는 원형 계단에 앉아서 바다를 보고 있으면 파도 소리가 마치 아름다운 음악처럼 들린다. 사실 이곳은 쓰레기 산이었다고 하는데 지금은 과거의 흔적을 전혀 찾아볼 수 없을 정도로 아름답고 깨끗하다.

🚌 절영 해안 산책로 입구에서 도보 30분

⭐ 대마도 전망대
대마도를 한눈에 볼 수 있는 곳
날씨가 맑은 날이면 52km 거리의 대마도가 수평선에서 한눈에 들어온다. 대마도뿐 아니라 바다 위에 그림처럼 떠 있는 선박들과 반짝이는 물결도 산책하는 발걸음을 잠시 멈추게 한다.

🚌 절영 해안 산책로 입구에서 도보 55분

⭐ 출렁다리
움직여서 더 재미있는 다리
심하게 출렁거리지는 않으니 겁먹을 필요는 없다. 손잡이 부분을 잡으면 손에 녹이 묻을 수 있으니 되도록 장갑을 끼거나 손수건을 대고 잡도록 하자.

🚌 절영 해안 산책로 입구에서 도보 1시간

⭐ 낚시터
돈 안 들이고 즐기는 망중한
수리바위, 금강산바위, 넙적바위, 노래미바위에 앉으면 세상 걱정근심이 다 사라진다. 감성돔과 노래미가 많아 낚시인들의 발길이 끊이지 않는 곳이다.

🚌 절영 해안 산책로 입구에서 도보 1시간 5분

⭐ 절영 전망대
눈에는 아름다움을, 머리에는 여유를
수많은 선박과 기암절벽의 절영 해안이 한눈에 들어오는 전망대이다. 한 폭의 산수화같이 탁 트인 바다는 삶에 찌든 도시인들을 따뜻하게 위로해 준다.

🚌 절영 해안 산책로 입구에서 도보 1시간 10분

꼭 가봐야 할 맛집

부산 삼진 어묵

훌륭하고 저렴한 어묵 카페

1953년에 문을 연 부산에서 가장 오래된 어묵 제조 가공소이다. "남는 게 없더라도 좋은 재료를 써야 한데이 다 사람 묵는 거 아이가."라고 말한 창업주의 정신이 지금도 계승되고 있다. 다양한 어묵을 저렴한 가격에 팔고 있으며 어묵 전시관도 있어 여러모로 만족을 준다.

🏠 영도구 태종로 99번길 36(봉래동) 🚌 부산역에서 190, 101번, 남포동에서 8, 113, 30, 66번 버스 등을 이용해 영도 봉래 시장이나 미광 마린 타워 하차 ⏰ 09:00~20:00(명절 당일 휴무) ☎ 051-412-5468 ℹ www.samjinfood.com

태종대 짬뽕

태종대는 몰라도 태종대 짬뽕은 안다!

동물성 기름과 육류를 사용하지 않는 중국 음식점이다. 부산에서 꽤 유명한 짬뽕 전문점이다. 태종대 짬뽕은 해물과 면이 특히 많아, 푸짐하고 맛도 훌륭하다. 버스들이 모여 있는 곳 옆에 위치해 있어 찾기 쉽고, 가격도 적당하다. 옛날짜장은 4,500원, 정말 맛있는 볶음밥도 6,500원에 판매한다.

🏠 부산 영도구 태종로 825 🚌 태종대 버스 종점에 하차하면 바로 보임 ⏰ 09:30~20:30 🍽 태종대짬뽕 8,000원, 태종대짜장 8,000원, 옛날짜장 4,500원 ☎ 051-405-2992

송도·감천 문화마을

아름다운 기억의 공간

번화하고 북적거리는 남포동을 벗어나 서쪽으로 조금만 가면 도심과는 완전히 다른 풍경이 펼쳐진다.

독특하고 아름다운 마을 풍경으로 유명한 감천 문화 마을은 한국의 '산토리니' 또는 '레고 마을'이라는 애칭과 함께 CF, 드라마, 영화 촬영지로도 많은 사랑을 받고 있다. 또한 우리나라 제1호 해수욕장인 송도 해수욕장은 아름다운 백사장과 푸른 바다가 있어 365일 사람들의 발길이 끊이지 않고 있다.

이 밖에도 한국 전쟁 1,000일의 기록을 간직한 임시 수도 기념관과 임시 수도 정부 청사, 아름다운 골목길이 살아 있는 닥밭골 행복 마을 등 저마다의 매력을 지닌 명소들이 곳곳에 있어 이곳을 찾는 여행자들의 눈을 즐겁게 한다.

ACCESS

감천 문화 마을 지하철 1호선 토성역 6번 출구에서 서구 2번 마을버스 이용하여 감정 초등학교 하차
송도 부산역 맞은편에서 26번 버스 이용하여 송도 해수욕장 하차

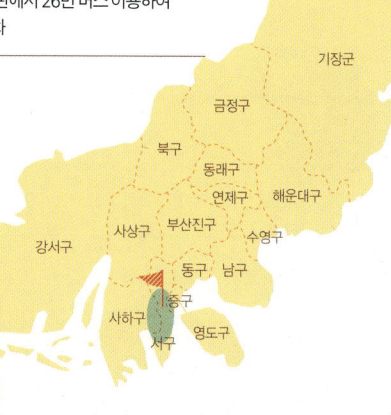

Best Tour

송도·감천 문화 마을 한나절 코스
⏱ 약 4시간 반 소요

임시 수도 기념관 ➡ 감천 문화 마을 ➡ 송도 해수욕장

송도 해수욕장은 여름엔 해수욕도 가능하고, 암남 공원까지 왕복 1시간의 산책로도 잘 조성되어 있어 여유가 있다면 더 길게 일정을 잡아도 좋은 곳이다. 감천 문화 마을은 좁은 골목길과 계단, 오르막길로 구성이 되어 있으니 편안한 신발을 착용하도록 하고, 주민들이 생활하는 공간이니 소음을 일으키지 않게 조심한다.

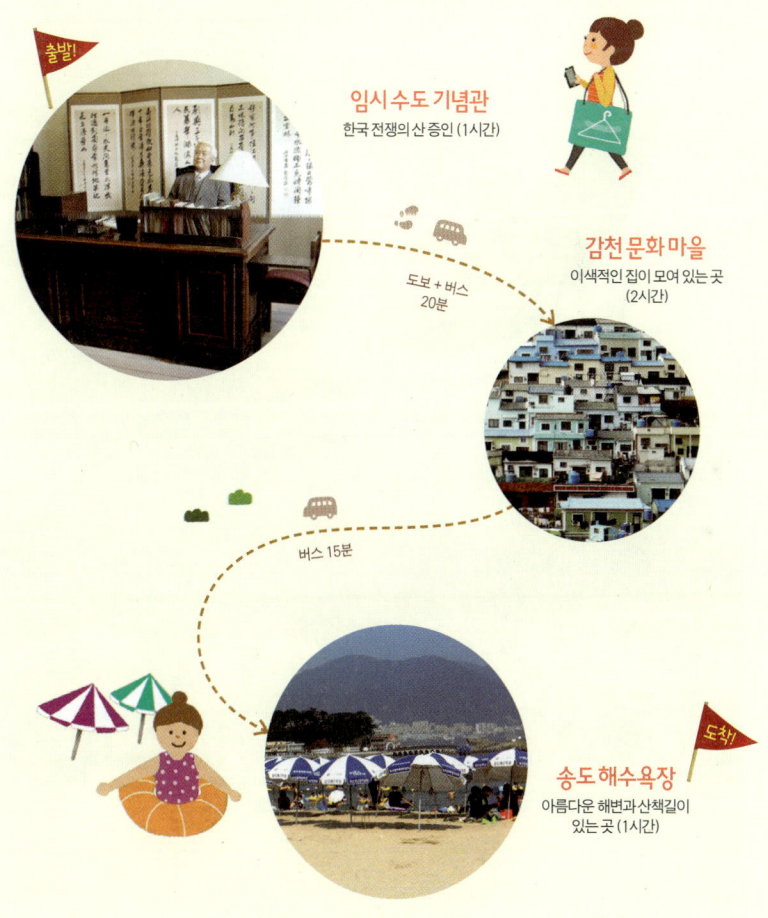

출발!

임시 수도 기념관
한국 전쟁의 산 증인 (1시간)

도보 + 버스
20분

감천 문화 마을
이색적인 집이 모여 있는 곳
(2시간)

버스 15분

송도 해수욕장
아름다운 해변과 산책길이
있는 곳 (1시간)

도착!

송도 해수욕장

우리나라 제1호 해수욕장

대한민국 최초의 공설 해수욕장이다. 옛날에 송림이 많이 있다고 해서 '송도'라는 이름이 붙여졌다고 전해진다. 송도 해수욕장은 해안선이 아름다운 것으로도 유명하고 바로 옆에 부산의 숨은 보석으로 불리는 암남 공원이 있는 것으로도 유명하다. 4년 연속(2006년~2009년) 전국 20대 우수 해수욕장 선정된 해수욕장답게 깨끗하고 아름답다.

🏠 서구 송도해변로 🚇 부산역 맞은편에서 26번 버스 탄 후 송도 해수욕장 하차 ₩ 무료 ☎ 051-240-4000 ⓘ www.bsseogu.go.kr/tour

감천 문화 마을

아름답고 독특한 산비탈 마을

한국의 '산토리니' 또는 '레고 마을'이라 불리는 감천 문화 마을은 부산 사하구 감천2동에 위치해 있다. 이 마을은 원래 1950년대 신흥 종교인 태극도를 믿는 사람들이 모여 집단촌을 이루었던 곳인데, 지금은 종교인들 대부분이 마을을 떠났지만 아직도 마을에는 태극도를 수련하는 곳이 있으며 태극도 교주의 무덤인 '할배산소'도 그대로 있다.

산비탈을 따라 지붕 낮은 집들이 다닥다닥 붙어서 계단처럼 늘어서 있는데, 집집마다 알록달록하게 칠해져 있어 마치 레고 블록을 늘어놓은 듯하다. 이처럼 한국에서는 보기 힘든 독특하고 아름다운 마을 풍경으로 CF 촬영, 영화 촬영, 드라마 촬영지로 많은 사랑을 받고 있다.

2009년부터 시작된 마을 미술 프로젝트로 인해 현재는 마을 곳곳의 작품들이 찾아온 이들을 반긴다. 옛날에는 없던 카페도 생기고 쉬어 갈 수 있는 공간도 곳곳에 생겨 여유 있는 하루를 보낼 수 있다.

🏠 사하구 감내1로 200 🚇 지하철 1호선 토성역 6번 출구에서 서구 2번 마을버스 이용하여 감정 초등학교 하차, 도보 1분 ☎ 051-204-1444 ⓘ www.gamcheon.or.kr

travel tip — 서구 2번 마을버스 이용하기

토성역 6번 출구로 나와 길을 따라 1~2분 정도 걸으면 마을버스 정류장이 보인다. 서구 2번 마을버스를 타면 감정 초등학교까지 약 5분이 소요된다.

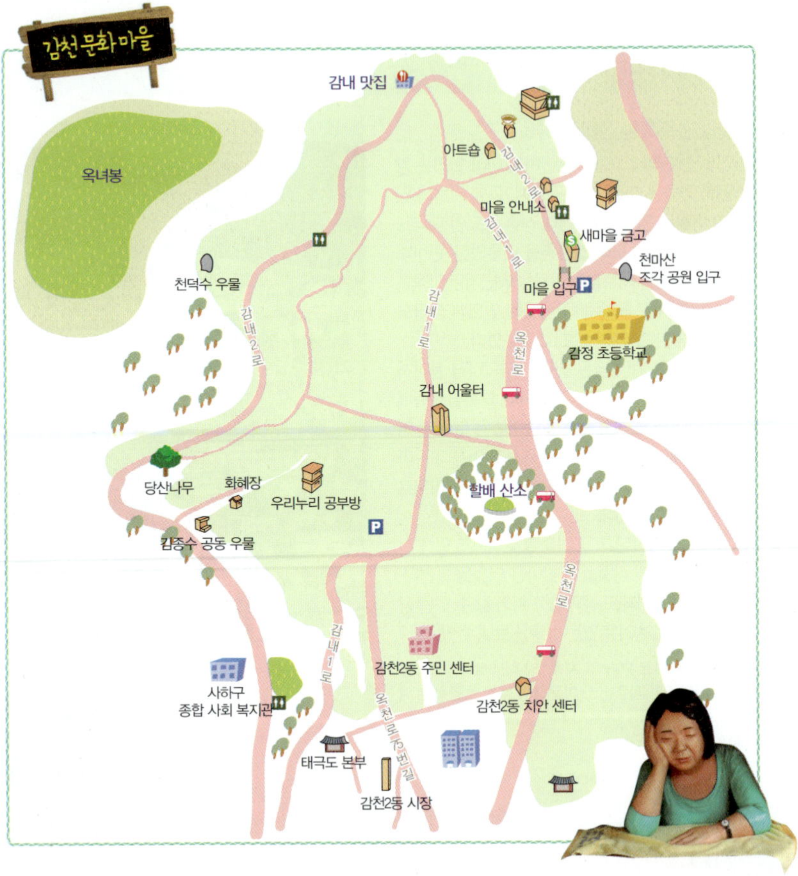

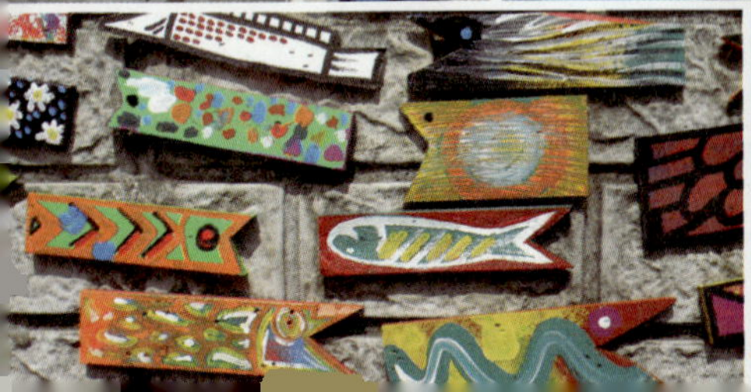

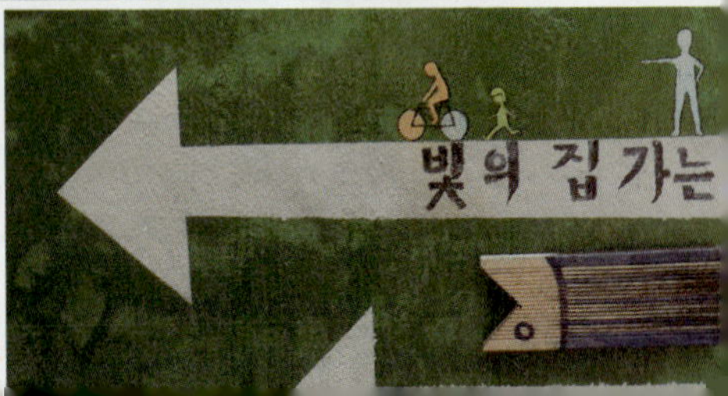

⭐ 옥녀봉

감천 문화 마을의 산책 코스

마을버스를 타고 감정 초등학교에서 하차하면 감천 문화 마을을 감싸고 있는 산이 보이는데, 이곳이 바로 옥녀봉이다. 마을 주민들이 산책을 하고 체력을 단련하는 곳으로 운동 기구도 갖춰져 있다. 옥녀봉에 서면 마을 전체는 물론이고 저 멀리로는 드라마 〈타짜〉와 〈히트〉가 촬영된 감천항도 훤히 보인다. 마을로 들어선 후 산 쪽으로 가면 옥녀봉을 만날 수 있는데, 마을 입구에서 옥녀봉 입구까지는 20분, 정상까지는 약 50분이 소요된다.

🚌 감정 초등학교에서 도보 20분

⭐ 할배 산소

감천 문화 마을의 효시

태극도 교주의 무덤인데 동네 주민들은 '할배 산소'라고 부른다. 감내1로에서 옥천로 쪽으로 올라가면 만날 수 있는데, 생각보다 무덤의 크기가 커서 놀라게 된다. 골목에서 보면 보이지 않고 옥상 위나 산소에서 좀 떨어진 곳으로 가야 산소 전체가 보인다.

🚌 감정 초등학교에서 도보 15분

travel tip — 제대로 즐기는 산책 코스
감정 초등학교 버스 정류장에서 보이는 감내 2로를 따라 천천히 걸으며 중간에 보이는 골목길로 진입하면 옥녀봉 방향이다. 이 길에서 마을 전체를 제대로 감상할 수 있다.

photo Zone
전체적인 마을 모습을 카메라에 담고 싶다면 감정 초등학교 버스 정류장 앞이나 옥녀봉, 또는 감내 카페 부근의 하늘마루에서 찍는 것이 좋다.

임시 수도 기념관

한국 전쟁의 산 증인

한국 전쟁이 있었던 1000일 동안 부산은 눈물을 흘렸고 다시 일어서기 위해 몸부림쳤으며 살기 위해 안간힘을 다했다. 임시 수도 1000일의 기록은 당시 부산이 어떤 상황이었는지 여실히 보여 준다.

전국에서 밀려드는 피란민들로 인해 부산은 삽시간에 판자촌으로 변했고 슬픔과 절박함을 품은 사람들로 인해 부산은 삶의 전쟁터로 변해 버렸다. 그렇게 부산은 혼란스러운 정치적 상황과 참담한 현실을 고스란히 떠안았다.

임시 수도 기념관은 원래 경남 도지사의 관저였는데 부산이 임시 수도였던 시절(1950~1953년)에 대통령의 관저로 사용되다가, 전쟁 후에는 다시 도지사 관저로 사용되었다. 1983년 경남도청이 이전하게 되자 부산시에서 매입하여 한국 전쟁기의 각종 사진 자료 등을 전시하는 임시 수도 기념관으로 개관하였다.

임시 수도 기념관 안에는 한국 전쟁 당시 이승만 대통령이 대한민국 정치의 최종 결정과 대외적 외교 업무를 했던 장소를 비롯하여 이승만 대통령의 서재, 내실 등과 특공대원으로 전쟁에 참가했던 이정숙 할머니의 증언을 들을 수 있는 방이 있다.

🏠 서구 임시수도기념로 45 🚌 지하철 1호선 토성역 2번 출구에서 도보 10분 ⏰ 09:00~18:00(마지막 주 금요일 20:00까지) / 1월 1일과 매주 월요일 휴관, 단, 월요일이 공휴일인 경우 다음 날 휴관 ₩ 무료 ☎ 051-244-6345 ℹ monument.busan.go.kr

travel tip — 자동으로 켜지는 스피커

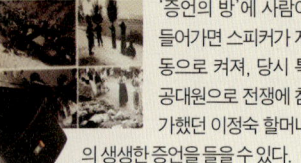

'증언의 방'에 사람이 들어가면 스피커가 자동으로 켜져, 당시 특공대원으로 전쟁에 참가했던 이정숙 할머니의 생생한 증언을 들을 수 있다.

임시 수도 정부 청사

동아 대학교 석당 박물관

이곳은 우리나라 근대사의 정치·사회적 변화를 그대로 안고 있는 건물이다. 원래는 경남도청으로 개관하였으나 한국 전쟁 때는 임시 수도 정부 청사로 쓰였고, 그 후 부산 지방 법원 및 부산 지방 검찰청 본관으로 사용되다가 지금은 동아 대학교 박물관으로 활용되고 있다. 국보로 지정된 개국 원종공신 녹권, 동궐도를 비롯하여 보물 11점, 부산광역시 지정 유형 문화재 9점 등 3만여 점 이상의 진귀한 유물을 소장하고 있으며 내부는 고고실, 도자실, 와전실, 불교 미술관, 서화실, 민속실, 부산 임시 수도 정부 청사기록실로 이루어져 있다.

🏠 서구 구덕로 225 🚌 지하철 1호선 토성역 2번 출구에서 도보 5분 🕐 09:30~17:00(16:30 입장 완료 / 매주 월요일, 11월 1일 개교 기념일 휴무) 💰 무료 ☎ 051-200-8493 ℹ museum.donga.ac.kr

TIP 방학 중에는 이용 시간 등이 변경될 수 있으니 확인 후 방문하도록 하자.

travel tip

흔적의 재생 복원

동아 대학교 박물관 내부에 들어서면 공사가 덜 된 것 같은 느낌을 주는 벽체를 곳곳에서 볼 수 있는데 이 벽체는 박물관으로 활용하기 위해 철거했던 벽체의 일부를 하나의 전시물로 활용하기 위해 본래의 위치에 남겨 둔 것으로 식민지 시대의 고통과 전쟁의 아픔을 고스란히 간직한 흔적들이다.

닥밭골 행복 마을

아름다운 골목길이 살아 있는 곳

1800년대만 해도 대신동 일대에는 집이 몇 채 되지 않았다고 한다. 그런데 한국 전쟁이 일어난 후 북쪽에서 내려온 피란민들로 인해 마을을 이루게 된 것이다. 세월을 가득 품은 골목길 사이에는 우물터도 있고 예쁜 벽화도 그려져 있다. 벽화로 인해 마치 마을 전체가 지붕 없는 미술관 같은 느낌이 든다. 최근에는 SBS 예능 프로그램 <런닝맨>에 나오는 등 유명세를 타고 있다.

🏠 서구 보동길 278번길 일대 🚇 지하철 1호선 동대신역 5, 7번 출구에서 서여고 방향으로 도보 10분 / 서면 롯데백화점, 부산역에서 167번 버스를 이용하여 서여고 앞에서 하차

📍TIP 버스 정류장에서 이정표가 보인다. 동대신2동 주민 센터를 등진 자세에서 오른쪽으로 3분 정도 쭉 올라가면 닥밭골 행복 마을과 쉽게 만날 수 있다.

꼭 가봐야 할 맛집

감천 문화 마을 카페

부담 없이 즐길 수 있는 카페!

한국 사람들이 있는 곳에는 학원이 생기고 카페가 생긴다고 하는데, 감천 문화 마을에도 카페가 갈수록 늘어나고 있다. 브런치를 판매하는 카페도 있어 배고플 때 찾으면 딱이다. 가격 부담이 없는 카페부터 풍경을 즐길 수 있는 카페까지 다양하다.

🚌 감천 문화 마을 내에 위치

감내 맛집

싸고 저렴한 맛집

감내 맛집 1층엔 부산에서 유명한 고래사 어묵이 있고 2층엔 김밥과 돈가스 등을 판매하는 집이 있다. 저렴한 가격으로 즐길 수 있는 음식이 있어 꽤 만족스러우니 출출하다면 방문해 보자.

🏠 사하구 감내2로 159 🚌 지하철 1호선 토성역 6번 출구에서 서구 2번 마을버스 이용하여 감정 초등학교 하차, 도보 5분 🍚 감내김밥 2,000원, 돈가스 6,000원
☎ 070-8111-5529

다대포

고요하고 아름다운 부산 바다의 또 다른 얼굴

푸르른 바다와 세계 최대·최고 수준의 낙조 분수, 거기다 뛰어난 경관을 자랑하는 몰운대와 밀가루처럼 고운 모래를 자랑하는 백사장이 있는 다대포는 부산 사하의 대표 명소로 이름이 나 있다.

해수욕장에 남아 있는 패총으로 볼 때 이곳에 사람이 살기 시작한 것은 5000~6000년 전으로 보이며 일본 쓰시마 섬(데미도)과 마주 보고 있는 곳에 위치한 닷에 왜구의 침입이 일어나기도 했다. 1980년 8월11일에는 '아시아의 물개' 조오련이 다대포 앞 방파제를 출발, 13시간 16분 만에 쓰시마 섬까지 대한 해협 48km를 횡단하기도 하였다.

다대포는 모래사장의 모래가 광안리나 해운대와는 다르게 밀가루처럼 매우 부드러운 것이 특징인데 낮에 보면 모래사장이 마치 사막처럼 보이기도 한다.

ACCESS
지하철 1호선 다대포해수욕장역 4번 출구에서 도보 5분

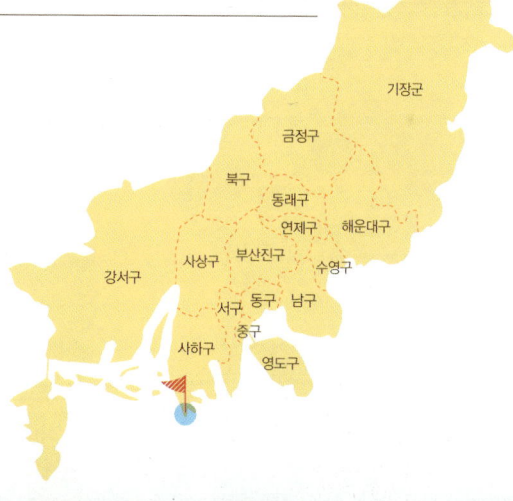

다대포 반나절 코스

⏱ 약 2시간 반 소요

다대포 해수욕장 ➡ 몰운대 ➡ 낙조 분수

다대포의 꽃이라 할 수 있는 낙조 분수는 시간에 맞추어 가동을 하니 시간표를 보고 움직이면 도움이 된다. 몰운대는 출입 제한 시간이 있으니 저녁 시간대 방문은 피하도록 하자. 몰운대 안에는 매점이 없으니 입구에서 마실 음료를 준비해 가도록 하자.

다대포 해수욕장
넓고 아름다운 해수욕장
(1시간)

도보 5분

몰운대
바다가 보이는 산책길
(1시간)

도보 5분

낙조 분수
환상적인 음악 분수
(30분)

다대포 해수욕장

꿈에서도 생각나는 아름다운 바다

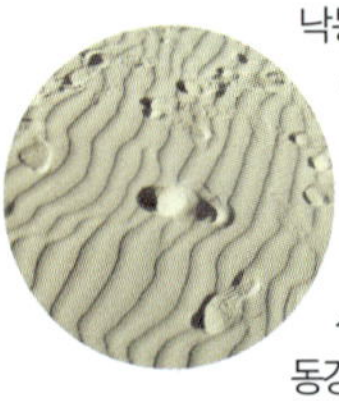

낙동강에서 흘러 내려온 토사가 퇴적되어 생긴 해수욕장으로 낙동강 하구 최남단에 위치해 있다. 해안선은 초승달 모양으로 완만한 경사를 이루며 휘어져 있고, 길이 900m, 폭 100m의 백사장은 부드러운 모래로 되어 있다. 낙동강 민물과 바닷물이 만나는 하구 부근에 위치해 300m 거리의 바다까지도 수심이 1.5m 정도로 얕고, 평균 수온이 21℃로 따뜻해 해수욕에 최적의 조건을 갖추었다. 주변에는 경관이 아름답기로 유명한 몰운대와 새로운 명소로 떠오른 낙조 분수가 있어 함께 둘러보기 좋다.

🏠 사하구 다대동 🚇 지하철 1호선 다대포해수욕장역 4번 출구에서 도보 5분 ₩ 무료 ☎ 051-220-4127

낙조 분수

환상적인 음악 분수

미국 라스베이거스나 싱가포르 센토사에서 볼 수 있는 화려한 음악 분수로서 분수의 규모는 최대 지름 60m, 둘레 180m, 분수바닥 면적 2,519m², 최대 물높이 55m, 담수량 2,040톤, 전체 노즐 수 1,046개, 분수용 조명 장치 511개, 소분수 24개로 세계 최대·최고 수준을 자랑한다. 분수 공연이 없을 시에는 수조와 노즐이 노출되지 않아 문화 축제와 놀이시설, 공연 등의 공간으로 활용되고 있다. 분수 공연은 일몰 시간, 이벤트, 행사, 우천, 기상 악화 등에 의해 변경되기도 하니 방문 전에 꼭 확인하자.

🏠 사하구 몰운대1길 14 🚇 지하철 1호선 다대포해수욕장역 4번 출구에서 도보 1분 ⏰ 시즌별로 다름, 홈페이지에서 확인(매주 월요일과 동절기 휴무) ₩ 무료 ☎ 051-220-5891~3 🌐 fountain.saha.go.kr

⭐ 황토 도자 블록

공연을 보면서 즐기는 웰빙 효과

낙조 분수가 있는 광장의 바닥은 100% 황토로 만든 것으로, 한국 건자재 시험 연구원의 시험 결과 인체에 유익한 원적외선(혈액 순환, 피로 회복, 노폐물 분해 등에 효능)이 다량 방출되고 있음이 밝혀졌으니 광장에서는 맨발로 다녀 보자.

몰운대

부산광역시 지정 기념물 제27호

안개와 구름이 끼는 날에는 잘 보이지 않는다고 해서 몰운대라는 이름이 붙여진 이곳은 경관이 뛰어나기로 소문이 나 있다. 원래 16세기까지는 몰운도라는 섬이었다가 점차 낙동강에서 밀려온 토사가 쌓여 육지와 연결되었다고 한다. 기암괴석과 울창한 소나무 숲, 그리고 바다가 어우러져 빼어난 경관을 자랑한다. 몰운대에는 조선 시대 지방 관아 건물의 하나인 다대포 객사와 임진왜란 때 이순신 장군이 부산포 해전에서 승전을 거둘 때 큰 공을 세우고 순절한 충장공 정운을 기리는 정운공 순의비가 있으니 산책을 할 때 꼭 들러 보자.

🏠 사하구 다대동 산144 🚇 지하철 1호선 다대포해수욕장역 4번 출구에서 도보 5분 ⏱ 4~9월 05:00~20:00, 10월~3월 06:00~18:00 ₩ 무료

꼭 가봐야 할 맛집

낙조 분수 주변

가볍게 즐기는 칼국수와 커피

낙조 분수에서 몰운대까지는 도보로 약 10분 정도가 소요된다. 이곳에는 특히 횟집이 많다. 또 가볍게 즐길 수 있는 칼국수집도 있고 편의점도 있다. 특히 몰운대 입구에 있는 작은 편의점에선 얼음 생수를 비롯해 커피도 판매하고 있다.

🏠 사하구 다대동 몰운대길(낙조 분수에서 몰운대 방향 길) 🚇 지하철 1호선 다대포해수욕장역 4번 출구에서 도보 2분

횟집 거리

싱싱한 횟집이 모여 있는 곳

다대포 해수욕장에서 몰운대로 가는 길에는 회를 판매하는 음식점이 유난히 많다. 싱싱한 회를 비롯하여 꼼장어를 판매하는 음식점이 많은데 대부분 맛이 괜찮은 편이다. 다대포 해수욕장이 바로 옆이라 바다 내음과 함께 음식을 맛볼 수 있어 더욱 맛있게 느껴진다.

🏠 사하구 몰운대 1길 🚇 지하철 1호선 다대포해수욕장역 4번 출구에서 도보 2분

동래

옛것을 아름답게 보존하는 지역

동래는 부산 민속 1호인 동래파전과 동래읍성, 그리고 온천으로 유명한 곳이다.

옛날 동래 금정산 주위에는 파밭이 많아서 부산포 앞바다에서 건진 싱싱한 해물에 풋풋한 파를 썰어 넣어 파전을 부쳐 먹었는데, 조선조 말기에는 임금님께 진상이 되었을 정도였다. 특히 70여 년간 4대를 이어 오고 있는 동래 할매 파전은 그 역사와 맛을 인정받아 부산 민속 1호로 지정이 되었다.

동래파전에서 조금 걸어가면 동래읍성지가 나온다. 대한민국의 대표적인 읍성으로 불리는 이곳에는 복천 박물관, 장영실 과학 동산, 동래읍성 역사관 등이 자리하고 있다.

동래 온천은 신라 시대 때부터 태조 무열왕을 비롯하여 여러 왕들이 찾던 곳으로 유명하다. 왜인들이 조선과의 교섭 때 동래 온천에서의 목욕을 요구하였다고도 하고, 병자가 목욕을 하면 몸이 나았다는 전설이 있을 정도로 물이 좋아 요즘에도 많은 사람들이 찾고 있다.

ACCESS

동래 지하철 1, 4호선 동래역 2번 출구
온천장 지하철 1호선 온천장역 1번 출구

Best Tour

동래 한나절 코스

⏱ 약 3시간 반 소요

동래 할매 파전 ➡ 복천 박물관 ➡ 복천동 고분군 ➡ 허심청

이곳은 쉬어 가는 곳이라 생각하고 온천욕도 즐기고 파전도 맛보면서 천천히 보면 더 여유롭게 즐길 수 있다. 무료로 즐길 수 있는 노천 족탕도 좋지만 물 좋기로 유명한 허심청에서 목욕을 해 보기를 추천한다. 복천동 고분군 뒤쪽은 산으로 되어 있으니 안전을 위해 어두울 때보다는 밝을 때 찾는 것이 좋다.

🚩 **출발!**

동래 할매 파전
부산 민속 1호 맛보기
(1시간)

도보 10분

복천 박물관
전통 문화의 우수성이 전시된 곳
(30분)

도보 1분

복천동 고분군
부산의 대표적인 고분군
(30분)

도보 + 지하철
30분

허심청 🚩 **도착!**
뜨끈한 온천물에 피로 풀기
(1시간)

동래읍성지

부산광역시 지정 기념물 제5호

조선 시대 동래부의 행정 중심지를 둘러싸고 있었던 읍성으로 산성과 평지성의 장점을 두루 갖춘 대한민국의 대표적인 읍성이다. 임진왜란 때는 부산 진성과 함께 일본군의 1차 공격 목표가 되어 장렬한 전투가 벌어졌던 최대 격전지이기도 하다. 현재 성내에는 북문, 인생문, 동장대, 서장대, 북장대가 복원되어 있다.

🏠 동래구 명륜, 복천, 칠산, 명장, 안락동 일원 🚇 지하철 1, 4호선 동래역 2번 출구에서 도보 25분 / 지하철 1, 4호선 동래역 4번 출구 맞은편에서 6번 마을버스를 이용하여 복천 박물관 하차 후, 도보 9분 ₩ 무료 ☎ 051-550-4081

⭐ 동래읍성 역사관

동래읍성의 역사가 한눈에

조선 전기의 동래읍성, 조선 후기의 동래읍성, 19세기 동래읍성 안의 가옥과 동래읍성의 해자로 추정되는 유구와 유물, 동래의 옛 풍경, 동래읍성의 인물들을 볼 수 있어 동래읍성을 이해하는 데 큰 도움을 준다.

🏠 동래구 동래역사관길 18(복천동, 복천 박물관 100m 옆) 🚇 지하철 1, 4호선 동래역 2번 출구에서 도보 30분 / 지하철 1, 4호선 동래역 4번 출구 맞은편에서 6번 마을버스 이용하여 복천 박물관 하차 후, 도보 12분 🕘 09:00~17:00(1월 1일, 매주 월요일 휴무, 월요일이 공휴일인 경우 다음 날 휴관) ₩ 무료 ☎ 051-550-4488

★ 장영실 과학 동산

부산 동래가 배출한 과학자

동래에서 출생한 과학자 장영실의 생애와 업적을 엿볼 수 있는 동산이다. 하늘의 별들을 별자리로 묶어서 둥근 구면에 위치에 따라 그려 놓은 기구인 혼상과 세종19년(1437년)에 창제한 해시계의 하나인 현주일구 등이 복원되어 있다.

🏠 동래구 동래역사관길 18(복천동, 복천 박물관 100m 옆) 🚇 지하철 1, 4호선 동래역 2번 출구에서 도보 25분 / 지하철 1, 4호선 동래역 4번 출구 맞은편에서 6번 마을버스를 이용하여 복천 박물관 하차 후, 도보 9분 ⏰ 09:00~17:30(1월 1일, 매주 월요일 휴무, 월요일이 공휴일인 경우 다음 날 휴관) ₩ 무료 ☎ 051-550-4488

★ 백세의 계단

무병장수의 의미가 담긴 계단

'이 계단을 밟고 가면 백 살까지 건강하게 무병장수하며 살 수 있다.'라는 뜻이 담겨져 있다. 원래는 100개의 나무 계단이었으나 세월로 인해 망가져 2001년에 249개의 돌계단으로 새롭게 정비되었다. 계단을 오르면 자연스럽게 운동도 되니 한번 걸어 보자.

🏠 동래구 동래역사관길 18 부근 🚇 장영실 과학 동산에서 도보 3분

★ 인생문

사람을 살린 문

임진왜란 때 이 문을 통해 피난 간 사람은 모두 목숨을 건져 '사람을 살린 문'으로 불렸다는 전설이 전해지는 문이다. 일제 강점기에 없어진 것을 2005년에 복원하였으며, 편액 글씨는 부산광역시 시립 박물관에 소장된 문명석을 탁본하여 걸었다.

🏠 동래구 복천로 🚇 장영실 과학 동산에서 도보 30분

⭐ 부산 3·1 독립운동 기념탑

국가 지정 현충 시설

만세 거리가 한눈에 보이는 마안산에 세워진 이 기념탑은 1919년 부산에서 일어났던 3·1 독립운동을 기념하기 위해 1995년 8월15일 착공하여 1996년 3월 1일 완공하였다. 이 탑은 부지가 2,310m², 탑 전체 높이는 21.6m, 좌대는 842m²이다. 독립운동 모습을 새긴 높이 6m의 원추형 군상에는 기미 독립 선언서 공약 3장이, 탑 기둥에는 건립 취지문과 독립운동 약사가 새겨져 있다.

🏠 동래구 명장동 산93-2 🚌 장영실 과학 동산에서 도보 15분

⭐ 북장대

동래가 한눈에

백세의 계단을 밟고 올라오면 북장대가 보인다. 북장대는 성내 북쪽 제일 높은 곳에 위치하고 있어서 군대를 지휘하기에 용이했다고 한다. 북장대에서는 장산, 광안대교, 동장대, 배산, 금련산, 황령산, 부산시청, 복천동 고분군 등을 한눈에 감상할 수 있는데 망원경이 설치되어 있으니 자세히 살펴보자.

🏠 동래구 명장동 산93-2 🚌 장영실 과학 동산에서 도보 12분 ₩ 무료

복천 박물관

전통 문화의 우수성을 보여 주는 곳

지역 문화의 우수성을 알리고 고대 부산 지역의 가야와 신라 문화를 복원하기 위해 1996년 10월 5일에 개관하였으며 국가 사적 제273호인 복천동 고분군의 조사 내용과 유물들을 전시하고 있다. 제1전시실에서는 삼한 시대의 역사와 문화, 가야 멸망 이후의 부산의 상황을 엿볼 수 있고 복촌동 고분군의 무덤 규모와 내부를 볼 수 있으며, 제2전시실에서는 복천동 고분군에서 출토된 유물들을 볼 수 있다.

🏠 동래구 복천로 63 🚌 지하철 1, 4호선 동래역 2번 출구에서 도보 20분 / 지하철 1, 4호선 동래역 4번 출구 맞은편에서 6번 마을버스를 이용하여 복천 박물관 하차 후, 도보 3분 🕘 09:00~18:00, 토요일·매월 마지막 주 금요일 09:00~21:00 (1월 1일, 매주 월요일 휴관, 월요일이 공휴일인 경우 다음 날 휴무) ₩ 무료 ☎ 051-554-4263~4
ⓘ museum.busan.go.kr/bokcheon

travel tip — 복천 박물관 가는 길
동래 할매 파전 후문(뒤쪽)에 복천 박물관으로 가는 길이 있다.

복천동 고분군

부산의 대표적인 고분군

1969년 주택 공사로 고분군의 일부가 파괴되면서 세상에 알려지게 되었다.

삼국 시대인 4세기에서 5세기에 주로 만들어진 가야 지배층의 무덤으로 지금까지 1만여 점의 유물이 나왔다. 야외 전시관 내부에는 덧널무덤(54호 무덤)과 구덩식돌덧널무덤(53호 무덤)의 내부를 발굴 당시 모습으로 복원하여 당시의 매장 풍습을 엿볼 수 있게 하였다.

🏠 동래구 복천로 66 🚌 복천 박물관에서 도보 5분 ☎ 051-554-4263

영보단비

우리의 것을 지키려는 의지

복천 박물관과 고분군 사이에 있는 비석이다. 1909년 중앙 정부에서 호적 대장을 거두어들이려 하자 조상들의 성명이 적힌 호적 대장이 아무렇게나 버려지는 것을 우려한 주민들은 마안산 기슭에 동래 지역 13개 면의 호적 대장을 모아 불태우고 그 자리에 단을 쌓았다. 이후 매년 이곳에 모여 제사를 지냈으며 1915년 일제 침탈로부터 우리의 것을 지켜 내려는 의지를 다짐하며 '영보단'이라는 비석을 세웠다고 한다.

🏠 동래구 복천로 63 부근 🚌 복천 박물관에서 도보 3분

동래 고등학교

110여 년의 역사를 자랑하는 학교

동래 고등학교는 1898년 신명록 등이 중심이 되어 조직한 기영회가 초등 교육 기관인 공립 동래부 학교를 설립한 것이 그 전신으로, 1998년에는 부산시 교육청 평가 최우수 고등학교 표창을 받았다. 교정에는 국가 현충 시설로 지정된 항일 운동 기념탑이 있다. 이 탑은 1898년 개교한 이래 일제 강점기 동래 지역 3·1운동을 비롯하여 부산 항일 학생 의거(일명 노다이 사건) 등 항일 민족 운동을 주도하고 그 선봉에 섰던 동래고 출신의 순국선열과 애국지사들의 숭고한 얼과 희생 정신을 기리기 위해 건립되었다. 학생들이 공부를 하는 곳이니 공부에 방해가 되지 않는 범위 내에서 조용하게 둘러보자.

🏠 동래구 충렬대로 285번길 22 🚇 지하철 4호선 낙민역 1번 출구에서 도보 3분 ☎ 051-552-0650

박차정 의사 생가

국가 보훈처 지정 현충 시설

박차정 의사는 1910년 5월 8일 부산 동래읍 복천동에서 출생하여 동래 일신 여학교(현 동래 여고)를 졸업하였으며 여러 항일 운동을 주도하다 일제에 의해 옥고를 치렀다. 일본군과 전투 중 어깨에 총상을 입은 후유증으로 1944년 34세의 나이로 순국하기까지 한국 여성 독립운동의 거목으로 활동하였다. 박차정 의사 생가는 그의 숭고한 넋을 기리기 위해 세운 곳이니 경건한 마음으로 돌아 보자.

🏠 동래구 명륜로 98번길 129-10　🚇 지하철 4호선 낙민역 1번 출구에서 도보 5분　⏰ 09:30~18:00 (12:00~13:00 점심 시간은 제외 / 일요일, 월요일, 국경일 다음날, 명절 휴무)　₩ 무료

충렬사

호국 충절의 요람지

1592년 임진왜란 때 부산 지방에서 왜적과 싸우다 순절한 호국 선열의 영령을 모신 사당이다. 93,823m^2의 경역에 본전 외 15동의 건물이 있으며 부산 지방에서 순절하신 93분의 위패를 봉안하고 있다. 충렬사에는 선열 89위를 모시고 있는 충렬사의 본당인 본전, 기왓장으로 왜적과 싸웠던 이름 없는 두 의녀와 송상현 공과 정발 장군을 따라 순절한 금섬, 애향의 위패를 모신 의열각, 임진왜란 당시의 전황을 보여 주는 6폭의 기록화와 천곡수필 등을 소장·전시하고 있는 기념관, 효종 3년에 건립된 강당인 소줄당이 있으니 꼼꼼히 살펴보자.

🏠 동래구 충렬대로 345　🚇 지하철 4호선 충렬사역 1번 출구에서 도보 3분　⏰ 4월~9월 09:00~21:00, 10월~3월 09:00~20:00 (연중무휴)　₩ 무료　☎ 051-888-7218　ℹ️ www.busan.go.kr/cys

💡TIP 충렬사에는 참배 공간과 야외 광장이 있는데 참배 공간은 18:00경에 문을 닫는다.

허심청

동양 최대 규모의 온천 시설

허심청은 자체 개발된 100% 천연 온천수를 전량 공급하고 있는데다가 국내 최대의 마그네슘 함유 온천으로도 유명하다. 3천여 명을 수용할 수 있는, 동양 최대 규모의 온천 시설답게 장수탕, 청자탕, 동굴탕, 노천탕 등 40여 종의 효능별 욕탕과 편의 시설이 갖추어져 있다. 특히 내부는 예술적 조형미까지 갖추어 찾아온 이들에게 특별한 추억을 선물해 주고 있다.

🏠 동래구 온천장로107번길 32 🚌 지하철 1호선 온천장역 1번 출구에서 도보 5분 ⏰ 05:30~24:00(온천 시설), 06:30~23:00(찜질 시설) 💰 평일-성인 10,000원, 초등학생 8,000원, 소인 6,000원 / 주말, 공휴일-성인 12,000원, 초등학생 8,000원, 소인 6,000원 ☎ 051-550-2201 🌐 www.hotelnongshim.com

travel tip

허심청 정보

요금은 후불제인데, 4층 안내 데스크에서 키를 받아 관련 시설을 이용한 후 퇴장할 때 4층 안내 데스크에서 계산하면 된다.

노천 족탕

누구나 즐길 수 있는 족탕

동래 온천은 염화나트륨 약알칼리 식염천으로 입욕을 하면 온천수가 피부에 붙어 땀의 증발을 막기 때문에 목욕 후에도 피부가 부드러워 겨울철에 특히 좋으며, 신경통, 피부병, 위장병, 부인병 등에 효과가 있다고 한다. 온정개건비 옆에 있는 노천 족탕은 무료로 이용할 수 있고 또 간편하게 온천을 즐길 수 있어 인근 주민들에게 특히 많은 사랑을 받고 있다. 족욕은 신진대사를 원활하게 하며 발의 피로감을 없애 주는 역할을 한다고 하니 걷다가 피로하면 들러보자.

 동래구 금강공원로 26번길 지하철 1호선 온천장역 1번 출구에서 도보 10분 이용 시간 상이 무료

 수건 자동판매기 이용하기

노천 족탕 옆에는 발을 닦을 수 있는 수건을 판매하는데 수건은 1장에 1,000원이며 사용한 수건은 가져가면 된다.

할아버지상

수호신 역할로 세워진 상징물

전형적인 개화기 옷차림을 한 노인상으로 1926년 부산 시내의 전차가 동래 온천장까지 연장 운행되면서 전차 개통 기념으로 당시 전차 종점에 세워졌다. 1968년 전차 궤도 철거시에 현재의 호텔농심 자리에 옮겨져 호텔 농심에서 보존 관리되고 있다.

🏠 동래구 금강공원로 20번길 🚇 지하철 1호선 온천장역 1번 출구에서 도보 5분

온정개건비

부산광역시 지정 기념물 제14호

비의 높이는 144cm, 폭 61cm로 동래부사 강필리가 온정을 대대적으로 수리한 공로를 기리기 위해 영조 42년(1766년)에 세웠다. 온정개건비가 있는 자리는 1960년대까지만 해도 온천수를 뽑아 올리던 곳이었는데 이곳에는 온정개건비와 함께 용왕신을 모시고 매년 음력 9월 9일 제사를 지내는 용각이 있다.

🏠 동래구 금강공원로 26번길 🚇 지하철 1호선 온천장역 1번 출구에서 도보 10분

금강 공원

산책하기 좋은 공원

1940년 11월 10일 금강원으로 명명되었고 1965년 4월 21일 공원으로 지정되었다. 인근 주민들의 산책 장소로 사랑받고 있으며 지방 문화재 기념물 제13호인 임진동래의 총, 지방 문화재 기념물 제16호 내주축성비, 지방 유형 문화재 제5호 독진대아문, 지방 문화기념물 제33호 등의 문화재들이 있어 학생들의 교육 장소로도 많이 이용되고 있다.

🏠 동래구 우장춘로 155 🚇 지하철 1호선 온천장역 1번 출구에서 도보 15~20분 ₩ 무료 ☎ 051-860-7880
ⓘ www.geumgangpark.or.kr

⭐ 금강 공원 케이블카

한국에서 제일 먼저 개통된 케이블카

금강 공원의 케이블카는 복선 케이블카로 국내에서 가장 긴 길이를 자랑한다. 1967년도에 한국에서 제일 먼저 개통되기도 했으며 해발 540m의 산정을 향해 오르면 해운대, 영도섬, 서면 등이 한눈에 보인다. 산정에서부터 등산로를 따라 걸으면 금정산성 4대문 중 남문과 만나게 된다.

🚌 금강 공원 내 🕘 09:00~18:00(계절에 따라 변동 있음)
₩ 대인, 청소년-왕복 9,000원, 편도 6,000원 / 소인-왕복 6,000원, 편도 4,000원 ☎ 051-552-1761~2
www.busancablecar.co.kr

travel tip — 금강 공원 쉽게 찾기

금강 공원 가는 길에는 망미루가 위치해 있는데 이 문을 통과해서 10분 정도 올라가야 금강 공원을 만날 수 있다. 망미루는 부산광역시 지정 유형 문화재 제4호로, 영조 18년(1742년) 동래부사 김석일이 동래부 청사인 동헌 앞에 세웠던 문루인데, 일제 강점기에 시가지 정리에 따라 지금의 자리로 옮겨졌다. 망미루라는 이름은 옛날 한양에서 부임해 온 어느 동래부사가 임금에 대한 그리움을 잊기 위해 부른 이름에서 유래하였다고 한다.

꼭 가봐야 할 맛집

동래 할매 파전

부산민속 음식점1호

부산 근교에서 직접 무공해로 재배한 파에 대합, 새우, 굴, 홍합 등 싱싱한 해물을 듬뿍 넣고 채종유로 부쳐 낸 파전을 판매하는 집이다. 메뉴로는 추어탕, 돌솥비빔밥, 약선보리밥, 묵채, 동래파전, 버섯파전 등이 있다.

🏠 동래구 명륜로 94번길 43-10 🚇 지하철 1, 4호선 동래역 2번 출구에서 도보 10분 🕛 12:00~22:00(월요일, 명절 휴무) 🍽 동래파전(小) 22,000원, (中) 33,000원, (大) 40,000원 ☎ 051-552-0792

TIP 동래 할매 파전 맛있게 먹는 법
동래 할매 파전은 파전을 찍어 먹는 양념으로 초장을 내놓는데 간장보다는 초장에 찍어 먹으면 해물의 맛을 더 느낄 수 있다고 하니 한번 이용해 보자.

동래시장길

저렴하고 맛있는 먹을거리가 가득

인생문을 통과해서 15분 정도 걸어 내려오면 만날 수 있는 시장 길이다. 저렴하고 맛있는 호떡, 떡볶이, 칼국수 등을 맛볼 수 있으니 출출할 때가 보자.

🏠 동래구 동래시장길, 충렬대로 249번길 🚇 지하철 4호선 수안역 7번 출구에서 도보 3분

국밥길

저렴한 가격! 놀라운 만족!

동래시장길에서 박차정 의사 생가 가는 길에 국밥집이 몇 군데 있는데 가격, 맛, 양 모든 면에서 훌륭하여 손님들의 발길이 끊이지 않는다. 먹을거리 장터에서는 선지국밥, 쇠고기국밥, 순대 등을 판매한다.

🏠 동래구 명륜로 98번길 🚇 지하철 4호선 수안역 7번 출구에서 도보 3분 🍽 선지국밥 5,000원 쇠고기국밥 5,000원

유선집 서울 해장국

30년 넘는 역사를 자랑하는 집

얼큰한 해장국은 물론 곁들여져 나오는 반찬도 깔끔하다. 메뉴로는 해장국, 따로국밥, 선지뚝배기가 있다. 해장국을 시키면 접시에 선지와 송송 썬 파가 따로 나오니 꼭 국에 넣어서 먹도록 하자.

🏠 동래구 금강로 🚇 지하철 1호선 온천장역 1번 출구에서 도보 10분 ⏰ 06:00~24:00 🍲 해장국 7,000원, 선지뚝배기 8,000원, 따로국밥 8,000원 ☎ 051-555-6061

내당

전통 한옥에서 즐기는 한식

호텔 농심에서 운영하는 한식당이다. 호텔에서 운영하는 곳답게 분위기가 고급스럽고, 음식도 정갈하고 멋스럽게 나온다. 전통 한옥 안에는 연못과 정원이 있어 구경하는 재미도 있다.

🏠 동래구 금강공원로 20번길 23(호텔 농심 별관 1층) 🚇 지하철 1호선 온천장역 1번 출구에서 도보 5분 ⏰ 평일 점심 12:00~15:00, 저녁 17:30~21:30 / 주말 점심 (1부)11:30~13:30 (2부)14:00~16:00, 저녁 (1부)17:00~19:00 (2부)19:30~21:30 🍲 평일 점심 특선 28,500원~34,500원 ☎ 051-550-2335~6 ℹ️ www.hotelnongshim.com

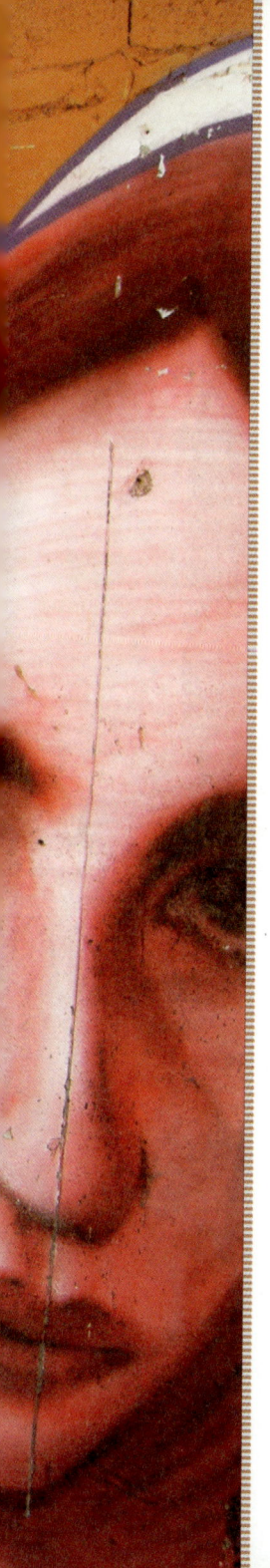

부산대 앞

부산 젊은이들의 만남의 장소

부산 최고의 상아탑인 부산 대학교는 1946년에 설립되어 1953년 종합 대학교로 승격하였으며, 학교 안에 버스가 다닐 만큼 큰 규모를 자랑한다. 캠퍼스도 아름답게 가꿔져 있어서 지역 주민들의 쉼터 역할을 톡톡히 하고 있으며 영화 촬영지로도 애용된다.

부산대 정문과 지하철 부산대역 사이의 거리를 부산 사람들은 흔히 '부대' 또는 '부대 앞'이라고 부르는데, 이 구역은 옷가게와 음식점이 많아 최고의 상업 지구로 이름나 있고 지하철과 바로 연결되어 있어 찾는 사람들이 많다. 대학가라서 그런지 비교적 저렴한 가격을 내세우고 있어 부산 대학교 학생들 뿐 아니라 일반인들에게도 많은 사랑을 받고 있다.

또한 부산대 앞은 젊은 문화 예술인들이 활동하는 공간으로도 알려져 있다. 인디 밴드들이 공연하는 클럽이 집중되어 있고 온천천 산책로에는 국내에서 가장 넓은 면적의 그래피티가 그려져 있는 것으로도 유명하다.

ACCESS
지하철 1호선 부산대역 1, 3번 출구

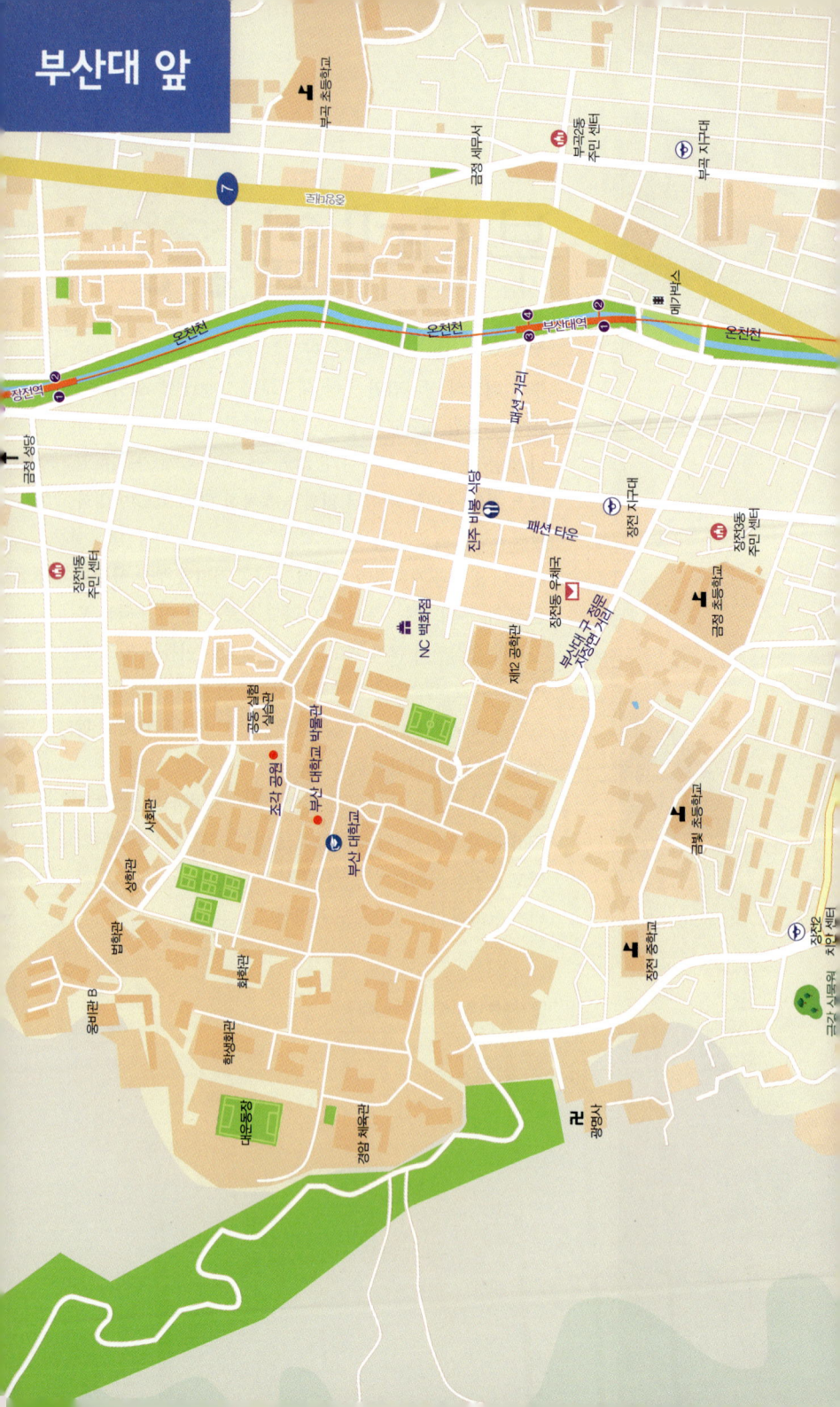

부산대 앞 한나절 코스
Best Tour
⏱ 약 3시간 반 소요

패션 거리 ➡ 부산대 박물관 ➡ 부산대 조각 공원 ➡ 패션 타운

부산대 앞 음식점은 물론 옷가게가 유난히 많은 지역이니 미리 쇼핑 목록을 적어서 가면 쇼핑에 도움이 된다. 부산 대학교 캠퍼스는 꽤 넓어서 도보로 다 돌아보려면 힘이 많이 든다. 무작정 도보로 다니는 것보다 지하철 앞에서 출발하는 부산 대학교 순환 버스를 이용하면 더 편안하게 구경할 수 있다.

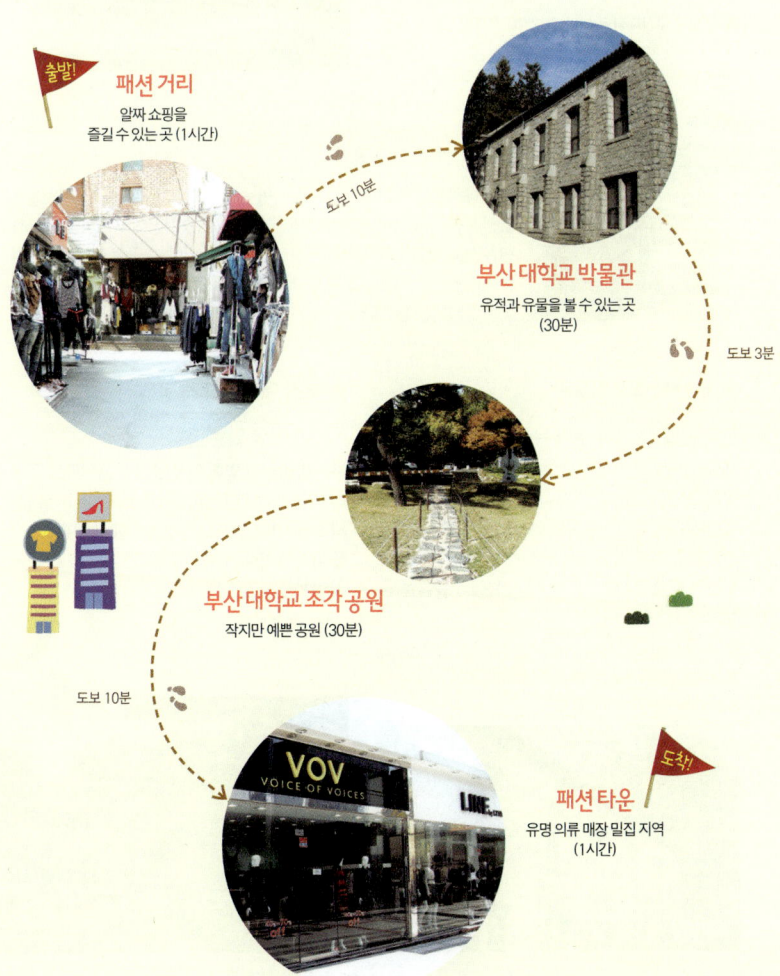

출발! 패션 거리
알짜 쇼핑을 즐길 수 있는 곳 (1시간)

도보 10분

부산 대학교 박물관
유적과 유물을 볼 수 있는 곳 (30분)

도보 3분

부산 대학교 조각 공원
작지만 예쁜 공원 (30분)

도보 10분

도착! 패션 타운
유명 의류 매장 밀집 지역 (1시간)

부산 대학교

부산 최고의 상아탑

부산 대학교는 1945년 10월 부산 대학교 설립 기성회를 조직하고 1946년 5월 국립 부산 대학으로 창립한 후 1953년 9월 종합 대학교로 승격한 국립 종합 대학이다. 부산 대학교의 효원 캠퍼스는 자연 경관이 뛰어나기로 유명한데 금정산에서 발원하여 학교를 가로지르며 흐르는 미리내골은 부산 대학교에 깨끗한 산소를 공급하는 것은 물론 캠퍼스에 운치를 더해주고 있다.

🏠 금정구 부산대학로 63번길 2 🚌 지하철 1호선 부산대역 1, 3번 출구에서 도보 1분 ☎ 051-512-0311 ℹ️ www.pusan.ac.kr

travel tip

부산 대학교 순환 버스 이용하기

부산 대학교를 한번 돌아보고 싶다면 순환 버스를 이용해 보자. 지하철 1호선 부산대역 3번 출구 바로 앞에 있는 버스 승차장에서 7번 버스를 타면 부산 대학교 정문에서 후문까지 돌아볼 수 있다. 요금은 900원(일반인 현금 요금 기준)이며 버스는 대개 지하철이 도착해서 손님들이 승차하면 바로 출발하는 편이다.

⭐ 부산 대학교 박물관

선사 문화 및 가야 문화 유적의 보고

1964년에 개관한 곳으로 총 1,034점의 유물을 소장하고 있다. 1층 종합 전시실은 구석기 시대부터 조선 시대에 이르기까지의 역사를 엿볼 수 있는 공간으로 꾸며져 있고, 2층 기획 전시실은 부산대 박물관이 직접 조사한 가야 시대의 유적과 유물을 중심으로 꾸며져 있다.

🚌 부산대 정문에서 도보 10분 🕘 09:00~17:00(일요일, 공휴일 및 기타 휴관일) 💰 무료 ☎ 051-510-1838 ℹ️ www.pnu-museum.org

⭐ 부산 대학교 조각 공원

작지만 여유 있는 공원

부산대 박물관 옆에 위치해 있는 공원으로 푸른 잔디 위에 조각 작품들이 전시되어 있다. 바로 앞의 노천 카페 Coffee in Village에서 커피를 마시며 조각 공원을 바라보면 잠시나마 여유를 느낄 수 있다.

🚌 부산대 정문에서 도보 10분

NC 백화점

부산대 옆 백화점

부산 대학교 교문 바로 옆에 있는 백화점이다. 식당가, 문화 센터, 소극장, 의류 매장, 잡화 매장, 화장품 매장, 식품관 등이 들어서 있다. 커피숍도 있어 캠퍼스 구경 후 쉬어 가기에 좋다.

🏠 금정구 부산대학로 63번길 2 🚇 지하철 1호선 부산대역 3번 출구에서 도보 10분 ⏰ 10:30~21:00(금~일요일 22:00까지 연장 영업) / ☎ 051-509-7000

패션 거리

머리부터 발끝까지 알짜 쇼핑!

지하철 1호선 부산대역 1, 3번 출구 일대에는 중저가 의류 상점이 밀집해 있다. 의류는 물론 가방, 신발도 저렴한 가격에 구입할 수 있으며 미용실, 음식점 등도 있어 다양하게 즐길 수 있다. 패션 거리는 좁은 골목과 넓은 골목 등 골목으로 연결되어 있으니 구석구석 잘 다녀 보자.

🏠 금정구 금정로 68번길 🚇 지하철 1호선 부산대역 1, 3번 출구에서 도보 1분

패션 타운

부산 속 로데오 거리

일명 '로데오 거리'로 불리는 곳으로 유명 의류 메이커 매장이 늘어서 있다. 대부분의 매장에서는 작게는 10%, 많게는 70% 할인된 가격으로 판매하고 있어 비교적 저렴한 가격에 유명 의류를 구입할 수 있는 이점이 있다.

🏠 금정구 부산대학로 49번길 🚌 지하철 1호선 부산대역 1, 3번 출구에서 도보 10분

온천천

부산대 앞 숨은 산책로

조용히 도보 산책을 즐길 수 있는 공간이다. 벽면은 그래피티로 꾸며져 있고 중앙엔 깨끗한 온천천이 흐르고 있어 산책에 즐거움을 더한다.

🏠 금정구 부곡온천천로 🚌 지하철 1호선 부산대역 2, 4번 출구에서 도보 2분

꼭 가봐야 할 맛집

진주 비봉 식당

이름난 돼지국밥 골목

부산대 앞은 돼지국밥 골목으로도 유명한데 진주 비봉 식당도 돼지국밥 골목에서 꽤 유명한 식당이다. 메뉴로는 돼지국밥, 내장국밥, 순대국밥, 시락국밥, 선지국밥 등이 있다.

🏠 금정구 부산대학로 49번길 13 🚇 지하철 1호선 부산대역 3번 출구에서 도보 5분 🕐 오전 08:30~23:00(첫째 일요일 휴무) 🍲 돼지국밥 5,000원, 내장국밥 5,000원 ☎ 051-518-1146

부산대 구 정문 자장면 거리

매스컴도 주목한 거리

한때 천 원짜리 자장면으로 많이 알려지고 들썩였던 곳이다. 지금은 가격이 조금 올랐지만 그래도 다른 곳에 비하면 놀라울 정도로 저렴한 가격으로 자장면을 맛볼 수 있다. 점심 시간대에 가면 학생들과 인근 직장인들로 인해 자리가 붐비니 여유롭게 식사를 하고 싶다면 점심을 피해가자.

🏠 금정구 장전로 53 🚇 지하철 1호선 부산대역 1번 출구에서 도보 15분

범어사 · 금정산성

부산 대표 사찰과 산성

금정산은 해발 801m의 고당봉을 주봉으로 장군봉과 상계봉, 백양산까지 길게 이어진 부산의 명산이다. 금정산에 있는 여러 명승지과 문화 유적 중에서 가장 유명한 것이 바로 범어사와 금정산성이다.

해인사, 통도사와 함께 영남 3대 사찰로 꼽히는 범어사는 신라 시대에 의상 대사에 의해 창건된 절이다. 창건 이후 임진왜란과 화재 등으로 소실되기도 하였지만 몇 차례의 개수 및 중수를 거듭하여 오늘의 모습을 갖추게 되었다.

금정산성은 우리나라 최대 규모의 산성으로 동문, 서문, 남문, 북문 등이 복원되어 있다. 금정산성에 오르는 길은 여러 개가 있는데, 범어사 바로 옆길을 따라 1시간 정도 올라가면 북문과 만나게 된다. 길이 그리 가파르지 않아 주말이면 가족 단위로 찾는 등산객들이 많은 편이다.

ACCESS
🚇 지하철 1호선 범어사역 5, 7번 출구에서 90번 버스 이용하여 범어사 하차

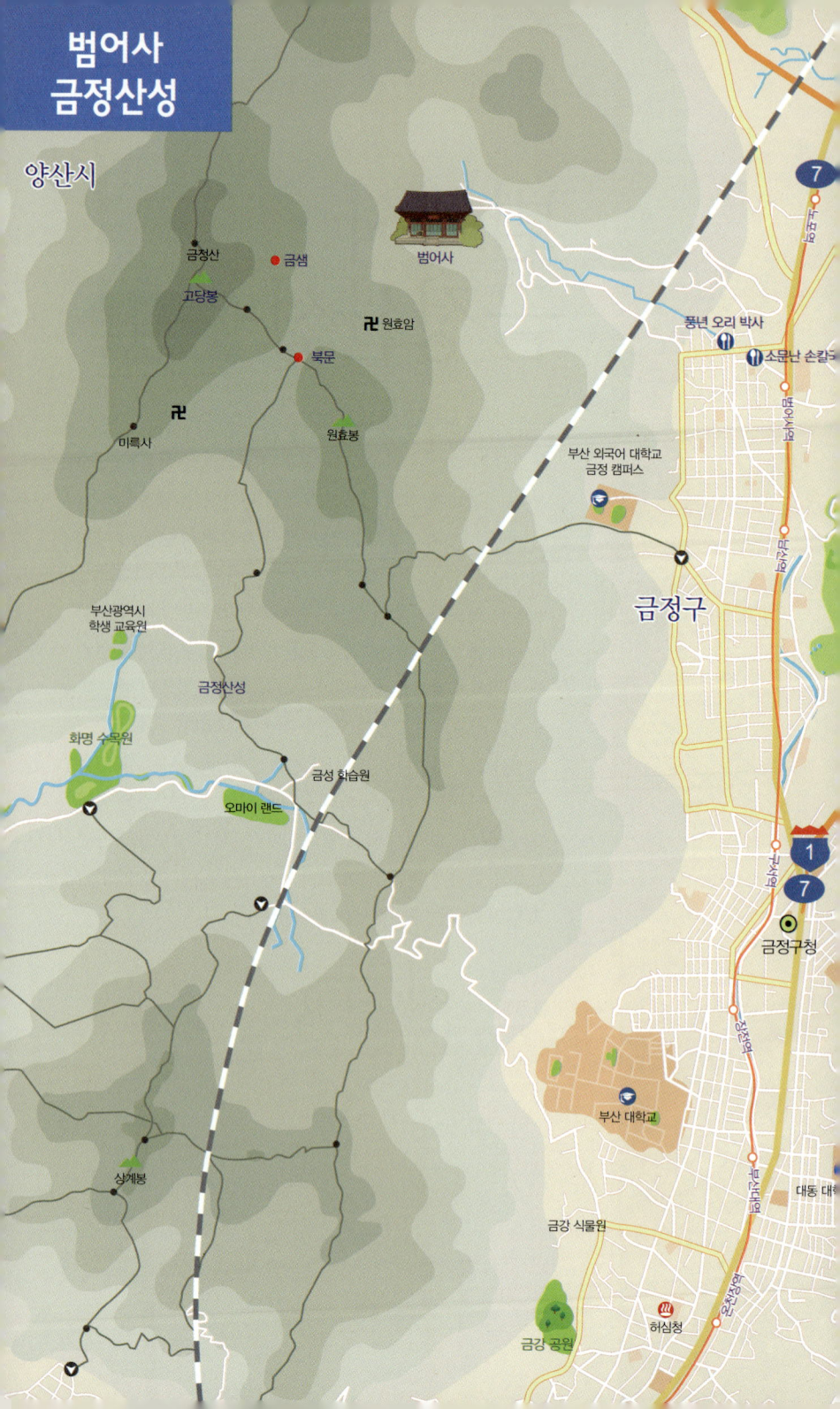

Best Tour

범어사·금정산성 하루 코스 ⏱ 약 6시간 소요

범어사 ➡ 금정산성 북문 ➡ 고당봉 ➡ 금샘

범어사에서 금정산성 북문과 고당봉을 거쳐 금샘까지 가는 코스로, 편도는 약 4시간이지만 하산하는 시간을 고려하면 6시간을 잡아야 한다. 범어사 바로 옆에 금정산성으로 오르는 길이 있는데 산을 타야 하는 곳이라 등산화를 착용하면 도움이 된다. 범어사는 물론 금정산성 안에는 매점이 없다. 특히 금정산성은 화장실도 찾기 어려우니 미리 볼일을 본 후 방문하도록 하자.

🚩 출발!
범어사
천년 역사를 간직한 사찰
(1시간)

도보 1시간

금정산성 북문
금정산성의 4대 성문 중 하나
(10분)

도보 30분

고당봉
금정산에서 가장 높은
봉우리 (30분)

도보 30분

🚩 도착!
금샘
하늘의 물고기가 놀다 간 샘
(30분)

범어사

천 년의 역사를 간직한 사찰

부산 금정산 기슭에 자리 잡고 있는 천 년 고찰 범어사는 신라 문무왕 18년(678년) 의상 대사에 의해 창건되었다. 〈동국여지승람〉에 의하면, 이 산의 꼭대기에 가뭄이 와도 마르지 않는, 금빛을 띤 우물이 있는데 하늘에서 내려온 물고기가 그 물 안에서 놀았다고 한다. 이에 산 이름을 '금빛 우물'이라는 뜻의 금정산(金井山)으로 짓고 그곳에 사찰을 세워 '하늘에서 내려온 물고기'라는 뜻의 범어사(梵魚寺)라고 이름을 지었다고 한다.

범어사는 창건 이후 임진왜란과 화재 등으로 소실되기도 하였지만 몇 차례의 개수 및 중수를 거듭하여 오늘의 모습을 갖추게 되었다. 오늘날에는 해인사, 통도사와 함께 영남 3대 사찰로 꼽힌다.

절은 백년 노송들에 둘러싸여 있어 수려한 경관을 자랑하며, 오랜 역사와 함께 수많은 고승들을 배출하였고 삼층 석탑, 대웅전, 조계문 등 많은 문화재도 보유하고 있다. 특히 일제 강점기 때는 만해 한용운이 범어사에서 공부하던 학생들과 함께 독립 운동을 했으며 전국 각지에서 쓸 태극기를 범어사 암자에서 만들기도 했다.

🏠 금정구 범어사로 250 🚇 지하철 1호선 범어사역 5, 7번 출구에서 90번 버스 이용하여 범어사 하차 💰 무료 ☎ 051-508-3122 ℹ️ www.beomeo.kr

⭐ 당간지주

부산광역시 지정 유형 문화재 제15호

당간이란 사찰에서 의식이 있을 때 당을 걸기 위해 세운 깃대를 말한다. 범어사에 세워져 있는 당간지주는 고려 말, 조선 초기에 세워진 것으로, 간석과 기단부는 없어지고 지주만이 남아 있으며 지주에는 문양이 조각되지 않아 소박한 느낌을 준다. 지주의 좌우 기둥은 모두 가로 50cm, 세로 87cm, 높이 4.5m 되는 거대한 돌로 되어 있고, 두 기둥의 간격은 79cm이다.

🚌 범어사 버스 정류장에서 도보 10분

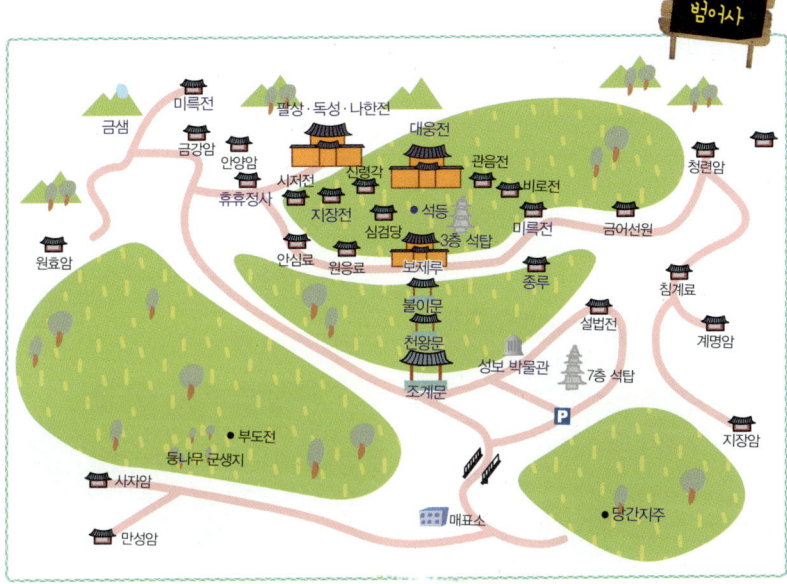

⭐ 조계문

보물 제1461호

범어사의 정식 출입문으로 '일주문'이라고도 하고, 만법이 모두 갖추어져 일체가 통한다는 법리가 담겨 있는 '삼해탈문'이라고도 불린다. 돌기둥이 일렬로 나란히 늘어서 있는 것이 특징이며 맞배지붕에 처마는 겹처마, 정면 3칸에 공포는 다포 양식으로 되어 있어 옛 목조 건물의 공법을 연구하는 데 좋은 자료가 되고 있다. 광해군 6년(1614년)에 건립하였을 것으로 추측되며 숙종 44년(1718년)에 명흡 대사가 돌기둥을 바꾸고, 정조 5년(1871년)에 백암 선사가 중수하였다고 전해진다.

 당간지주에서 도보 3분

범어사행 버스 이용하기

지하철 1호선 범어사역에서 내려 5분 정도 걸어오면 범어사 입구에서 범어사까지 운행하는 90번 버스 정류장을 만날 수 있다. 범어사까지는 10분 정도가 소요되며 요금은 현금일 경우 1,300원(일반 요금)이다.

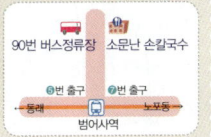

⭐ 성보 박물관

조선 후기의 불화를 소장하고 있는 곳

범어사 내에 있는 박물관으로 조선 후기 불화를 비롯하여 각종 불기와 유물들을 소장하고 있다. 보물로 지정된 〈삼국유사〉, 〈주범망경〉, 〈불조삼경〉, 〈금장요집경〉 등도 전시되어 있으니 유심히 살펴보자.

🚌 조계문에서 도보 2분 🕘 09:00~17:00(월요일, 명절 휴무) ₩ 무료

⭐ 천왕문

사천왕이 모셔진 전각

범어사로 들어가는 두 번째 문이며, 동방 세계를 다스리는 지국천왕, 남방 세계를 수호하는 증장천왕, 서방 세계를 수호하는 광목천왕, 북방 세계를 수호하는 다문천왕이 모셔진 전각이다. 2010년 방화로 소실되었으나 이미 원형대로 복원하였다.

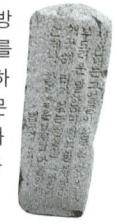

🚌 조계문에서 도보 2분

⭐ 불이문

사찰로 들어가는 세 번째 문

'부처님과 중생은 본래 둘이 아니며 생과 사, 만남과 이별 역시 그 근원은 모두 하나다'라는 뜻을 가진 문으로 차별하지 말고 문 안으로 들어오라는 의미를 담고 있다. 숙종 25년(1699년)에 자수 스님이 천왕문과 함께 창건한 건물로 동산 스님이 쓴 주련이 걸려 있으니 유심히 살펴보자.

🚌 천황문에서 도보 2분

⭐ 보제루

법회 등이 진행되는 곳

부처님의 맑은 진리와 가르침으로 중생을 교화한다는 의미를 담고 있으며 예불, 법회, 각종 법요식이 진행되는 곳으로 쓰이고 있다. 보제루 외벽에는 심우도가 그려져 있는데 어리석은 중생이 수행을 통해 해탈의 세계에 이르는 장면을 열 개의 그림으로 보여 주고 있다.

🚌 불이문에서 도보 2분

⭐ 삼층 석탑

보물 제250호

통일 신라 시대의 전형적인 3층 석탑으로 탑의 층급 받침이나 기단에 새겨진 코끼리 눈 모양의 조각 등으로 보아 9세기경에 건립된 것으로 추정된다. 기단이나 탑신의 면석에 조각이 장식되는 신라 하대 석탑의 특색을 보여 준다. 이 탑은 제일 아래쪽에 한 단의 석재를 첨가하고, 그 위에 탑의 몸체를 세웠기 때문에 우뚝 솟아 보이며 이색적인 느낌을 준다.

🚌 보제루에서 도보 1분

⭐ 석등

부산광역시 지정 유형 문화재 제16호

신라의 의상 대사가 문무왕 18년(678년)에 조성한 것이라고 전해지나 양식상으로 볼 때는 9세기경의 작품으로 추정된다. 통일 신라 시대 석등의 전형적이고 기본적인 양식에 속하는 이 석등은 원래는 미륵전 앞에 있었으나 일제 강점기 때 지금의 자리로 옮겨지게 되었다.

🚌 보제루에서 도보 1분

⭐ 대웅전

보물 제434호

범어사의 중심 건물로 본존불인 석가여래를 중심으로 미륵보살과 제화갈라보살의 삼존을 모시고 있다. 현존하는 건물은 광해군 6년(1614년)에 묘전 화상이 건립한 것이며 숙종 39년(1713년)에 다시 건축하였다. 정면 3칸, 측면 3칸, 공포는 다포 양식이며 처마는 겹처마이고 지붕은 맞배지붕으로 조선 중기 목조 건물의 좋은 표본이 되고 있다.

🚌 보제루에서 도보 3분

⭐ 팔상 · 독성 · 나한전

부산광역시 지정 유형 문화재 제63호

300여 년 전의 건축 양식을 상당 부분 유지하고 있어 한눈에 눈길을 끄는 곳으로, 하나의 건물에 세 불전을 모시고 있는 점이 특징이다. 팔상전에는 부처님의 일생을 8가지로 나눈 팔상탱화를 봉안하고 있으며, 독성전은 천태산에서 홀로 수행하고 계신 나반존자를 모신 전각이며, 나한전은 아라한인 16나한을 모신 전각이다.

🚌 보제루에서 도보 5분

⭐ 종루

지옥 중생을 구제하는 종소리

숙종 25년(1699년)에 명학 스님이 중건한 것으로 2층 누각으로 되어 있다. 종을 치는 것은 지옥 중생을 구제하기 위한 것으로 사람들의 마음을 맑게 해 주는데 때로는 사찰 의식을 행할 때 치기도 한다.

🚌 보제루에서 도보 1분

⭐ 지장전

지장보살을 모시는 곳

지장보살은 지옥에서 고통받는 중생들을 구원하기 위하여 지옥에 몸소 들어가 죄지은 중생들을 교화, 구제하는 지옥 세계의 부처님이다. 지장보살은 지옥이 텅 빌 때까지 성불하지 않겠다는 큰 맹세를 세웠다고 전해진다. 지장전에는 지장보살을 중심으로 하여, 죽은 사람을 심판하는 시왕(十王)이 함께 모셔져 있다.

🚌 보제루에서 도보 3분

⭐ 미륵전

용화전 또는 자씨전으로 불리는 곳

석가모니 다음에 올 미래의 부처님인 미륵불을 모신 곳이다. 법당에 모셔진 불상은 서쪽을 향하고 있는데, 화재로 소실되었던 미륵전을 파 보니 미륵불상이 동쪽을 등지고 앉아 있어서 그대로 안치하였다고 한다.

🚌 보제루에서 도보 1분

⭐ 휴휴정사

템플 스테이 장소

불교 수행법으로 가장 높이 평가되고 있는 참선 프로그램이 진행되는 곳이다. 사찰 예절 배우기, 발우공양, 저녁 예불, 108참회, 스님과의 좌담, 산행, 새벽 숲길 걷기 등의 프로그램도 있으니 산사에서 참선을 직접 해 보고 참된 나를 찾고 싶다면 한번 참여해 보자.

🚌 보제루에서 도보 10분

금정산성

국내 최대 규모의 산성

국내 산성 중에서 가장 큰 규모인 금정산성은 성곽 길이가 18,845m, 성벽 높이가 1.5m~3m이다. 성의 규모나 축조 양식으로 볼 때 왜구의 침범이 빈번했던 신라 시대 때 축성된 것으로 보이며 지금의 산성은 숙종 29년(1703년)에 축성된 것으로 동서남북 4개의 성문과 망루 4개가 있다. 성은 내·외성으로 이루어져 있고 성벽은 자연석으로 쌓여져 있지만 중요 부분은 가공한 무사석으로 되어 있으며 1971년 2월 9일 사적 215호로 지정되었다.

금정산성은 바다로 침입하는 외적에 대비하기 용이한 낙동강 하구와 동래 지방이 내려다보이는 요충지에 위치하고 있다. 산성의 수비는 동래부사가 맡았고 중군과 승병장 등의 직책을 가진 중간 간부와 군병 등의 상비군 및 인근 사찰의 승려가 지켰다.

국내에서 가장 큰 규모를 자랑하는 산성답게 금정산성을 만날 수 있는 길은 여러 곳이 있는데 양산, 구서 여중, 부산 외대, 상마 마을, 범어사, 금강 공원, 어린이 대공원, 화명동, 만덕동, 불암사 등이 금정산성 오는 길로 많이 이용되고 있다.

금정산의 보석이자 부산 시민의 자랑인 금정산성은 부산의 아름다운 휴식 공간이니 깨끗하게 돌아보도록 하자.

🏠 금정구 금성동 일원 🚌 지하철 1호선 온천장역 4번 출구에서 203번 산성 버스 이용 / 지하철 1호선 범어사역 5, 6번 출구에서 90번 버스 이용하여 범어사 하차 / 부전 시장, 서면 롯데 백화점, 서부 시외버스 터미널에서 33번 버스 이용하여 종점(만덕동) 하차 / 서면 쥬디스 태화(구 태화 쇼핑) 부근에서 63번, 81번 버스 이용하여 어린이 대공원 하차 / 금강 공원에서 케이블카 이용 ❶ kumjungsansung.com

 travel tip **초행길이라면**

금정산 길을 잘 모르는 사람에게는 범어사를 통해 들어가는 코스가 무난하다. 범어사 서쪽(휴휴정사 옆쪽)으로 가면 금정산으로 올라가는 길이 있는데 길 중간중간에 이정표가 있어 길을 찾기에 편하다. 또 하나의 방법은 금강 공원에서 케이블카를 타는 것이다. 케이블카를 타고 산정에서 내려 등산로를 따라 걸으면 금정산성 4대문 중 남문과 만나게 된다.('동래'편의 '금강 공원' 참조)

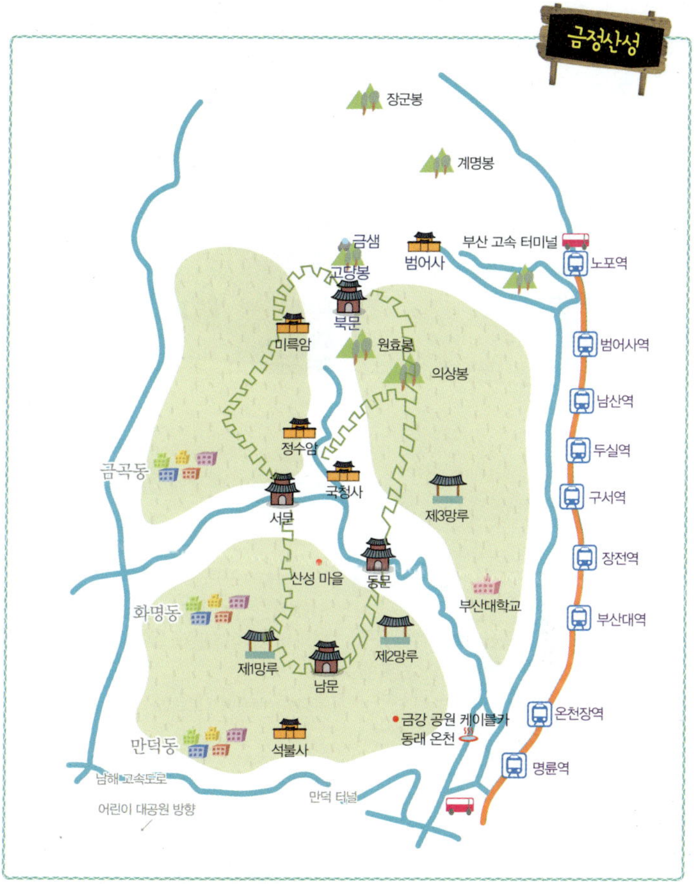

금정산성

⭐ 북문

범어사와 가까운 문

금정산성의 4대 성문(동문, 서문, 남문, 북문) 중 가장 투박하고 거칠게 생긴 문이다. 북문에서 금샘과 고당봉까지는 약 20~30분 정도가 소요된다.

🚌 범어사에서 도보 1시간~1시간 30분

⭐ 금샘

금빛 물고기가 놀다간 샘

고당봉 아래쪽에 위치한 큰 바위 위에 있는 샘으로 옛날에 황금색 물이 항상 가득 차 있었는데 그 물은 가물어도 마르지 않았으며, 하늘에서 물고기가 오색 구름을 타고 내려와 그 물에서 놀았다고 한다. 그래서 산 이름을 '금빛 우물'이라는 뜻의 금정산으로 짓고, '하늘의 물고기'라는 뜻의 범어사를 세웠다는 설화가 전해지고 있다.

🚌 금정산 북문에서 도보 20~30분

⭐ 고당봉

금정산의 주봉

금정산 10여 봉 중 최고봉으로 용머리 형상의 용두암과 고당샘이 있다. 봉우리는 화강암 덩어리로 되어 있으며 하늘에서 천신인 고모 할머니가 내려와 산신이 되었다 하여 고당봉이라는 이름으로 불리게 되었다는 전설이 있다. 정상에 올라서면 부산 앞바다와 낙동강이 한눈에 들어오니 꼭 정상에 올라 보자.

🚌 금정산 북문에서 도보 20~30분

꼭 가봐야 할 맛집

소문난 손칼국수

잊히지 않는 기막힌 맛!

90번 버스 정류장 맞은편에 위치해 있는 식당으로 쫄깃쫄깃한 면발과 깊은 국물 맛이 일품이다. 메뉴로는 손칼국수, 비빔칼국수, 칼만두, 자장면, 자장밥, 비빔밥, 만두백반 등이 있다.

🏠 금정구 청룡예전로 🚇 지하철 1호선 범어사역 5, 6번 출구에서 도보 5분 ⏰ 08:00~21:00(명절 휴무) 🍜 칼국수(小) 5,000원 ☎ 051-508-6056

풍년 오리 박사

맛있다고 입소문이 자자한 집

금정구 제1호 전통 음식점으로 부산은 물론 외국에도 소문이 나 있는 맛집으로 유명하다. 오리 요리를 전문으로 하는 집답게 유황오리생구이, 유황오리불고기, 와인숙성훈제, 황토진흙구이, 오리탕 등 다양한 오리 요리를 판매한다.

🏠 금정구 청룡로 40 🚇 지하철 1호선 범어사역 5, 7번 출구에서 도보 10분 🍲 뚝배기오리탕 8,000원, 곤드레육개장 8,000원 ☎ 051-508-4642

부산의 특별한 숙소

호텔

대도시인 부산에는 다양한 등급과 조건의 호텔들이 있어서 선택의 폭이 넓다. 특히 부산역 주변과 서면, 해운대 등에 몰려 있는데, 부산역 주변에는 비교적 저렴한 호텔이 있고 해운대에는 고급 호텔부터 레지던스 호텔, 비즈니스 호텔까지 골고루 있다. 고급스러운 시설이 큰 매력인 호텔에는 욕실용품을 비롯하여 다양한 서비스도 마련되어 있으며 대부분 번화가에 위치해 있어서 이동하기도 편리하다.

호텔 농심

240실 규모의 특급 호텔로 객실은 디럭스, 럭셔리, 슈페리얼 스위트 등이 있고 한국 전통의 정겨움을 느낄 수 있는 온돌형의 객실도 있다. 호텔 바로 옆에는 물이 좋기로 유명한 온천 허심청이 있고, 가까운 거리에 자연 속에서 산책을 즐길 수 있는 금강 공원이 있다. 호텔 주변에는 음식점도 많은 편이고 지하철역과 버스 정류장도 멀지 않은 곳에 있다.

🏠 동래구 금강공원로 20번길 23 🚇 지하철 1호선 온천장역 1번 출구에서 도보 5분 ₩ 디럭스 더블·트윈 363,000원 ☎ 051-550-2100 ℹ️ www.hotelnongshim.com

롯데 호텔

서면에 위치해 있는 호텔로 바로 옆에 롯데 백화점과 서면 지하상가, 서면 시장은 물론 지하철과 버스 정류장도 있어 여러모로 편리하다. 호텔 안에는 편안하게 쉴 수 있는 카페도 있고 음식점도 많다. 롯데 호텔이 위치한 서면은 번화가라서 주위에 옷가게도 많고 음식점도 많아, 먹고 쇼핑하기에 좋다.

🏠 부산진구 가야대로 772 🚇 지하철 1, 2호선 서면역 7번 출구에서 도보 3분 ₩ 트윈 229,900원 내외 ☎ 051-810-1000 ℹ️ www.lottehotelbusan.com

웨스틴 조선호텔

해운대의 랜드마크라 할 수 있는 곳으로 바로 옆에 해운대의 명소로 손꼽히는 누리마루 APEC 하우스와 동백섬이 있다. 해운대 해변도 시원스럽게 보여 전망 또한 최고라고 할 수 있다. 뷔페는 물론, 다양한 칵테일을 즐길 수 있는 레스토랑과 수영장, 사우나, 체련장을 갖추고 있다.

🏠 해운대구 동백로 67 🚇 지하철 2호선 동백역 1번 출구에서 도보 15분 ₩ 비치 뷰와 파크 뷰, 주말 주중에 따라 차이가 있으니 전화 문의 요망 ☎ 051-749-7000 ⓘ twob.echosunhotel.com

노보텔 앰배서더 호텔

해운대 해변 바로 앞에 있는 호텔이다. 뷔페, 양식을 즐길 수 있는 레스토랑과 커피 한잔의 여유를 느낄 수 있는 카페와 베이커리 등이 안에 있어 편리하다. 해운대 대표 명소라 할 수 있는 부산 아쿠아리움과 문탠로드, 달맞이 고개 등과도 가까워 도보로 관광이 가능하다.

🏠 해운대구 해운대해변로 292 🚇 지하철 2호선 해운대역 3번 출구에서 도보 5분 ₩ 오션 뷰와 시티 뷰에 따라 차이가 있으니 전화 문의 요망 ☎ 051-743-1234 ⓘ www.novotelbusan.com

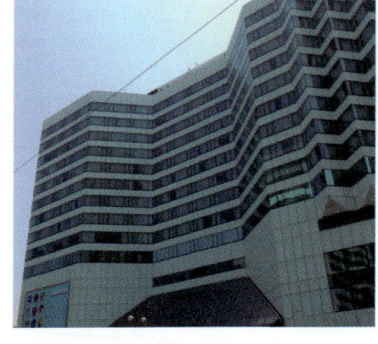

시그니엘 부산

260실 규모의 럭셔리 호텔이다. 세계적인 인테리어 디자인 그룹의 감각을 느낄 수 있는 호텔로 해운대 해수욕장의 아름다운 야경을 볼 수 있는 발코니도 갖추고 있다. 대표 부대시설로는 레스토랑, 사우나, 스파 등이 있다.

🏠 해운대구 중동 달맞이길 30 🚇 지하철 2호선 해운대역 3번 출구에서 도보 10분 ₩ 객실에 따라 요금 변동이 있으니 전화 문의 또는 홈페이지 참조 ☎ 051-922-1000 ⓘ www.lottehotel.com/busan-signiel/ko.html

레지던스 호텔 / 비즈니스 호텔

부산의 레지던스 호텔과 비즈니스 호텔은 관광지 중심에 위치해 있으며, 대부분 지하철역과 가까운 곳에 있어 대중교통 이용이 편리하다. 아파트와 주거 공간이 비슷해 장기 숙박에 편리한 레지던스 호텔과 업무에 필요한 책상, 전화기 등을 갖추고 있는 비즈니스 호텔의 숙박료는 일반 부티크 호텔과 비교하면 저렴한 편이다.

선셋 호텔   레지던스 호텔

해운대 바닷가와 지하철 해운대역 사이에 위치한 호텔로 대중교통이 편리하며, 최상의 비즈니스 환경을 제공하고 있어 이용자들의 만족도가 높은 편이다. 1층에는 편의점과 아이스크림 가게 등이 있어 편리하다. 해운대 해변은 물론 부산 아쿠아리움도 도보로 2~3분 거리에 있다.

🏠 해운대구 구남로 46 🚇 지하철 2호선 해운대역 5번 출구에서 도보 5분 💲 더블 트윈(비수기, 주중) 110,000원
☎ 051-730-9900 ℹ www.sunsethotel.co.kr

씨클라우드 호텔   레지던스 호텔

선셋 호텔 맞은편에 위치해 있는 호텔로 해운대 해변에서는 도보로 2분 거리에 있다. 다양한 장비가 구비되어 있는 휘트니스 센터를 비롯하여 수영장, 쇼핑 아케이드를 갖추고 있다. 세계 각국의 와인을 맛볼 수 있는 레스토랑도 있고 소규모 회의는 물론 행사까지 진행할 수 있는 다양한 미팅 룸도 갖추고 있다.

🏠 해운대구 해운대해변로 287 🚇 지하철 2호선 해운대역 3번 출구에서 도보 5분 💲 슈페리어(Non Ocean View) 330,000원 ☎ 051-933-1000 ℹ www.seacloudhotel.com

토요코인 호텔   비즈니스 호텔

일본계 호텔 체인인 토요코인은 부산에만 부산역1, 부산역2, 부산 서면, 부산 해운대 등 4군데가 있다. 특히 부산역에 있는 토요코인 호텔은 부산역 바로 옆에 위치해 있어 찾기가 쉽다. 지하철역과 버스 정류장과도 가까워 이동하기도 편리하며, 충분한 설비와 서비스는 물론 쾌적하고 청결한 방을 제공하고 있어 평판이 좋다.

🏠 중구 중앙대로 196번길 12 🚇 지하철 1호선 부산역 4번 출구에서 도보 3분 ₩ 트윈룸 79,200원 ☎ 051-468-1045 ⓘ www.toyoko-inn.kr

🌙 게스트하우스

가정집 같은 느낌을 주는 소규모 숙박 시설인 게스트하우스는 부산역과 해운대, 남포동 등 지하철과 버스가 자유롭게 오가는 곳에 주로 분포해 있다. 대부분 시설이 깔끔하고 가격대가 저렴해서 젊은 여행자들에게 큰 인기를 끌고 있다. 숙소마다 약간 다르지만 세면용품과 조식 등을 제공하는 곳이 많은 편이다. 더 많은 정보를 얻고 싶다면 한국 관광 공사 사이트(www.visitkorea.or.kr)를 이용해 보자.

부산 숙박 닷컴

부산역에서 가까운 것이 매력이다. 시설이 좋다고 소문이 나 있을 만큼 전체적으로 깔끔한 편이며, 가격 또한 합리적이다. 방이 여성 전용, 남성 전용으로 나뉘어져 있는 점도 돋보이는 부분이다. 샤워 시설, 파우더룸, PC, 라운지 등도 깔끔하게 정리되어 있고 개인 사물함과 세탁기가 있으며, 식빵, 원두 커피, 우유, 시리얼 등도 무료로 서비스되어 아침 식사를 간단히 해결할 수 있다. 주위에는 부산 걷기 여행 명소로 떠오르고 있는 초량 이바구길과 외국인 거리로 유명한 텍사스촌, 영화 〈올드보이〉와 〈범죄와의 전쟁〉이 촬영된 곳으로도 유명한 상해 거리가 있다.

🏠 동구 초량중로 60, 2~3층 🚇 지하철 1호선 부산역 7번 출구에서 도보 3분 ✓ 체크인 15:00부터, 체크아웃 11:00까지 ₩ 10,000원~ (자세한 내용은 홈페이지 참고) ☎ 070-4651-4112 ⓘ www.busanyado.com

힐 게스트하우스 & 카페

남포동, 자갈치, 깡통 시장, 영도 등을 여행하고 싶을 때 찾으면 좋은 숙소다. 특히 용두산 공원과 가까워 산책하기도 좋다. 객실은 2인실, 4인실, 6인실 등이 있고 비누, 샴푸, 드라이기, 화장지 등은 자유롭게 사용할 수 있다. 조식도 제공된다.

🏠 중구 광복로 85번길 5-5 🚇 지하철 1호선 남포역 3번 출구에서 도보 5분 🕐 체크인 15:00부터, 체크아웃 11:00까지 ₩ 2인실 도미토리(주중, 비수기) 40,000원 ☎ 051-254-5677 ℹ 남포동게스트하우스.com

펀스테이 인 게스트하우스

남포동에 위치해 있는 한국 관광 공사 지정 우수 숙박 시설이다.

라운지의 바와 쉼터, 컴퓨터실, 세탁실 등의 공용 시설에 TV, 무비스크린, 원두 커피, 정수기, 고급 토스터기, 음료 냉장고, 책장, 편의점 등이 갖춰져 있다. 특히 욕실이 각 객실마다 있는데 샴푸 등 샤워용품이 비치되어 있는 것은 물론 머리 손질에 필요한 비품 일체가 비치되어 있어 편리함이 느껴진다. 사물함도 각 객실마다 비치되어 있고 조식은 무료 서비스된다. 또 이곳의 최고 매력은 위치라 할 수 있는데 남포동은 물론 부산 최고의 관광 명소인 자갈치 시장, 깡통 시장, 국제 시장, 용두산 공원이 도보로 1분~5분 거리에 있다.

🏠 중구 구덕로 30 🚇 지하철 1호선 남포역 1번 출구에서 도보 3분 ₩ 6인실 23,000원, 2인실 55,000원(비수기, 주중 기준) 🕐 체크인 15:00~21:00, 체크아웃 11:00 이전 ☎ 051-254-2203 ℹ www.funstayguesthouse.com

🌙 찜질방

목욕도 하고 수면도 취할 수 있는 찜질방을 숙소로 이용하는 여행자가 많다. 하룻밤 묵는 것 치고는 저렴한 가격이기에 부담 없이 즐길 수 있고 찜질방 안에 마련된 다양한 방에서 땀을 빼고 나면 피로도 풀려 다음 날 여행을 더욱 활기차게 할 수 있다. 하지만 엄밀히 따지면 숙박 시설이 아니므로 어느 정도의 불편함을 감수해야 한다는 것을 기억하자.

호텔 아쿠아펠리스 워터맥스

광안리 바다를 보며 찜질과 사우나 등을 즐길 수 있는 호텔 아쿠아펠리스 워터맥스는 최고급 이탈리아 대리석과 세련되고 아름다운 조명으로 꾸며져 있어 쾌적한 느낌이 드는 것은 물론 이용 요금 또한 시설에 비하면 저렴한 편이라 한 번 찾은 이들은 다음에 다시 찾게 된다.

🏠 수영구 광안해변로 225 🚇 지하철 2호선 광안역 3, 5번 출구에서 도보 5분 ✅ 찜질방과 온천 사우나는 24시간 운영(수영장은 시간 제한 있음, 연중무휴) ☎ 051-790-2300 ℹ www.aquapalace.co.kr

사우나		
구분	주간 (05시~18시)	야간 (18시~05시)
일반	9,000원	
어린이	6,000원	
찜질		
구분	주간 (05시~18시)	야간 (18시~05시)
일반	12,000원	15,000원
어린이	8,000원	11,000원
비고	* 12개월 미만 무료 * 12~36개월 미만 유아 3,000원 * 어린이 : 36개월 이상~초등학생 * 일반 : 중학생 이상	

허심청 찜질방

온도 차이가 있는 방이 다양하게 있어서 편안하게 휴식을 취할 수 있다. 시설로는 사시사철 눈 내리는 모습을 볼 수 있는 아이스방, 경기도 이천 황토로 꾸민 황토방, 내외벽을 희귀한 보석으로 장식한 보석방, 참숯을 주재료로 만든 참숯방, 수면실 등이 있다.

🏠 동래구 금강공원로 20번길 23 🚇 지하철 1호선 온천장역 1번 출구에서 도보 5분 🕐 05:30~24:00(온천 시설), 06:30~23:00(찜질 시설) 💰 평일 - 일반 10,000원, 초등학생 8,000원, 소인 6,000원 / 주말, 공휴일 - 일반 12,000원, 초등학생 8,000원, 소인 6,000원 ☎ 051-550-2100 ℹ www.hotelnongshim.com

모처럼 여행을 왔는데 부산만 보고 돌아가기 아쉽다면?
부산에서 조금 더 시야를 넓혀서 근교를 둘러보면
김해의 봉하 마을부터 남해의 독일 마을까지
부산 여행을 마치고 돌아가는 길에 들르거나
부산에 머물면서 당일치기로 다녀올 만한 여행지가 많다.
그중에서도 인기 만점인 근교 여행지를 엄선해서 떠나 보자!

근교 여행

김해 봉하 마을
양산 통도사
경주 역사 유적 지구
진주성
남해 독일 마을

김해
봉하마을

사람 사는 세상을 꿈꾸며

제16대 대한민국 대통령을 배출한 봉하 마을은 한국의 전형적인 시골 마을이다. 고 노무현 전 대통령으로 인해 2003년 이후 세상의 주목을 크게 받아 온 마을이지만 아직도 이 마을에는 약 40가구 120여 명의 사람들이 단감과 벼농사를 지으며 조용히 살고 있다.

고 노무현 전 대통령은 1946년 9월 1일 봉하 마을에서 태어나 유년과 청년 시절을 이곳에서 보냈으며 권양숙 여사와의 사랑도 이곳에서 키웠다. 퇴임 후 사람 사는 세상을 꿈꾸며 자신이 태어나고 자란 봉하 마을로 귀향하여 친환경 농업을 시작하는 등 사람들과 더불어 일하는 방법에 대해 많은 관심을 기울이던 중 2009년 5월 23일 봉하 마을에서 훤히 보이는 부엉이바위에서 투신하여 서거하였다.

이제 대통령은 없지만 대통령의 체취가 느껴지는 대통령 생가와 대통령 묘역, 그리고 부엉이바위, 정토원 등이 고 노무현 전 대통령을 그리며 찾아온 이들을 따뜻하게 맞아 주고 있다.

ACCESS
- 경상남도 김해시 진영읍 본산리 93
- 부산 서부 버스 터미널에서 진영행 시외버스 이용하여 진영 하차, 57번 버스 또는 택시 이용하여 봉하 마을 하차
- 남해 고속도로 이용하여 진례 IC에서 진영·진례 방향, 서부로 이용하여 설창 사거리에서 창원·진영 방향, 김해대로 이용하여 본산 입구 삼거리에서 봉하 방향

INFORMATION
☎ 055-344-1004 bongha.knowhow.or.kr

봉하 마을

대통령 생가

노무현 대통령이 태어난 곳

1946년 9월1일(음력 8월 6일) 고 노무현 전 대통령이 태어난 곳이다. 대통령의 지인이 터를 매입하고 김해시에서 기부하여 원래 모습으로 복원해 놓았다. 대통령 사저 바로 앞에 위치해 있으며 집 내부는 본채와 아래채로 구성되어 있고 옛날 집기들과 사진들이 비치되어 있다. 생가 바로 옆에는 대통령을 추억할 수 있는 노트, 책, 티셔츠 등을 판매하는 가게가 있으니 한번 들러보자.

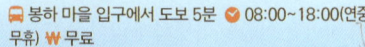

🚌 봉하 마을 입구에서 도보 5분 🕗 08:00~18:00(연중무휴) ₩ 무료

대통령 사저

노무현 대통령의 집

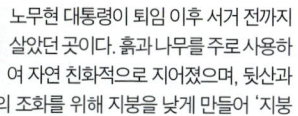

노무현 대통령이 퇴임 이후 서거 전까지 살았던 곳이다. 흙과 나무를 주로 사용하여 자연 친화적으로 지어졌으며, 뒷산과의 조화를 위해 지붕을 낮게 만들어 '지붕 낮은 집'으로 불린다. 집 안을 보려면 홈페이지를 통해 미리 예약을 해야 한다. 해설사의 안내에 따라 집의 주요 공간을 둘러보는데 관람 시간은 약 45분이 소요된다.

🏠 경상남도 김해시 진영읍 본산로 135 (본산리 30-6) 🚌 봉하 마을 입구에서 도보 5분 ✔ 온라인 예약 및 방문 시간은 홈페이지 참조 ₩ 무료 ☎ 055-344-1309 ⓘ presidenthouse.knowhow.or.kr

대통령 묘역

국가 보존 묘지 1호

"집 가까운 곳에 아주 작은 비석 하나만 남겨 달라."라는 노무현 대통령의 유언에 따라 아주 검소하게 만들어진 묘지다.
남방식 고인돌 형태의 너럭 바위를 비석 겸 봉분처럼 만들었고 화장한 유골을 백자 도자기와 연꽃 석함에 담아 참여 정부 기록 DVD 등과 함께 비석 아래에 안장했다. 비석 받침 강판에는 노무현 대통령의 어록 중 시민 주권론을 강조한 "민주주의 최후의 보루는 깨어 있는 시민의 조직된 힘입니다."를 신영복 선생의 글씨로 새기고, 비석에는 약력은 쓰지 않고 지관 스님의 글씨로 '대통령 노무현' 6글자만 썼다.

유해가 안장된 묘지와 그 주변은 '국가 보존 묘지' 1호로 지정이 되었으며 365일 헌화하는 발길이 끊이지 않고 있다.

🚌 봉하 마을 입구에서 도보 7분

travel tip — 봉하 마을로 가는 버스 이용하기

KTX 진영역과 진영 시외버스 터미널에는 봉하 마을로 가는 시내버스가 선다. 요금은 현금일 경우 1,300원이며 봉하 마을까지는 약 15분 정도가 소요된다. 택시는 7,000원 안팎의 요금이 나온다.

10번 버스						57번 버스	
진영역	봉하 마을	11:10	12:10	18:30	19:00	진영 터미널	봉하 마을
06:25	06:50	12:00	13:00	19:15	19:45	07:20	06:50
07:00	07:25	12:50	13:30	20:00	20:30	09:10	08:25
07:30	08:00	13:30	14:00	20:30	21:00	10:55	10:20
08:20	08:50	14:20	14:50	21:00	–	13:20	12:05
09:10	09:40	15:00	15:30	21:30	–	15:20	14:30
09:45	10:15	15:45	16:30	(진영터미널 경우)		17:40	16:30
10:40	11:10	16:30	17:30			19:40	18:50
		17:30	18:15			21:30	21:00

노무현 대통령 추모의 집

노무현 전 대통령에 관한 자료 전시관

노무현 생가 맞은편에 세워진 추모의 집에는 노무현 대통령이 살아 온 이야기를 볼 수 있다. "야, 기분 좋다!"라며 사람들에게 악수를 청했던 노무현 대통령의 이야기부터 옷과 장화 등 살아생전에 입고 신었던 물품도 전시되어 있다.

🚌 대통령 생가 맞은편 ⊙ 09:00~18:00(연중무휴) ₩ 무료

사자바위

노무현 대통령이 좋아했던 바위

노무현 대통령이 귀향 후 자주 찾은 바위로 유명하다. 마을 입구에 들어서면 바로 보이며 옆모습이 사자의 형상을 하고 있다. 사자바위 서쪽 기슭 아래에는 대통령의 묘역이 있으며 정상에 서면 대통령이 삶을 마감한 부엉이바위와 봉하 마을이 한눈에 내려다보인다. 노무현 대통령은 살아생전 사자 바위에서 권양숙 여사와 함께 차를 마시고 휴식을 취하기도 했다.

🚌 봉하 마을 입구에서 도보 25분

부엉이바위

노무현 대통령이 투신한 바위

봉화산에는 큰 바위가 두 개 있는데 하나는 사자바위이고 하나는 부엉이바위이다. 부엉이바위는 옛날 봉화산에 부엉이가 많이 살았다고 해서 붙여진 이름인데 그 형상도 부엉이를 많이 닮았다. 봉하 마을 입구에서 보면 부엉이바위가 보이지 않고 사자바위가 눈앞에 바로 보여 많은 사람들이 사자바위를 부엉이바위로 착각하기도 한다. 2009년 5월 23일 노무현 대통령이 이곳에서 투신을 한 이후로는 대통령을 그리워하는 사람들의 울음소리가 부엉이 울음소리를 대신하고 있다.

봉하 마을 입구에서 도보 8분

마애불

바위 틈에 누워 있는 고려 시대 불상

정토원으로 가는 길에 있는 불상이다. 자연 암벽에 조각된 앉아 있는 석불로 발견 당시 산 중턱 바위 틈에 끼여 옆으로 누워 있었다. 훼손된 부분이 있기는 하지만 전체적으로 보존 상태는 좋은 편이다.
당나라 황후의 꿈에 한 청년이 나타나 자꾸 자기를 괴롭히자 신승의 힘을 빌려 그 청년을 바위 틈에 넣어 김해 땅 봉화산의 석불이 되게 하였다는 전설이 전해 내려오고 있다.
신체의 균형이 잘 잡혀 있고 얼굴은 둥글고 풍만하며 세련된 조각으로 되어 있어 고려 시대의 작품으로 추정하고 있다.

봉하 마을 입구에서 도보 15분

호미 든 관음상

민족 생존의 방향을 제시하는 정신적 횃불

1959년 봉안된 '호미 든 관음 개발 성상'은, 한국 전쟁이 끝난 후 황폐해진 국토에서 국민들이 초근목피로 연명하던 시절에 혼란과 가난, 슬픔에 잠긴 나라를 위해 젊은 불교 학도 31명이 민족 생존의 방향을 제시하는 정신적 횃불을 올린 데서 시작되었다. 이들은 4대 개발(심신, 사회, 경제, 사상)의 정신을 담은 관음상을 봉화산 정상에 세웠는데, 호미를 들고 노동하는 부처님이라는 파격으로 큰 반향을 일으켰다. 그 후 태풍으로 여러 차례 넘어지는 아픔을 당하기도 하였으며, 지금의 관음상은 최초 31명의 대표 중 한 사람인 불자가 석재로 그 자리에 24척(축대 포함) 크기로 다시 조성하여 2005년에 모셔 놓은 것이다. 정토원에서 도보로 3분 거리에 위치해 있다.

🚌 봉하 마을 입구에서 도보 23분

정토원

노무현 대통령의 49재를 지낸 곳

천 년 가야의 전설을 간직한 김해 봉화산에 위치해 있는 정토원은 1920년 한림면에 거주한 지방 유지 이진일의 발의에 의하여 지암사란 이름으로 세워져 지역 유일의 신앙 도량으로 자리하였다. 노무현 대통령의 49재를 지내기도 했으며 2009년에는 고인을 기리는 100재가 거행되기도 했다. 산속에 있는 사찰이지만, 산이 낮고 평평하여 찾아가기 힘들지는 않다. 특히 주변이 조용하고 맑아 편안한 기분이 든다.

🏠 경상남도 김해시 진영읍 본산리 3 🚌 봉하 마을 입구에서 도보 20분 ₩ 무료 ☎ 055-342-2991~2 ℹ️ www.bonghwasan.org

슬픈 전설을 간직한
정토원 배롱나무

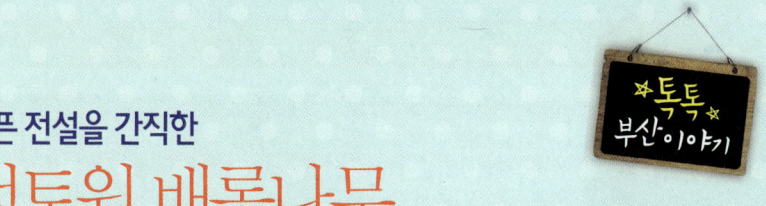

봉화산 정토원 마당의 중앙에는 100년 된 배롱나무가 있다. 배롱나무는 꽃이 한 번에 피고 지는 것이 아니라 여러 날에 걸쳐 피고 지는 덕에 마치 오랫동안 꽃이 펴 있는 것처럼 보이기 때문에 백일홍나무라고도 부른다. 이 배롱나무에는 한 가지 슬픈 전설이 전해진다.

옛날, 목이 세 개 달린 이무기가 있었는데 이 이무기는 매년 어느 어촌 마을에 나타나 처녀 한 명을 제물로 받아 갔다. 한 장사가 이를 안타깝게 여겨 그 해에 제물로 선정된 처녀 대신 그녀의 옷을 입고 제단에 앉아 있다가 이무기가 나타나자 이무기의 목 두 개를 베었다.

하지만 싸움은 거기서 끝나지 않았다. 아직 이무기의 목 하나가 남아 있었던 것이다. 장사는 처녀에게 자신이 마지막 하나까지 베는 데 성공하면 흰 깃발을 달고 실패하면 붉은 깃발을 달 것이니 그리 알라 하였고 처녀는 백 일간 정성을 다해 기도를 드렸다.

하지만 백 일 후 처녀는 멀리서 오는 배에 붉은 깃발이 달린 것을 보고 실망하여 그 자리에서 그만 자결을 하고 말았다. 장사가 이무기가 죽을 때 뿜은 붉은 피가 흰색 깃발에 묻은 것을 모르고 깃발을 올렸던 것이다. 그후 처녀의 무덤에서는 붉은 꽃이 피어났는데 그 꽃이 백 일간 기도를 드린 정성의 꽃, 바로 백일홍이 되었다고 한다.

봉하 들판

조용하고 아름다운 시골 들판

노무현 대통령은 고향에 내려온 후 마을 주민들을 설득하여 농약을 사용하지 않는 친환경 오리 농법으로 벼농사를 짓도록 했다. 지금은 80ha의 논에서 오리 농법과 우렁이 농법으로 친환경 쌀을 재배하고 있으며 겨울에는 논에 물을 채워 놓아 철새들이 날아오게 만들었다. 봉하 들판에서 화학 비료를 쓰지 않고 오리와 우렁이를 이용해 지은 친환경 쌀은 매년 10월 추수하여 홈페이지 '사람 사는 세상'을 통해 판매하고 있다.

또한 노무현 재단에서는 매년 유색 벼로 들판에 글씨와 그림을 새기는데, 여름이 되면 벼가 자람에 따라 봉하산 위에서 들판을 내려다볼 때 선명한 글씨와 그림을 볼 수 있다.

🚍 봉하 마을 입구에서 도보 3분

꼭 가봐야 할 맛집

봉하 밥상

소고기국밥이 맛있는 집

옛 테마 식당이 위치를 이전하면서 상호도 변경하였다. 옛 테마 식당은 노무현 대통령이 식사를 한 장소로도 유명하다. 옛 테마 식당에서 판매하던 소고기국밥과 산채비빔밥도 그대로 판매한다. 이외에도 해물 부추전과 도토리묵, 음료수, 소주, 봉하 막걸리 등 다양한 음식을 판매한다.

🏠 경상남도 김해시 진영읍 본산리 🚌 봉하 마을 입구에 위치 🍴 소고기국밥 8,000원, 산채비빔밥 8,000원

봉하빵

방부제 없는 찰보리빵

경주 불국빵과 기술 제휴로 만든 빵으로, 정확한 명칭은 '봉하 마을 찰보리빵'이다. 무방부제 빵이라 유효 기간이 길지 않은 것이 매력이다. 밀가루가 전혀 들어가지 않은 100% 찰보리빵으로, 맛도 굉장히 좋다.

🏠 경상남도 김해시 진영읍 봉하로 111번길 14 🚌 봉하 마을 버스 정류장에서 도보 3분 🍴 20개들이 한 상자 10,000원 ☎ 055-342-2045

양산 통도사

한국의 대표적인 사찰 문화재

통도사는 신라 선덕여왕 15년(646년) 자장 율사가 창건한 천 년 고찰로 해인사, 송광사와 더불어 한국의 삼대 사찰로 불리고 있으며 낙동강과 동해를 끼고 있는 영축산 남쪽 기슭에 자리 잡고 있다. 영축산은 석가모니가 법화경을 설법하던 인도의 영축산과 산세가 비슷하다 하여 지어진 이름이다.

자장 율사는 당나라 구법(求法) 중에 모셔온 부처님의 진신 사리와 가사 및 경책을 금강 계단에 쌓은 뒤 봉안하고 사명을 통도사라 했다. 통도사는 이처럼 부처님의 진신 사리와 가사를 금강 계단에 봉안했기 때문에 통도사의 대웅전에는 불상을 따로 모시고 있지 않다. 통도사의 이름은 승려가 되려는 사람은 모두 금강 계단을 통해야 한다는 의미를 담고 있으며 모든 진리를 회통하여 중생을 제도한다는 뜻도 함축하고 있다.

통도사 입구에서 일주문까지는 오래되고 울창한 노송림들이 찾아온 이들을 여유롭게 반기고 있으며 해탈문으로 들어서면 보이고 만져지는 대부분의 것들이 국보나 문화재들이라 불자이든 아니든 들어선 모든 이들에게 경이로움과 따뜻함을 안겨 준다.

ACCESS

- 경상남도 양산시 하북면 통도사로 108
- 부산 동부 시외버스 터미널(노포동)에서 신평(통도사)행 시외버스 이용하여 통도사 하차, 도보 10분 또는 택시 이용하여 통도사 하차
- 경부 고속도로 이용하여 통도사IC에서 통도사 방향, 반구대로 이용하여 통도사 입구삼거리에서 통도사 방향

INFORMATION

- 08:30~17:30
- 성인 3,000원, 청소년 1,500원, 어린이 1,000원
- 055-382-7182 www.tongdosa.or.kr

통도사

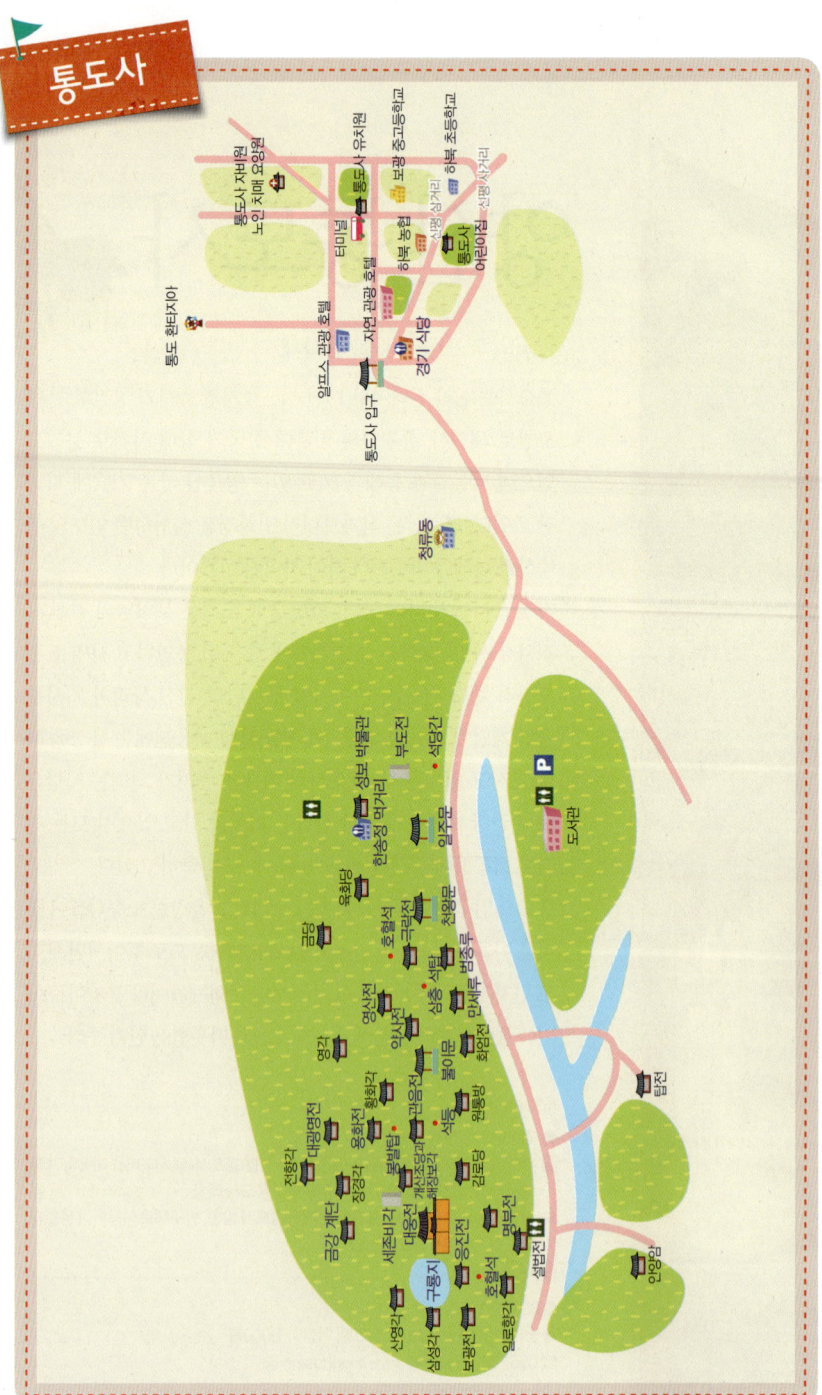

석당간

사찰 입구에 세우는 깃대

당간이란 사찰 입구에 세우는 깃대의 일종인데 특별한 행사가 있을 때에 큰 깃발을 달아 외부에 알려주는 역할을 했다. 석당간이 남아 있는 곳은 전국에서 몇 군데에 불과하며 통도사에 있는 당간은 고려 말 조선 초의 것으로 추정된다. 통도사 당간은 기단부 전체가 후대에 와서 중수되었지만 지주는 원래상태를 유지하고 있다. 지하에 매설된 2m가량은 원석 그대로이며 지상 노출 부분은 간공을 뚫는 등 용도에 맞도록 가공한 상태로서 전체 높이는 7.54m이다.

🚌 통도사 입구에서 도보 20분

부도전

역대 스님의 사리를 모신 곳

부도원 또는 부도밭으로 불리는 곳으로 17세기부터 현재까지 통도사를 대표하는 역대 스님의 부도 60여 기와 각종 비석 50여 기가 안치되어 있다. 상단에는 부도, 하단에는 부도탑비와 통도사와 관련된 공적이 있는 분들을 기리는 각종 공덕비가 있다. 부도의 형식은 조선 후기의 일반적인 형태인 종형을 비롯하여 구형, 전각형 등 다른 사찰에서는 볼 수 없는 통도사만의 독특한 부도가 많다.

🚌 통도사 입구에서 도보 22분

성보 박물관

불교 회화 전문 박물관

국가 지정 국보 1점과 보물 18점, 지방 유형 문화재 40점을 포함한 약 3만여 점의 문화재를 보유하고 있는 곳으로 600여 점에 달하는 불교 회화를 소장하고 있는 것이 특징이다. 소장하고 있는 불화들은 초본을 비롯해 소형 사경변상도, 높이가 15m에 달하는 초대형 괘불에 이르기까지 그 장르도 다양하다. 통도사 역사실, 기증 유물실, 불교 회화실, 기획 전시실로 구성이 되어 있으며 불교 회화실은 유물 보존을 위하여 공개를 제한하고 있다.

🚌 통도사 입구에서 도보 22분 ⏰ 3월~10월 09:30~17:30, 11월~2월 10:00~17:00 / 불교 회화실 10:00~11:00, 13:00~16:00 ₩ 무료 ☎ 055-382-1001 ℹ️
http://www.tongdomuseum.or.kr

일주문

흐트러진 마음을 하나로 모으는 문

고려 충렬왕 31년(1305년)에 창건한 것으로 일주문 정면에 걸린 현판 글씨인 '영취산 통도사(靈鷲山 通度寺)'라는 글씨는 흥선 대원군 이하응의 친필이며, 기둥 좌우의 '국지대찰 불지종가((國之大刹 佛之宗家)'는 해강 김규진의 글씨이다.

🚌 통도사 입구에서 도보 25분

범종루

승려 사인비구가 만든 종

조선을 대표하는 종 만드는 장인으로 알려진 승려 사인비구가 만든 종으로, 보물 제11-1호이다.
이 종은 맨 위의 용뉴, 종 몸통의 상대와 하대, 유곽 등을 모두 갖춘 전통적인 범종의 모습을 갖추고 있다.
종으로는 유일하게 팔괘가 돌려 새겨져 있는 것이 특징이며 유곽 안에는 아홉 개의 유두가 있는데, 중앙의 하나가 돌출되어 있다.

🚌 통도사 입구에서 도보 27분

천왕문

통도사의 대문

통도사 전체의 대문이자, 통도사 경내 세 개의 영역 가운데 하위 영역의 출입문에 해당한다. 고려 충숙왕 6년(1337년)에 취암 대사가 창건하였으며 조성 수법으로 미루어볼 때 현재의 건물은 19세기 이후에 중건된 것으로 보인다. 부처에 귀의하여 불법을 수호하고, 중생들이 부처의 가르침에 따라 올바르게 살아가고 있는지를 살피면서 그들을 인도하는 수호신인 사천왕이 모셔져 있다.

🚌 통도사 입구에서 도보 26분

만세루

6세 신동이 쓴 현판이 있는 곳

정확한 창건 연대는 알 수 없지만 인조 22년(1644년)에 영숙 화상이 중건하였다고 전해지고 있다. 건물의 규모로 볼 때 신라 시대와 고려 시대에 전국 승단 행정을 총괄하던 으뜸 사찰로 위엄과 권위를 잘 나타내는 건물이다. 건물은 장식을 많이 하지 않은 익공계 팔작집으로 누각의 일반적인 형태를 따랐다. 전하는 말에 따르면 '만세루'라는 현판은 6세의 신동이 썼다고 한다.

🚌 통도사 입구에서 도보 28분

극락전

18세기 초에 중건된 건물

대한민국 사찰에서 대웅전 다음으로 많이 세워지는 극락전은 아미타여래를 봉안하기 때문에 아미타전이라고도 하며 또 극락세계에서 영원히 평안한 삶을 누린다 하여 무량수전이라고도 한다. 통도사 극락전은 고려 공민왕 18년(1369년)에 창건되었다고 하지만 현재의 건물은 18세기 초에 중건된 것이다. 작은 건물이지만 팔작지붕에 받침 기둥을 갖추고 있는 등 건물 자체가 화려한 것이 특징이다.

🚌 통도사 입구에서 도보 27분

영산전

숙종 30년에 중건한 건물

영산은 영축산의 준말로, 석가모니가 가장 오랫동안 머물면서 제자들에게 자신의 가르침을 전하던 곳인데, 바로 이 영산을 이 땅에 재현한 것이 영산전이다. 통도사의 영산전은 건축 연도는 알 수 없지만 현재의 건물은 숙종 30년(1704년)에 송곡 선사가 중건한 것이라고 한다. 다포계의 화려한 장식을 사용하여 건물의 품격을 한층 높인 것이 특징이며 내부 벽에는 다보탑을 비롯하여 법화경의 여러 내용을 담은 그림이 그려져 있고 또 석가모니의 생애를 여덟 장면으로 묘사한 팔상도도 있어 당시 불화의 화풍을 이해하는 데 귀중한 자료로 쓰이고 있다.

🚌 통도사 입구에서 도보 28분

약사전

약사여래를 모신 법당

우아한 장식 솜씨 등이 건물의 완성도를 높여 주고 있는 이 건물은, 동방의 정유리 세계에 있으면서 모든 중생의 질병을 치료하고 재앙을 소멸시키며 중생으로 하여금 부처의 불성을 닦도록 도와주는 약사여래를 모신 법당이다. 약사여래는 동방의 세계를 다스리므로 약사전은 언제나 중심 불전의 동쪽에 자리 잡고 있는 것이 특징이다.
통도사 약사전은 고려 공민왕 18년(1369년)에 성곡 대사가 창건하였으며 현재의 건물은 18세기 이후 중건된 것이다.

🚌 통도사 입구에서 도보 29분

삼층 석탑

통일 신라 시대의 전형적 석탑

보물 제1471호로, 잘 다듬은 4매의 큰 돌 위에 통일 신라 시대의 전형적 석탑 양식인 이중 받침돌로 기단부를 구성하였다. 상층 받침돌의 가장자리에는 각각 모서리 기둥을 새기고, 그 사이에 받침 기둥을 두어 목조 건물의 양식을 모방하였으며 하층 받침돌의 각 면에는 코끼리의 눈을 형상화한 안상을 조각하였다. 전체적인 조성 방식으로 보아 통일 신라 시대 말엽이나 고려 시대 초엽에 제작된 것으로 보이며 이 석탑은 1987년에 해체하여 복원하였는데 복원 당시 상층 받침대 부분 안에서 조선 시대 백자가 발견되었다. 또 하층 받침돌 아래의 다진 흙 속에서는 금동으로 된 소형 불상 2구와 청동 숟가락 등이 발견되었는데 이 유물들은 현재 통도사 성보 박물관에 소장되어 있다.

🚌 통도사 입구에서 도보 28분

호혈석

전설을 담고 있는 반석

응진전 옆과 극락전 옆에 있는 약간 솟아나온 넓은 돌이다. 통도사에는 호랑이 혈맥인 호혈이 있어 사찰 안에는 이를 진압한 호혈석을 두고 있는데 이 돌에는 나물 캐던 처녀와 백운암 젊은 스님 사이의 애절한 전설도 담겨 내려오고 있다.

🚌 통도사 입구에서 도보 28분

불이문

배흘림 양식이 돋보이는 곳

통도사의 불이문은 통도사 건물 중에서 가장 뚜렷하게 배흘림 양식을 보여 주며, 중앙에 대들보를 쓰지 않고 코끼리와 호랑이가 서로 머리로 받쳐서 지붕 무게를 지탱하고 있는 방식으로 되어 있다. 고려 충렬왕 31년(1305년)에 창건된 것으로 알려져 있으나 현재의 건물은 언제 중건되었는지 알 수 없다. 다만 세부 기법으로 볼 때 조선 중기 이후의 것으로 추정된다. 불이문은 참된 진리의 세계로 들어가 모든 번뇌를 벗게 되기 때문에 해탈문이라고도 불린다.

🚌 통도사 입구에서 도보 30분

관음전

1725년에 창건된 건물

관음전은 관세음보살을 모시는 건물이다. 관세음보살은 중생의 고뇌를 씻어 주며 세상을 구하고 생명이 있는 자들에게 이익을 가져다주기 때문에, 아무런 인연이 없는 중생이라도 '관세음보살'을 염송하고, 마음속에 새겨 공경하고 섬기면 반드시 소원을 성취하게 된다고 한다.

통도사의 관음전은 영조 원년(1725년)에 용암 대사에 의해 창건되었으며 그 뒤 여러 차례 중수되었다. 불전 내부에는 등불을 들고 중생들을 부처의 세계로 안내하는 관세음보살을 비롯하여 남쪽으로 구도 행각을 하는 선재동자가 반복하여 그려져 있다.

🚌 통도사 입구에서 도보 32분

석등

석등사 연구의 중요한 자료

절 안의 어둠을 밝히고, 빛으로 부처님의 진리를 비춰 줌으로써 온갖 중생을 깨우쳐 선한 길로 인도한다는 의미를 가지고 있는 통도사의 석등은 조형 양식 등으로 볼 때 고려 시대 초엽에 조성된 것으로 보인다. 둥근 형태의 연꽃 받침대 두 개, 그 사이를 연결한 팔각 기둥, 불을 놓는 화사석과 지붕돌 등으로 구성되어 있으며 언뜻 보기에는 4각형의 석등처럼 보이지만 대한민국에서는 흔치 않은 부등변 8각 석등이라는 점에서 석등의 변천사 연구에 중요한 자료가 되고 있다.

🚌 통도사 입구에서 도보 32분

용화전

미륵불을 봉안한 건물

미륵불은 석가모니가 열반한 후 56억 7천만 년 뒤에 이 땅에 출현하여 석가모니가 미처 구제하지 못한 중생을 구제할 부처인데 용화전은 바로 이 미륵불을 봉안한 건물이다.

통도사 용화전은 고려 공민왕 18년(1369년)에 창건되었으며 현재의 건물은 영조 원년(1725년)에 중건된 것이다. 내부에는 용머리와 연꽃, 봉황의 머리 등을 조각하여 이상 세계의 하늘을 연출하였으니 내부를 유심히 살펴보도록 하자.

🚌 통도사 입구에서 도보 33분

봉발탑

대한민국에서 유일한 조형물

통도사 봉발탑은 석가모니의 발우를 상징적으로 표현한 석조물로, 고려 시대에 제작된 것으로 추정된다. 연꽃 무늬가 새겨진 하대 위에 간주와 상대를 설치하고 그 위에 육중한 뚜껑을 지닌 발우를 안치하였는데 이러한 조형물은 대한민국 내에서 유일한 것이다. 보물 제471호로 지정되어 있다.

🚌 통도사 입구에서 도보 33분

대광명전

빛의 부처 비로자나불이 봉안된 곳

'널리 밝은 빛을 두루 비춘다.'라는 뜻을 지닌 비로자나불이 봉안된 곳이다. 비로자나불은 사람의 눈으로는 볼 수 없는 빛의 부처이자 모든 부처 중에서 근본이 되는 부처이므로 법신불이라고도 한다. 법당 안에 있는 부처는 연꽃 무늬 받침대 위에 왼손의 검지를 오른손으로 감싸쥔 형상으로 앉아 있는데 이 손모양은 곧 부처와 중생이 하나임을 표현하는 상징이라고 한다. 정확한 창건 연대는 알 수 없으나 현재의 건물은 조선 영조 원년(1725년)에 중수된 것으로 보인다.

🚌 통도사 입구에서 도보 34분

개산조당과 해장보각

자장 율사의 영정이 봉안된 곳

개산조당은 해장보각의 조사문이며 해장보각에는 통도사를 창건한 자장 율사의 영정과 고려 대장경이 봉안되어 있다. 해장보각 내부에 모셔져 있는 자장 율사의 영정은 순조 4년(1804년)에 그려진 것이다.

🚌 통도사 입구에서 도보 35분

세존비각

석비에 새겨진 글귀들

금강 계단 축대 바로 아래에 세워져 있고, 적멸보궁 내력을 소개한 글귀가 있다. 비문은 수사간 채팽윤이 짓고 글씨는 승정원 도승지 이진휴가 썼으며 뒷면에는 성능 대사가 짓고 보윤 대사가 쓴 석가모니의 행적과 각지의 시주 내용이 새겨져 있다.

🚌 통도사 입구에서 도보 35분

명부전

다섯 명의 시왕 그림이 안치

'명부'란 저승을 말하는데, 염라 대왕을 비롯한 10대왕이 지장보살을 보좌하여 저승 세계를 다스리므로 명부전을 다른 말로 시왕전이라고도 부른다. 통도사 명부전은 고려 공민왕 18년(1369년)에 창건되었으며 조선 후기에 화재로 불탄 것을 고종 25년(1888년)에 중건하였다. 내부에는 중앙에 지장보살상을 모시고, 좌우에 각각 다섯 명의 시왕 그림이 안치되어 있다.

🚌 통도사 입구에서 도보 36분

대웅전과 금강 계단

통도사 건물 중 핵심이 되는 곳

국보 제290호 대웅전과 금강 계단은 현재 통도사에 남아 있는 건물 가운데 가장 핵심이 되는 영역이다. 신라 선덕여왕 15년(646년)에 자장 율사에 의하여 지어졌으며 현존하는 금강 계단은 창건 이후 여러 차례 중수되었기 때문에 창건 당시의 정확한 구조를 알 수 없고 대웅전은 임진왜란으로 인해 소실된 것을 인조 23년(1645년) 우운 대사가 중건하였다. 내부에는 불상을 따로 모시지 않았는데 이는 대웅전 뒤에 있는 금강 계단에 석가 여래의 진신 사리를 모시고 있기 때문이다.

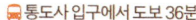 통도사 입구에서 도보 36분

응진전

부처님의 16제자를 봉안한 곳

응진전은 부처님의 16제자를 봉안하고 있는 곳으로 나한전이라고도 불린다. 나한은 부처님의 가르침을 받고 정진과 수행을 거듭하여 아집과 번뇌를 끊어 죽고 사는 것을 초월한 성자를 말한다. 통도사 응진전은 숙종 3년(1677년)에 지섬 대사가 창건하였고 이후 여러 차례 중수하였다. 통도사의 다른 건물에 비해 규모도 작고 장식도 화려하지 않은 것이 특징이다.

🚌 통도사 입구에서 도보 38분

구룡지

통도사 창건 설화를 담고 있는 작은 연못

통도사 창건 설화를 담고 있는 연못으로 구룡신지라고도 불린다. 연못 가운데를 가로지르는 다리의 돌기둥이 있으며 연못 안에는 사람들이 소원을 빌며 던진 동전들이 수북이 쌓여 있다.

🚌 통도사 입구에서 도보 39분

꼭 가봐야 할 맛집

청류동

노송림 속에서 즐기는 한 잔의 여유

통도사 입구에서 해탈문까지는 도보로 약 20분 정도가 걸리는데 그 중간 지점에 쉼표처럼 카페가 들어서 있다. 커피와 전통차를 판매하며, 야외에도 자리가 마련되어 있어 날씨 좋은 날에는 숲의 향기를 마시며 차를 즐길 수 있다.

🏠 경상남도 양산시 하북면 통도사로 108 🚌 통도사 입구에서 도보 10분 ⏰ 08:30~17:00(연중무휴) 🍵 원두커피 3,000원, 매실차 3,000원 ☎ 055-382-7182

한송정 먹거리

부담 없는 가격으로 즐기는 한 끼 식사

산채비빔밥, 국수, 손수제비, 부침개 등을 판매하고 있으며 계절에 따라 떡국과 냉면도 선보이는 음식점이다. 천왕문 안으로 들어가면 매점이나 식당이 따로 없으니 식사가 하고 싶다면 여기서 해결하는 것이 좋다.

🏠 경남 양산시 하북면 통도사로 108 🚌 통도사 입구에서 도보 26분 ⏰ 09:00~17:30 🍚 산채비빔밥 6,000원, 국수 4,000원 ☎ 055-382-7182

경기 식당

양산에서 손꼽히는 맛집

통도사 맛집 하면 모르는 사람이 없을 정도로 유명한 집이다. 산채정식, 산채비빔밥, 더덕백반, 도토리묵 등을 판매하고 있는데 아침과 저녁 시간에는 한우를 사용한 쇠고기국밥도 판매한다.

🏠 경남남도 양산시 하북면 신평중앙길 55 🚌 통도사 입구에서 도보 2분 ⏰ 09:00~20:30(명절 휴무) 🍚 산채비빔밥 7,000원, 산채정식 8,000원 ☎ 055-382-7772

경주 역사 유적 지구

유네스코 세계 문화유산

신라 천 년의 도읍지였던 경주는 그야말로 문화유산의 보고이다. 역사책에 등장하는 국보급 유적이 경주 시내와 외곽에 걸쳐 수도 없이 남아 있고, 거리 곳곳에서 이름 없는 고분들을 마주치게 된다. 이러한 경주 일대의 유적들은 2000년 12월에 '경주 역사 유적 지구'라는 명칭으로 유네스코 세계 문화유산으로 등록되었다.

경주의 주요 유적만 둘러본다고 해도 며칠이 걸릴 만큼 방대하지만, 시내의 몇몇 유적을 둘러보고 경주의 분위기를 맛보기에는 당일치기나 1박 2일로도 충분하다. 유명한 천마총과 미추왕릉, 첨성대, 월성, 계림, 동궁과 월지(안압지) 등이 모두 걸어서 다닐 수 있는 거리에 있기 때문이다. 경주 시내는 대중교통이 잘 되어 있고 도보나 자전거로도 즐길 수 있기에 처음 경주에 온 이들도 부담 없이 다닐 수 있다.

ACCESS
🏠 경상북도 경주시 황남동
🚌 부산 동부 시외버스 터미널(노포동)에서 경주행 시외버스 이용하여 경주 하차, 도보 10분 또는 70번 버스 이용하여 천마총 후문 하차
🚗 경부고속도로 이용하여 경주 IC에서 경주 방향, 서라벌대로 이용하여 오릉 네거리에서 오릉 방향

INFORMATION
☎ 054-779-8585 🌐 guide.gyeongju.go.kr

경주 역사 유적 지구

대릉원

거대한 고분군

경주에서 가장 규모가 큰 신라 고분군으로, 유명한 천마총, 미추왕릉, 황남대총 등이 바로 이 대릉원 안에 위치해 있다. 천마총은 1973년에 발굴 조사되었고 황남대총은 1973년부터 1975년까지 발굴 조사되었는데, 천마총과 황남대총 모두에서 많은 유물이 나와 큰 관심을 모으기도 했다. 경내가 공원처럼 되어 있어 산책을 즐기기에도 좋은데 특히 이곳 주변은 봄이면 벚꽃이 만개하는 곳으로도 유명하다.

🚍 경북 경주시 황남동 53 일대 🚍 경주 고속버스 터미널에서 도보 10분 / 경주 고속버스터미널에서 70번 버스 이용하여 천마총 후문 하차 ⏰ 09:00~22:00 ₩ 어른 3,000원, 청소년 2,000원, 어린이 1,000원 ☎ 054-779-8585

⭐ 천마총

5~6세기경에 축조된 어느 왕의 무덤

신라 시대의 대표적인 돌무지덧널무덤으로, 5~6세기경에 축조된 어느 왕의 무덤으로 추정된다. 발굴 조사 당시 금관을 비롯한 유물 11,500여 점이 출토되었는데 그중에 자작나무 껍질에 하늘을 나는 말 그림(天馬圖)이 그려진 말다래가 나와서 '천마총'이라는 이름이 붙여졌다. 현재 천마총은 무덤의 내부 구조를 볼 수 있도록 꾸며져 있다.

⭐ 미추왕릉

신라 최초의 김씨 왕을 모신 곳

김알지의 후예로 신라 최초의 김씨 왕인 신라 제13대 미추왕(재위 262~284년)을 모신 곳이다. 대나무가 병사로 변하여 적군을 물리쳤다는 전설에 따라 '죽현릉'이라고도 한다. 특이하게 담장을 둘러 무덤 전체를 보호하고 있다. 내부 구조는 돌무지덧널무덤일 것으로 추정된다.

걸어서 경주 구경하기

경주 고속버스 터미널은 시외버스 터미널 옆에 있다. 고속버스 터미널에서 길을 건너서 맞은편 버스 정류장으로 이동한 후에, 도로를 마주 본 상태에서 오른쪽 방향으로 10분 정도 걸어가면 대릉원 후문과 만날 수 있다. 경주 역사 유적 지구는 모두 도보로 이동하는 것이 편하다. 명소와 명소 사이의 거리는 도보로 5분~10분 정도이다.

첨성대

아시아에서 가장 오래된 천문 관측대

국보 제31호 첨성대는 신라 시대에 천체의 움직임을 관찰하던 천문 관측대로, 과학적이면서도 신비함이 가득한 건축물이다. 〈삼국유사〉에 선덕여왕이 첨성대를 쌓았다는 기록이 남아 있어, 아시아에 현존하는 가장 오래된 천문대이기도 하다.

남동쪽으로 난 창을 중심으로 아래쪽은 막돌로 채워져 있고 꼭대기에는 우물 정(井)자 모양의 돌을 짜 올렸다. 당시에는 첨성대 꼭대기에 천문 기구를 설치하여 천체를 관측했을 것으로 추측된다.

첨성대 주위에는 유채꽃 단지가 조성되어 봄이면 유채꽃과 어우러진 첨성대를 볼 수 있으며, 밤에는 조명으로 밝혀진 야경을 볼 수 있다.

🏠 경북 경주시 인왕동 839-1 🚌 대릉원 정문에서 도보 5분 / 경주 고속버스 터미널에서 70번 버스 이용하여 천마총 또는 첨성대 하차 ₩ 무료 ☎ 054-779-8585

계림

경주 김씨의 시조가 태어난 곳

첨성대 바로 앞에 있는 숲으로, 경주 김씨의 시조인 김알지가 태어났다는 전설이 있는 유서 깊은 곳이다. 숲에서 닭이 우는 소리를 듣고 가 보니 나뭇가지에 금궤가 빛을 내며 걸려 있었는데, 그 금궤 안에 사내아이가 있어 성을 김, 이름을 알지라고 지었다는 이야기가 전해지고 있다.

숲의 규모가 그리 크지는 않지만 제멋대로 자란 고목이 울창하여 신비한 정취를 자아낸다. 경내에는 조선 순조 3년(1803년)에 새워진 비가 있는데, 비에는 김알지 탄생에 관한 기록이 새겨져 있다.

🏠 경북 경주시 교동 🚌 첨성대에서 도보 3분 / 경주 고속버스 터미널에서 70번 버스 이용하여 천마총 또는 첨성대 하차 ₩ 무료

경주 최부자댁

경주 최씨 종가

흔히 '경주 최 부잣집'이라고 불리는 경주 최부자댁은 1700년경에 건립된 경주 최씨의 종가로, 조선 시대 양반집의 원형을 잘 보존하고 있다. 원래는 99칸이었는데 사랑채와 별당은 1970년에 불타고 주춧돌만 남았다. 최씨 집안이 경주시 내남면 이조리에서 이곳으로 이주하여 정착한 것은 조선 중기 무렵이었는데 여기에서 12대 동안 만석지기 재산을 지켰고 9대에 걸쳐 진사(進士)를 배출하였다고 한다.

🏠 경상북도 경주시 교촌안길 19-23 🚌 계림에서 도보 5분 / 경주 고속버스 터미널에서 70번 버스 이용하여 천마총 또는 첨성대 하차 ⏰ 09:00~17:00(4월~9월은 18:00까지) 💰 무료 ☎ 054-779-8585

월성

궁궐이 있던 자리

신라 시대 궁궐이 있던 터이다. 지형이 초승달처럼 생겼다 하여 월성이라 불렸다고 전해진다. 남쪽으로는 남천이 흘러 자연적인 방어 시설이 되었고, 동쪽·북쪽·서쪽으로는 적의 침입을 막기 위해 넓은 도랑인 해자를 팠다. 지금은 당시의 궁궐이 모두 사라지고 숲과 들판만 남아 있으며, 조선 시대의 얼음 창고인 석빙고가 이곳에 위치해 있다.

🏠 경상북도 경주시 인왕동 449-1 일대 🚌 첨성대에서 도보 10분 / 경주 고속버스 터미널에서 11번 버스 이용하여 안압지 하차 💰 무료

⭐ 석빙고

조선 중기의 얼음 창고

조선 영조 14년(1738)에 만든 얼음 창고이다. 월성 안의 북쪽 성루 위에 남북으로 길게 자리하고 있다. 직사각형의 석빙고에는 약 1,000여 개의 돌이 쓰였다. 무지개 모양으로 만든 천장에는 공기 구멍이 3개 있고, 바닥은 물이 빠질 수 있도록 홈을 파서 비스듬하게 만들었다. 출입구는 남쪽에 있고 계단을 통하여 출입하게 되어 있다.

동궁과 월지 (안압지)

신라 왕들이 연회를 베풀던 장소

동궁은 통일 신라 왕궁의 별궁으로, 나라의 경사가 있을 때나 귀한 손님을 맞을 때 연회를 베푸는 장소로도 쓰였다. 〈삼국사기〉에는 신라 문무왕 14년(674년)에 '궁 안에 못을 파고 산을 만들어 화초를 심고 진기한 새와 기이한 짐승을 길렀다.'라는 기록이 있다. 이 연못이 바로 월지인데, 조선 시대에 폐허가 된 이곳에 기러기와 오리가 날아들어 '안압지'라 부르기도 하였다. 연못과 어우러진 누각의 풍경이 아름답고, 밤에는 화려한 조명에 비친 야경이 더욱 유명하다.

🏠 경상북도 경주시 원화로 102 🚌 월성에서 도보 5분 / 경주 고속버스 터미널에서 11번 버스 이용하여 안압지 하차 ⏰ 09:00~22:00 ₩ 어른 3,000원, 청소년 2,000원, 어린이 1,000원 ☎ 054-779-8585

국립 경주 박물관

아름다운 보물 창고

경주 일대에서 수집된 유물들을 전시하고 있다. '에밀레종'이라는 별명이 더 많이 알려진 국보 제29호 성덕대왕신종을 비롯하여, 국보 제188호인 금관(천마총), 국보 제189호인 금제관모, '신라의 미소'라고 불리는 얼굴 무늬 수막새 등 많은 국보와 보물을 소장하고 있다.

🏠 경상북도 경주시 일정로 186 🚌 동궁과 월지에서 도보 15분 / 경주 고속버스터미널에서 11번 버스 이용하여 경주박물관 하차 ⏰ 10:00~18:00(일요일, 공휴일은 1시간 연장, 휴관일은 1월 1일, 명절) / **야간 개장** 10:00~21:00(매달 마지막 주 수요일, 3월~12월 중 매주 토요일) ₩ 무료 ☎ 054-740-7500 🌐 gyeongju.museum.go.kr

꼭 가봐야 할 맛집

경주 명동 쫄면

3대 천왕에 나온 맛집

SBS 예능 프로그램인 '백종원의 3대 천왕'에 나오기 전부터 유명했던 곳이다. 점심 시간이 되면 가게 앞에 긴 줄이 생긴다. 메뉴는 4가지다. 비빔쫄면, 유부쫄면, 오뎅쫄면, 냉쫄면이 제법 큰 그릇에 가득 담겨 나온다. 줄을 서서 기다리는 일을 피하고 싶다면 영업 시간 시작 전(약 5분)에 들어가서 주문을 하는 것도 방법이다.

🏠 경상북도 경주시 계림로 93번길 3 🚌 경주 고속버스 터미널에서 도보 15분(경주 중심 상가에 위치) 🕐 11:30~20:20(화요일 휴무)
🍜 비빔쫄면·유부쫄면·오뎅쫄면·냉쫄면 7,000원 ☎ 054-743-5310

경주 중심 상가

부담 없는 먹을거리가 가득

대릉원 후문에서 횡단보도를 건넌 후 경주 경찰서 방향으로 걸어가면 음식점, 옷가게, 영화관, 카페 등이 모여 있는 거리가 있다. 부담 없는 가격으로 즐길 수 있는 음식점이나 카페가 많은 것도 이 거리의 특징이다. 거리는 로데오 거리, 패션의 거리, 차가 없는 거리 등으로 이루어져 있다. 무얼 먹을지 고민이 된다면 쇼핑도 즐길 겸 경주 중심 상가를 찾아가 보자.

🏠 경상북도 경주시 원효로, 동성로, 계림로 일대 🚌 경주 고속 버스터미널에서 도보 10분(대릉원과 경주 경찰서 사이에 위치)

진주성

우리 민족의 혼이 서린 곳

경남 진주시에 있는 사적 제118호 진주성은 외적을 막기 위해 삼국 시대부터 조성된 성이다. 본래 토성이었으나 고려 말 우왕 5년(1379년)에 진주 목사 김중광이 석성으로 고쳐 쌓았으며 임진왜란 직후에는 남북으로 내성을 쌓았다.

선조 25년(1592년) 10월 왜군 2만이 침략해 오자 진주 목사 김시민이 3,800여 명의 군사와 성민이 힘을 합쳐 왜군을 물리쳤는데 이것이 그 유명한 임진왜란 3대첩의 하나인 진주 대첩이다. 하지만 이듬해 6월에 왜군 10만여 명이 다시 침략을 해 왔고 이때 7만에 달하는 민·관·군이 왜군에 맞서 싸우다 모두 순국하는 비운을 겪었다.

촉석문은 1972년에 복원하였고, 일제 강점기에 허물어졌던 서쪽 외성의 일부와 내성의 성곽은 1975년에 복원하였다. 1979년부터는 성 안팎의 민가를 모두 철거하는 등 진주성 정화 사업을 시작해 2002년 공북문 복원을 끝으로 현재의 모습을 갖추게 되었다. 성곽의 둘레는 1,760m이고, 높이는 5~8m이며 성 내에는 기념물, 문화재 자료, 유형 문화재 등이 있다.

ACCESS

- 경상남도 진주시 남성동·본성동
- 부산 서부 시외버스 터미널에서 진주행 시외버스 이용하여 진주 하차, 도보 10분 또는 택시·시내버스 이용하여 진주성 하차
- 남해안 고속도로 이용하여 동진주 IC에서 진주 방향, 대신로 이용하여 공단 광장 사거리에서 진주성 방향, 동진로 이용하여 진주역 사거리에서 진주성 방향

INFORMATION

- 하절기(3월~10월) 05:00~23:00, 동절기(11월~2월) 05:00~22:00
- 어른 2,000원, 청소년 1,000원, 어린이 600원
- 055-749-5171 www.jinju.go.kr/tour.web

진주성

의암

논개가 투신한 곳

원래는 위험한 바위라 하여 위암으로 불리다가 임진왜란 때 논개가 왜장 게야무라 로쿠스케를 이 바위로 유인해 끌어안고 남강에 투신하여 순국한 후 논개의 의로운 행동을 기리기 위하여 의암이라 부르게 되었다. 의암 바위 옆에 새겨진 '의암'이라는 글씨는 정문부의 유언에 따라 그의 둘째 아들 정대륭이 전서체로 쓴 글씨인데 남강에 물이 찼을 때는 안 보이다가 물이 빠지면 보인다.

🚌 매표소에서 도보 3분

의기사

논개의 넋을 기리는 사당

임진왜란 당시(1593년) 진주성이 함락되자 왜장 게야무라 로쿠스케를 껴안고 남강에 투신하여 순절한 논개의 넋을 기리기 위하여 세운 사당으로 내부에는 논개의 영정이 봉안되어 있다. 영조 16년(1740년)에 경상우 병사 남덕하의 건의가 받아들여져 건립되었으며, 지금의 의기사는 의기 창렬회가 시민의 성금을 모아 재건한 것이다.

🚌 매표소에서 도보 4분

촉석루

영남 제일의 명승

촉석루는 진주의 상징이자 영남 제일의 명승이다. 남강 바위 벼랑 위에 자리한 탓에 뛰어난 경치까지 볼 수 있는 촉석루는 전시에는 장졸을 지휘하던 지휘소, 평시에는 선비들이 풍류를 즐기는 곳으로 또 때로는 과거를 치르는 고시장으로도 쓰였다. 지금의 촉석루는 한국 전쟁 때 불탄 것을 진주 고적 보존회가 시민의 성금으로 1960년에 중건한 것이다.

🚌 매표소에서 도보 3분

호국 종각

진주성 호국 정신을 기리는 곳

진주시가 진주성 호국 정신을 기리기 위해 문화재 육성 기금으로 1980년에 제작한 범종으로 종신에는 각종 문양이 부조되어 있고 이은상 시조 시인의 명문이 새겨져 있다. 종신은 2.7m, 지름은 1.7m이다.

🚌 매표소에서 도보 4분

임진 대첩 계사 순의단

국란 극복의 표상

임진년(1592년)에 발발한 임진왜란의 3대첩 중 하나인 진주 대첩을 높이 받들고, 계사년(1593년)에 왜군에 맞서 싸우다 순국한 7만 민·관·군의 충혼을 위령하기 위하여 1987년에 국란 극복의 표상으로 건립하였다. 혼을 기리는 곳인 만큼 절대 정숙해야 한다.

🚌 매표소에서 도보 4분

촉석 정충단비

삼장사의 충의가 새겨진 곳

숙종 12년(1686년)에 세워진 비로 임진왜란 당시 제2차 진주성 전투에서 장렬하게 순국한 삼장사 김천일, 황진, 최경회와 삼장사를 중심으로 뭉친 7만 민·관·군의 충의가 새겨져 있다.

🚌 매표소에서 도보 4분

김시민 장군 전공비

김시민 장군의 전공을 새긴 비석

임진왜란 당시 진주성 대첩에서 6일간의 혈투 끝에 왜군을 격퇴하고 순절한 충무공 김시민 장군의 전공을 새긴 비석이다. 김시민 장군은 왜군이 진주성을 포위하자 성 안에 있는 노인과 부녀자에게 남장을 하게 해 적에게 군사의 위용을 보이게 하는 등 뛰어난 전술을 펼쳤다.

🚌 매표소에서 도보 4분

충무공 김시민 장군 동상

진주성 수호상

임진왜란 당시 순절한 충무공 김시민 장군의 호국 충절 정신을 계승하기 위하여 건립한 높이 7m의 진주성 수호상으로 2000년 1월 1일 제막하였다.

🚌 매표소에서 도보 10분

영남 포정사

도청의 정문으로 사용된 곳

영남 포정사는 조선 광해군 10년(1618년)에 병사 남이흥이 신축하였다. 고종 32년(1895년)에는 진주 관찰부, 건양 원년(1896년)에는 경상남도 관찰사 청사의 관문으로 사용되었다. 일명 망미루(望美樓)라고도 불리며, 경남도청이 부산으로 옮겨지기 전까지 도청의 정문으로 사용되기도 했다.

🚌 매표소에서 도보 13분

공북문

진주성도에 나와 있는 진주성의 정문

'공북(拱北)'이란 충성을 맹세한 신하가 임금이 있는 북쪽을 향해 공손하게 예를 올린다는 뜻이다. 공북문은 17세기 이후에 그려진 진주성도에 진주성의 정문으로 나와 있으며, 2002년 5월 1일 홍예식 2층 다락루로 복원하였다. 공북문은 낮보다는 밤에 봐야 더 웅장하고 아름답다.

🚌 매표소에서 도보 12분

비석군

보호할 목적으로 옮겨 놓은 비석

선조 37년(1604년) 마산에 있던 경상도 우병영을 진주성으로 옮긴 병사 겸 목사 이수일의 유애비와 효종 10년(1656년) 목사 성이성의 청덕 유애비 등 조선 시대에 세워진 30여 기의 비석군이다.
진주성을 비롯한 시내각처에 방치된 채로 산재해 있던 것을 한국 문화재 보존 협회 진주시 지부에서 비석들을 보호할 목적으로 지금 위치에 옮겨 놓았다.

🚌 매표소에서 도보 15분

북장대

후대 군사 건물의 모범이 된 곳

진주성의 북쪽 지휘소로 진남루라고도 불린다. 임진왜란 때 불타 없어진 것을 광해군 10년(1618년)에 병사 남이흥이 중건하였고 현재의 건물은 1964년에 중수한 것이다.
조선 중기의 다락집 형태로 후대에 군사 건물의 모범이 된 이곳은 내성 북쪽 끝 제일 높은 곳에 있어 낭떠러지 밑의 성 밖은 물론 성내와 외성에 포진한 병사까지 지휘할 수 있었다.

🚌 매표소에서 도보 18분

포루

진주성을 방어하던 곳

진주성을 방어하던 포진지이다. 선조 40년(1607년)에 병사 김태허에 의해 진주성 내·외성에 포루 12좌가 설치되었는데 1969년 진주성을 복원하면서 상징적으로 1개소만 복원하였다.

🚌 매표소에서 도보 22분

호국사

승병들의 넋을 기리는 곳

고려 시대에 창건된 절로, 원래 이름은 내성사였으며 임진왜란 때는 승군의 근거지가 되었다. 제2차 진주성 전투에서 순국한 승병들의 넋을 기리기 위해 숙종 때 호국사란 이름으로 재건되었다. 현재의 호국사는 진주성을 복원하면서 일주문 자리가 발견되어 새로 건립된 것이며, 사찰의 건물들은 모두 근년에 새로 지어졌다.

🚌 매표소에서 도보 28분

창렬사

1607년에 건립된 사액 사당

임진왜란 당시 계사년(1593년) 제2차 진주성 전투에서 순절한 분들의 신위를 모시기 위해 선조 40년(1607년)에 건립된 사액 사당이다. 제1차 진주성 전투에서 대승리를 거둔 김시민 장군을 모신 충민사가 고종 5년(1868년) 대원군의 서원 철폐령으로 헐리게 되자 장군의 신위를 이곳으로 옮겨와 함께 모셨다. 현재 창렬사에는 충무공 김시민 장군의 신위와 삼장사 등 임진왜란 때 순절한 39위의 신위를 모시고 있으며 매년 제향을 올리고 있다.

🚌 매표소에서 도보 25분

쌍충사적비

충의가 새겨진 비석

임진왜란 때 의병을 모아 싸우다 순국한 제말 장군과 정유재란 때 전사한 그의 조카 제홍록 장군의 충의를 새긴 비석이다.

🚌 매표소에서 도보 10분

서장대

장군의 지휘소

진주성의 서문에 속하는 장군의 지휘소이다. 〈여지도서〉에 보면 '회룡루'로 기록되어 있는데 규모는 작았으나 촉석루와 같이 다락집이었다고 한다. 지금의 건물은 1934년에 독지가 서상필 씨가 중건한 것이다. 현재 걸려 있는 현판의 글씨는 서예가 은초 정명수 선생의 글씨이다.

🚌 매표소에서 도보 30분

국립 진주 박물관

임진왜란 전문 역사 박물관

진주성 내에 위치한 박물관으로, 1978년 건립 계획안이 확정되어 1984년 개관하였으며 1998년 1월 임진왜란 전문 역사 박물관으로 재개관하여 임진왜란 관련 유물 800여 점을 전시하고 있다.

현대건축의 1세대 건축가인 고 김수근의 설계로 우리나라 목탑을 형상화한 건물로 지어졌다. 2001년 11월 19일에는 재일 교포 실업가 두암 김용두 선생의 기증 문화재를 전시하기 위한 두암관을 개관하기도 하였다.

🏠 경상남도 진주시 남강로 616-35 🚌 매표소에서 도보 15분 🕐 평일 09:00~18:00, 토·일·공휴일 09:00~19:00(1월 1일, 월요일 휴무) 💰 무료 ☎ 055-740-0698 🌐 jinju.museum.go.kr

 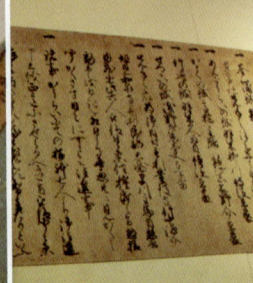 

꼭 가봐야 할 맛집

차 없는 거리

진주성 근처 번화가

진주성 매표소에서 멀지 않은 곳에 차 없는 거리가 있다. 음식점, 카페, 옷가게 등 다양한 상점이 모여 있어, 진주 사람들의 쇼핑 장소로 많은 사랑을 받고 있는 곳이다. 특히 태산 만두는 가격 부담 없이 즐길 수 있는 분식점으로 유명하다. 돈가스, 우동, 만두, 순두부 등을 판매하고 있으니 출출할 때 들러 보자.

🏠 경상남도 진주시 촉석로 186번길, 진주대로 1069번길, 진양호로 527번길 일대 🚌 진주성에서 도보 5분

천황 식당

죽기 전에 꼭 맛봐야 할 육회비빔밥

3대째 80년간 진주비빔밥을 계승해 오고 있는 집으로 계절에 맞는 부드러운 나물과 신선한 육회, 재래식 메주로 빚은 간장과 특유 비법의 고추장을 쓴다. 특히 식사를 시키면 따라 나오는 쇠고깃국은 선지까지 들어 있어 깊은 맛이 난다. 천황 식당은 음식도 유명하지만 옛 맛을 느끼게 하는 오래된 집 내부와 비품들도 음식만큼이나 유명한 집이니 식사 후 집 구경도 해 보도록 하자.

🏠 경상남도 진주시 촉석로207번길 3 🚌 진주성에서 도보 20분(중앙 시장 내, 대호 사우나 헬스 옆) 🕐 09:30~21:00(화요일 휴무) 🍜 비빔밥 10,000원, 불고기 20,000원 ☎ 055-741-2646

남해독일마을

고요와 풍요를 품고 있는 섬

한국 경제가 어려웠던 1960~1970년대에 남자들은 광부로, 여자들은 간호사로 파견되어 독일 땅을 밟았다. 한국은 이들을 독일로 보내는 조건으로 차관을 제공받았고 이는 한국 경제를 성장으로 이끄는 원동력이 되었다.

남해 독일 마을은 경제 발전에 헌신한 독일 교포들이 고국에 정착할 수 있도록 터전을 제공하고, 이국적인 독일 문화를 체험하는 관광지로 개발하기 위해 2001년부터 조성한 곳이다.

남해의 산과 바다로 둘러싸인 아름다운 곳에 지어진 수십 채의 예쁜 독일식 주택은 그 자체로 훌륭한 볼거리가 되고 있다. 앞으로는 소박하고 아름다운 물건항이 보이고 주변에는 원예 예술촌과 해오름 예술촌이 있어 한국의 보물섬이라 불리는 남해에서 손꼽히는 관광지로 자리 잡았다. 한예슬이 출연한 MBC 드라마〈환상의 커플〉촬영지로도 유명한 남해 독일 마을은 차를 타지 않고 걸어 다니며 둘러볼 수 있어 더 매력적이다.

ACCESS
- 경상남도 남해군 삼동면 독일로 92
- 부산 서부 시외버스 터미널에서 남해행 시외버스 이용하여 남해 하차, 미조·은점 방향 버스 이용하여 독일 마을 하차
- 남해 고속도로 이용하여 사천 IC에서 사천 방향, 사천대로 이용하여 대방 교차로에서 삼천포대교 방향, 동부대로 이용하여 독일 마을 방향

INFORMATION
☎ 055-867-8897 ⓘ www.남해독일마을.com

독일마을

독일 마을

한국 속의 독일

아름다운 독일식 전통 주택이 있는 마을이다. 분위기가 이국적이어서 마치 독일의 어느 마을에 온 것 같은 착각을 불러일으킨다. 독일에서 돌아온 간호사와 광부의 마을로 알려진 이곳은 민박집이 밀집해 있는데 물건항과 해오름 예술촌 등 주변에 볼거리도 있고 또 풍경이 아름다워 MBC 인기 드라마 〈환상의 커플〉이 촬영되기도 했다.

🏠 경상남도 남해군 삼동면 독일로 92 🚌 남해 공용 터미널에서 미조·은점 방향 버스 이용하여 독일 마을 하차 ☎ 055-867-8897 🌐 www.남해독일마을.com

⭐ 철수네 집

드라마의 여운이 그대로

MBC 인기 드라마 〈환상의 커플〉에서 철수네 집으로 나왔던 집이다. 철수네 집은 개인 가정집을 MBC에서 임대 사용한 곳으로 현재는 원상 복구되어 안에 들어가 볼 수는 없다. 세트장이 아니니 주인의 허락없이 들어가서는 안 된다.

🚌 남해 독일 마을 내

물건 마을

마음의 독까지 빼 주는 소박한 마을

아름다운 어촌으로 선정된 마을답게 그 풍경은 설명이 따로 필요 없을 정도이다. 천연기념물 제150호 물건 방조 어부림과 바다 위에 떠 있는 어선들은 보는 것만으로도 찾아온 이들의 마음에 행복을 안겨준다.

🏠 경상남도 남해군 삼동면 동부대로 1122번길 🚌 독일 마을 버스 정류장에서 도보 1분 ☎ 1588-3415

물건항

돈 주고도 못 보는 한 폭의 그림

조용한 어촌 마을 옆에 있어서 그런지 바다 물결 또한 잔잔하게 흐른다. 1986년 국가 어항으로 지정이 되었을 정도로 풍부하고 다양한 수산 자원을 보유하고 있다. 해안을 따라 1.5km, 폭 30m의 반달 모양 숲이 있는데, 강한 바닷바람과 해일 등을 막기 위해 약 300년 전 인공적으로 조림된 물건리 방조 어부림으로 천연기념물 제150호로 지정되어 있다.

🏠 경남 남해군 삼동면 🚌 독일 마을 버스 정류장에서 도보 7분 ☎ 1588-3415

남해 파독 전시관

독일로 간 젊은 그들의 이야기

지하 1,200m 갱도에서도 희망을 잃지 않았던 파독 광부와 외롭고 고된 생활을 이겨 낸 파독 간호사들의 이야기를 담은 공간이다. 독일 생활의 향내를 간직한 실제 유물과 영상은 독일 생활의 흔적을 고스란히 전해 준다. "글릭아우프!" 살아서 돌아오라는 인사로 시작된 그들의 이야기를 듣고 싶다면 꼭 방문해보자.

🏠 경상남도 남해군 삼동면 독일로 89-7 🚌 독일 마을 버스 정류장에서 도보 15분 ⏰ 09:00~17:00(1월 1일, 명절, 매주 월요일, 단 월요일이 공휴일인 경우 다음 날 휴관) ₩ 1,000원 ☎ 055-860-3540

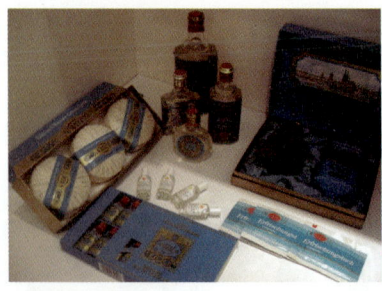
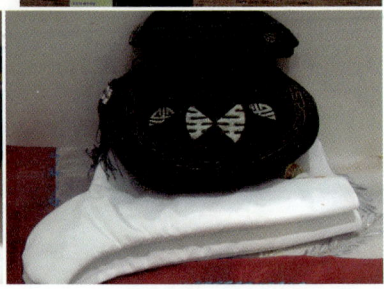

원예 예술촌

남해에서 만나는 아름다운 정원

17명의 원예인들이 만든 예쁜 마을로 독일 마을 바로 뒤편에 위치하고 있다. 마을을 이루고 있는 정원들은 프랑스풍, 지중해풍, 미국풍, 호주풍, 스위스풍, 멕시코풍 등으로 꾸며져 있으며 산책길도 벚꽃길, 매화길, 장미 터널 등으로 다양하게 꾸며져 있다.

🏠 경상남도 남해군 삼동면 예술길 39 🚌 독일 마을 버스 정류장에서 도보 15분 ⏰ 09:00~17:00(계절·상황에 따라 시간이 변경될 수 있음. 매주 월요일 휴관. 단, 공휴일과 성수기 제외) ₩ 성인 5,000원, 청소년 3,000원, 어린이 2,000원 ☎ 055-867-4702 🌐 www.housengarden.net

꼭 가봐야 할 맛집

펠리스(FELIZ) 카페

멋진 풍경에서 즐기는 브런치

독일식 브런치, 독일식 소시지, 독일식 맥주는 물론 아메리카노, 카페모카 등 각종 커피를 판매하고 있는 음식점이다. 인테리어가 멋져서 독일 마을을 찾은 사람들에게 인기를 끌고 있다. 특히 야외에 마련된 공간에서 식사를 하면 독일 마을 풍경은 덤으로 누릴 수 있다. 야외 테이블에 앉으면 독일 마을은 물론 멀리 물건 마을과 물건항까지 훤하게 보인다.

🏠 경상남도 남해군 삼동면 독일로 22 🚌 독일 마을 버스 정류장에서 도보 15분 ⏰ 10:00~22:00 ₩ 독일식기리부어스트 14,000원, 아메리카노(HOT) 4,000원, 밀맥주 7,000원 ☎ 055-867-0588

독일 마을 내 카페

독일 맥주와 커피 한잔을 즐길 수 있는 곳!

펠리스 카페에서 독일 파독 전시관으로 향하는 길에는 독일 맥주와 각종 커피, 브런치를 판매하는 카페가 가득하다. 이곳에 늘어서 있는 카페들은 대부분 인테리어가 훌륭해 우열을 가리기 힘들 정도다. 독일 맥주를 마시며 독일 마을을 감상하고 싶다면 꼭 들러 보자.

🏠 경상남도 남해군 삼동면 독일로 46 일대 🚌 독일 마을 버스 정류장에서 도보 15분

관광지를 돌아다니는 평범한 여행이 싫증난다면
내가 좋아하는 테마를 정해 두고 여행하면 어떨까?
영화 마니아를 위한 부산 국제 영화제와 영화 촬영지 탐방부터
부산의 속살을 느끼는 산복도로 드라이브와 걷기 여행,
바다 내음 가득한 유람선 여행, 그리고 부산 축제 즐기기까지
취향에 따라 다양한 테마로 부산을 특별하게 즐겨 보자!

테마 여행

부산 국제 영화제
시네마 투어
산복도로 드라이브
부산 걷기 여행
유람선 여행
배 타고 일본 여행
부산의 축제 속으로

별들의 잔치

부산 국제 영화제

아시아를 넘어 세계로 도약한 부산 국제 영화제는 1996년 제1회를 시작으로 매년 10월에 개최되고 있다. 우리나라 영화의 40%가량이 부산을 촬영지로 선택하고 있으며 지난 10년 간 부산에서 촬영된 영화가 250편이 넘는 것을 볼 때 부산은 가히 영화 천국이라 할 만하다. 볼 만한 영화들과 세계 각지에서 온 스타들로 인해 더욱 빛나는 부산에서 인생 최고의 가을 추억을 만들어 보자.

부산 국제 영화제 개요

1996년 9월 문을 연 부산 국제 영화제는 이후 매년 가을 개최되고 있으며, 세계 각국의 배우, 감독, 제작자, 영화·영상 관계자들, 일반 관객들이 함께 즐기는 축제를 통해 한국은 물론 아시아 영화 산업을 한 단계 발전시키는 데 공헌하였다. 2013년의 경우 70개국에서 299편의 영화가 참가하여 11가지 섹션별로 다채로운 프로그램이 펼쳐졌고 참여 관객 수는 21만 7천여 명에 달했다.

▼ 매년 10월경　☎ 1688-3010　ⓘ www.piff.org

프로그램	내용
갈라 프레젠테이션(Gala Presentation)	거장들의 신작이나 화제작을 소개
아시아 영화의 창(A Window on Asian Cinema)	아시아의 신작과 화제작을 소개
뉴 커런츠(New Currents)	아시아권 신인 감독을 발굴 및 격려
한국 영화의 오늘(Korean Cinema Today)	대한민국 감독들의 화제작과 신작을 소개
한국 영화 회고전(Korean Cinema Retrospective)	특정한 대한민국 감독의 회고전을 통해 대한민국 영화사를 재조명
월드 시네마(World Cinema)	전 세계 화제작과 신작을 소개
와이드 앵글(Wide Angle)	세계각국의 단편 영화, 애니메이션, 다큐멘터리, 실험 영화 소개
오픈 시네마(Open Cinema)	작품성과 대중성을 갖춘 화제작과 신작을 야외 상영장에서 상영
플래시 포워드(Flash Forward)	비(非)아시아권 신인 감독들의 독창성있는 작품을 소개
미드나잇 패션(Midnight Passion)	작품성과 오락성을 겸비한 공포, 공상 과학, 컬트 영화를 소개
특별 기획 프로그램(Special Programs in Focus)	매해 주제를 선정하여 여는 특별전

입장권 예매 방법

개·폐막식 예매는 인터넷 예매(부산 국제 영화제 홈페이지)만 가능하다. 외국인 예매 시스템도 구축되어 있어 외국인은 물론, 해외에서도 실시간 예매를 할 수 있다. 일반 상영작 예매는 인터넷 예매는 물론 부산 은행, 해운대와 남포동에 설치된 임시 매표소에서 하면 된다. 또한 부산 국제 영화제는 미리 표를 구하지 못한 사람들을 위해 현장 판매분을 배정해 놓고 있으니 혹시 표를 못 구했다고 하더라도 실망하지 말자.

부산 국제 영화제 관련 장소

◎ 영화의 전당

축구장 2.5배 면적에 달하는 세계 최대 규모의 지붕이 눈길을 사로잡는 영화의 전당은 부산 국제 영화제 개막식과 폐막식 행사장으로도 잘 알려져 있다. 영화의 전당은 시네마운틴, 비프힐, 더블콘 등 3개의 건물로 이루어져 있으며, 다양한 형태의 공연이 열리고 있다. 영화의 전당 내에 있는 시네마테크에는 부산 국제 영화제상영 작품은 물론 국내외 미개봉 영화, 예술 영화 등이 보관되어 있으며 신분증을 제시하면 도서 및 영상 자료를 열람할 수 있다.

🏠 해운대구 수영강변로 120 🚇 지하철 2호선 센텀시티역 6, 12번 출구, 신세계 백화점 야외주차장 옆 ☎ 051-780-6000 ⏰ 09:30~21:00(연중무휴) ℹ️ www.dureraum.org

◎ 부산 영화 촬영 스튜디오

단일 규모로는 국내 최대 크기의 사운드 스테이지를 보유하고 있는 곳으로 영상 문화의 확대로 인해 문화 관광 명소로 자리 잡고 있다.

🚇 지하철 2호선 동백역 3번 출구에서 도보 10분
ℹ️ www.bfc.or.kr

❶ 야외 극장(영화의 전당)
　지하철 2호선 센텀시티역 6, 12번 출구

❷ 시네마운틴(영화의 전당)
　지하철 2호선 센텀시티역 6, 12번 출구

❸ CGV 센텀시티
　지하철 2호선 센텀시티역 6, 8, 10번 출구. 신세계 센텀시티

❹ 롯데 시네마 센텀시티
　지하철 2호선 센텀시티역 6, 8, 10번 출구. 롯데 백화점

❺ 부산 시청자 미디어 센터.
　지하철 2호선 센텀시티역 6번 출구

❻ 동서 대학교 소향 뮤지컬 씨어터
　지하철 2호선 센텀시티역 6번 출구

❼ 메가박스 해운대
　지하철 2호선 해운대역 1번 출구

❽ 메가박스 부산 극장
　지하철 1호선 자갈치역 7번 출구

남포동 비프 광장 핸드프린팅 거리

남포동 비프 광장에는 핸드프린팅 거리가 있다. 이곳에는 영화관이 모여 있고 부산의 명물 씨앗호떡도 판매하는 곳도 있어 늘 사람들로 북적인다. 이 때문에 유명 인사들의 핸드프린팅을 보려면 주의를 기울여야 한다.

연도	핸드프린팅 참여자	참여국/직업
1997년 (2회)	웨인 왕 (Wayne Wang)	홍콩 감독
	제레미 아이언스 (Jeremy Irons)	영국 배우
	씨에진 (Xie Jin)	중국 감독
	키타노 다케시 (Kitano Takeshi)	일본 감독
	압바스 키아로스타미 (Abbas Kiarostami)	이란 감독
	김기영 (Kim Ki-Young)	한국 감독
1998년 (3회)	이마무라 쇼헤이 (Imamura Shohei)	일본 감독
	페르난도 솔라나스 (Fernando E. Solanas)	아르헨티나 감독
	故 유영길 (Yoo Young-Kil)	한국 감독
1999년 (4회)	장이모우 (Zang Yimou)	중국 감독
	황정순 (Hwang Jung-Soon)	한국 배우
	유현목 (Yu Hyun-Mok)	한국 감독
2000년 (5회)	빔 벤더스 (Wilhelm Wenders)	독일 감독
	크지슈토프 자누쉬 (Krzysztof Zanussi)	폴란드 감독
	모흐센마흐말바프 (Mohsen Makhmalbaf)	이란 감독
	허우 샤오시엔 (Hou Hsiao Hsien)	태국 감독
2001년 (6회)	신상옥 (Shin Sang-Ok)	한국 감독
	최은희 (Choi Eun-Hee)	한국 배우
2002년 (7회)	잔느 모로 (Jeanne Moreau)	프랑스 배우
2003년 (8회)	김수용 (Kim Soo-Yong)	한국 감독
	얀 트로엘 (Jan Troel)	스웨덴 감독
2004년 (9회)	정창화 (Chung Chang-Wha)	한국 감독
2005년 (10회)	테오 앙겔로플로스 (Theo Angelopoulos)	그리스 감독
	故 이만희 (Lee Man-Hee)	한국 감독
2006년 (11회)	스즈키 세이준 (Suzuki Seijun)	일본 감독
2007년 (12회)	이스트반 자보 (Istvan Szabo)	헝가리 감독
2008년 (13회)	故 에드워드 양 (Edward Yang)	대만 감독
	폴커 슐륀도르프 (Volker Schlondorff)	독일 감독
	클로드 를루슈 (Claude Lelouche)	프랑스 감독
	故 김승호 (Kim Seung-Ho)	한국 배우
	다리우스 에흐르지 (Earioush Mehrjui)	이란 감독
	엔니오 모리꼬네 (Ennio Morricone)	이탈리아 음악가
2009년 (14회)	피터 그리너웨이 (Peter Greenaway)	영국 감독
	코스타 가브라스 (Konstantinos Gavras)	프랑스 감독
	다리오 아르젠토 (Dario Argento)	이탈리아 감독
2010년 (15회)	김지미 (Kim Ji-Mi)	한국 배우
	줄리엣 비노쉬 (Juliette Binoche)	프랑스 배우
	윌리엄 대포 (William J. Dafoe)	미국 배우
	카를로스 사우라 (Carlos Saura Atares)	스페인 감독
	올리버 스톤 (William Oliver Stone)	미국 감독
	와다 에미 (Wada Emi)	일본 디자이너
2011년 (16회)	이자벨 위페르 (Isabelle Ann Huppert)	프랑스 배우
	김기덕 (Kim Ki-Duk)	한국 감독
	욘 판 (Yon Fan)	홍콩 감독
	뤽 베송 (Luc Besson)	프랑스 감독
2012년 (17회)	신영균 (Sin Young-Gyun)	한국 배우
	와카마츠 코지 (Wakamatsu Koji)	일본 감독
	아르투로 립스테인 (Arturo Ripstein Rosen)	멕시코 감독
	아그네츠카 홀란드 (Agnieszka Holland)	폴란드 감독
2013년 (18회)	왕우 (Wang Yu)	홍콩 배우
	임권택 (Im Kwon-Taek)	한국 감독
	짐 쉐리단 (Jim Sheridan)	아일랜드 감독

영화 속 장면 찾아가기

시네마 투어

부산은 그야말로 365일 "레디, 액션!" 중이다. 많은 영화와 드라마가 촬영되었고, 지금도 촬영되고 있어 도시 전체가 거대한 영화 세트장 같다고 해도 과언이 아닐 정도이다. 아름다운 자연 경관이 많고 오랜 세월이 만들어 낸 특유의 분위기를 간직한 동네도 많아 촬영지로서의 인기는 나날이 높아지고 있다.

⛵ 〈변호인〉 용두산 공원 아래, 중앙 성당 옆

영화 속 감동이 전해지는 거리

고 노무현 대통령의 일화를 다룬 영화 〈변호인〉이 촬영된 곳이다. 영화의 마지막 부분에 나온 시위 장면이 촬영된 곳으로, 주연 배우 송강호와 임시완이 모두 이곳에서 촬영하였다. 주변에는 부산의 명소로 이름난 용두산 공원과 남포동이 있다. 또 횡단보도를 건넌 후 남성 여자 고등학교 쪽으로 걸어가면 예쁜 벽화 골목도 만날 수 있다. 이 벽화 골목은 동광동 인쇄 골목과 연결되는데, 동광동 인쇄 골목은 장혁과 전지현 주연 영화 〈내 여자 친구를 소개합니다〉와 조승우 주연 영화 〈하류 인생〉이 촬영된 곳이기도 하다. 한 마디로 이 일대는 거대한 영화 세트장이라고 해도 과언이 아니다.

🚇 지하철 1호선 중앙역 5번 출구에서 도보 10분

⛵ 〈도둑들〉 부산 데파트

부산 최초 주상복합 쇼핑센터

김혜수, 전지현, 김윤석, 김수현 등 초호화 출연진으로 화제를 모은 영화 〈도둑들〉은 홍콩과 마카오에서 주로 촬영된 것으로 알려져 있는데 부산에서도 꽤 많은 분량이 촬영되었다. 〈도둑들〉에서 김윤석의 와이어 액션이 촬영되어 유명해진 부산 데파트는 부산 최초의 주상복합 건물로 알려져 있는데 마치 홍콩 같은 분위기를 자아낸다. 주변에는 자갈치 시장과 남포동, 롯데 백화점 광복점 등이 있다.

🚇 지하철 1호선 남포역 7번 출구에서 도보 2분

🚩 〈올드 보이〉 상해 거리

100년 역사의 차이나타운

화교 학교와 화교가 운영하는 중국 음식점 등이 밀집해 있는 상해 거리는 부산 속의 작은 중국이다. 최민식, 유지태가 주연한 영화 〈올드 보이〉는 물론이고 하정우가 출연한 영화 〈범죄와의 전쟁〉, 하지원이 출연한 영화 〈내 사랑 내 곁에〉도 이곳을 거쳐 갔다. 특히 차이나타운 안에 있는 중국 음식점 '장성향'은 영화 〈올드 보이〉에서 주요 장면이라 할 수 있는 최민식의 군만두 신이 촬영된 것으로도 유명하다.

🚇 지하철 1호선 부산역 1번 출구에서 도보 5분

🚩 〈친구〉 자갈치 시장

오래된 박물관 같은 거리

부산을 영화의 도시로 알린 작품이라고 해도 과언이 아닌 영화 〈친구〉가 촬영된 곳이다. 〈친구〉는 부산 곳곳에서 촬영되었는데, 자갈치 시장에서는 장동건과 그의 친구들이 신나게 달려가는 장면이 촬영되었다. 영화가 촬영된 곳 주변에는 예전 에점집 길로 유명했던 곳도 있고 영도 다리도 있다. 또 길 건너에는 영화 〈도둑들〉이 촬영된 부산 데파트도 있다.

🚇 지하철 1호선 남포역 4, 6번 출구에서 도보 1분

🚩 〈아저씨〉 매축지 마을

일부러 만든 영화 세트장 같은 곳

70년대 도시 풍경을 그대로 간직하고 있는 마을이다. 워낙 이색적이라 그런지 마을 전체가 영화 세트장처럼 느껴진다. 독특한 분위기 때문에 실제로 영화가 많이 촬영되었다. 원빈 주연 영화 〈아저씨〉와 〈마더〉, 장동건 주연 영화 〈친구〉, 조승우 주연 영화 〈하류인생〉 등이 이곳을 거쳐갔다. 마을을 걷다 보면 영화 속에 나오는 장소들이 보여 눈길을 사로잡는다.

🚇 지하철 1호선 좌천역 4번 출구에서 도보 5분

⛵ 〈사생결단〉 용두산 공원

외국인들에게 더 사랑받는 공원

황정민, 류승범이 출연한 영화 〈사생결단〉에서, 잠복 근무 중인 황정민이 마약 사범을 덮치자 도망가던 두목이 자동차에 치여 죽는 장면이 이곳에서 촬영되었다. 용두산 공원에 올라서면 그야말로 부산이 한눈에 보인다. 아름다운 풍경을 볼 수 있기 때문에 외국인 관광객들의 여행 필수 코스로도 많은 사랑을 받고 있다.

🚇 지하철 1호선 남포역 1번 출구에서 도보 10분

⛵ 〈해운대〉 미포항

천만 관객을 끌어들인 작은 항구

하지원, 설경구, 박중훈, 엄정화 등이 출연한 영화 〈해운대〉는 천만 관객을 끌어들여 큰 화제를 모으기도 했었다. 영화 〈해운대〉는 실제로 해운대에서 많이 촬영되었다. 해운대 해수욕장 바로 앞에 위치한 해운대 시장을 비롯하여 해운대 해수욕장과 달맞이 고개 사이에 있는 미포항에서도 촬영되었다.

🚇 지하철 2호선 해운대역 3, 5번 출구에서 도보 20분

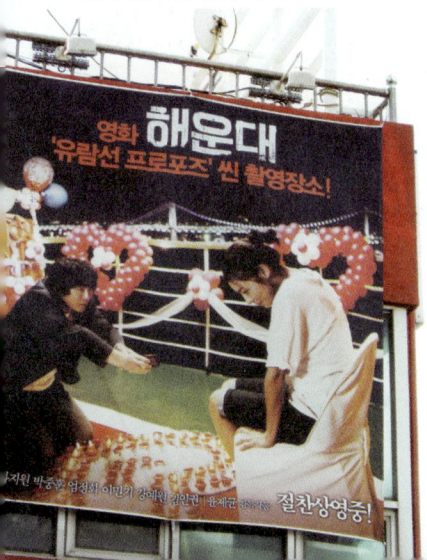

1,300원으로 즐기는
백만 불짜리 풍경

산복도로 드라이브

'산 중턱을 지나는 도로'를 뜻하는 산복도로는 전쟁의 기억을 담고 있다. 한국 전쟁 당시 부산으로 몰려든 피란민들은 산비탈에 판자촌을 이루고 살았는데, 세월이 흐르면서 판자촌 대신 집들이 빽빽하게 들어차게 되었다. 버스를 타고 중구의 영주 산복도로와 동구의 수정 산복도로를 달리다가 아무곳에나 내려 골목골목 누비다 보면 부산 서민들의 진짜 '생얼'을 만날 수 있고 밤에는 부산의 환상적인 야경까지 감상할 수 있다.

86번 버스 이용하기

산복도로로 향하는 버스는 86번, 186번, 333번 버스 등이 있는데, 그중에서 86번 버스를 타는 것이 제일 무난하다. 186번 버스의 경우엔 종점 근처에서 탈 수 없어 자리를 잡기가 약간 어렵고 333번 버스는 86번, 186번 버스에 비해 산복도로를 많이 볼 수 없기 때문이다. 86번 버스를 타면 운전기사 아저씨가 앉아 계신 줄 말고 그 반대편에 자리를 잡자. 그래야 더 많은 풍경을 제대로 감상할 수 있다.

- **버스 타는 곳** 신동아 시장 앞(지하철 1호선 자갈치역 10번 출구에서 도보 3분)
- **버스 내리는 곳** 서면 동보 서적 근처(지하철 1, 2호선 서면역 2번 출구에서 도보 5분)
- **86번 버스 요금** 1,300원
- **신동아 시장에서 서면까지 소요 시간** 약 40분

 TIP 신동아 시장을 마주 본 상태에서 오른쪽으로 3분 정도 걸어가면 버스 정류장이 또 보인다. 이곳에서 86번 버스를 타면 더 좋은 자리를 차지할 수 있나.

버스에서 내려서 구경하고 싶다면

영주 삼거리나 부산 컴퓨터 과학고 앞에서 하차하면 부산을 한눈에 볼 수 있는데 경치뿐 아니라 골목골목을 꽉 채우고 있는 주택가도 색다른 즐거움을 준다. 단, 산복도로는 인도가 좁은 편이니 안전을 위해서 밤 시간대 도보 여행은 자제하자.

⛵ 대청동 색채 마을

산복도로 곳곳의 오래된 마을들이 이미 부산의 명소로 이름을 날리고 있는데, 비교적 최근에 또 하나의 마을이 산복도로 명소의 대열에 합류했다. 86번 버스를 타고 수정 산복도로를 따라 가다 보면 눈에 띄는 가옥들이 모여 있는 곳이 있으니 바로 대청동 색채 마을이다. '알록달록 예쁜 마을'로도 불리는 이곳은 2009년 수립한 부산시 도시 색채 계획을 활용하여 조성된 곳이다. 30여 동의 가옥들이 가지고 있는 예쁜 색들은 찾아온 이들을 아름다움과 다채로움의 세계로 안내한다.

🏠 중구 망양로 355번길 일대 🚌 86번 버스 이용하여 금수사 또는 부산 디지털 고등학교 하차(부산 디지털 고등학교와 중구 종합 사회 복지관 사이에 위치)

긴장! 집중! 최고의 야경

수정 아파트 승차장에 도착하면 일단 마음의 준비를 하고 창밖에서 눈을 떼지 말자. 수정 아파트에서부터 수정 삼거리까지는 그야말로 천국보다 아름답고 영화보다 감동적인 눈부신 야경을 자랑한다.

느린 걸음으로 부산 느끼기

부산 걷기 여행

인생은 경험한 만큼 보이고, 여행은 걸은 만큼 보인다. 특히 부산 여행은 걸은 만큼 보이기도 하지만 걸은 만큼 행복해지기도 한다. 골목길 구석구석 누비면서 오래된 가옥과 아기자기한 벽화를 만나고 구비구비 해안길을 따라 걸으며 눈물 나게 아름다운 절경과 마주하게 된다. 한가로이 부산의 길을 걸으며 아름다운 추억을 만들어 보자.

초량 이바구길

부산역 앞에서 즐기는 시간 여행

초량 이바구길은 산복도로의 정취를 느낄 수 있는 길이다. 산복도로 위에 올라서면 부산이 한눈에 조망된다. 골목 사이사이에는 바닷바람을 맞으며 조용히 나이 먹은 집들이 보이고 그 속에서 소박하고 아름답게 살아가는 부산 사람들이 보인다.

초량 이바구길이 시작되는 지점에는 1922년에 지어진 부산 최초의 근대식 개인 종합 병원인 옛 백제 병원 주변이 있고 그 주위에는 재래시장과 상해 거리, 텍사스촌이 있다. 옛 백제 병원을 지나 장기려 박사 기념 더 나눔까지는 거의 오르막이라 보면 된다. 중간에는 무료로 볼 수 있는 담장 갤러리와 168 계단이라 불리는 가파른 계단도 있다. 김민부 전망대에 올라서면 부산이 그야말로 한눈에 보인다. 장기려 박사 기념 더 나눔에서 까꼬막까지는 도로에 차가 많이 다니기 때문에 조심해서 걸어야 한다.

옛 백제 병원 🏠 동구 중앙대로 209번길 16 🚇 지하철 1호선 부산역 7번 출구에서 도보 2분

TIP KTX 부산역 바로 앞에 있는 횡단보도를 건넌 후 오른쪽으로 걸어가면 초량 이바구길 이정표가 보인다.

🚩 **코스 : 총 약 1.8km, 2시간**

옛 백제 병원 → 남선 창고터 → 담장 갤러리 → 동구 인물사 담장 → 168 계단 → 김민부 전망대 → 이바구 공작소 → 장기려 박사 기념 더 나눔 → 유치환의 우체통 → 까꼬막

travel tip
도보 여행 시 주의해야 할 점

초량 이바구길 등 산복도로를 도보로 여행할 때는 특히 차 조심을 해야 한다. 인도가 좁은 경우가 많으니 걸을 때에 주의를 기울여야 한다. 또 야간 여행은 되도록 자제하고 길을 건널 때에도 꼭 주의를 기울이도록 한다.

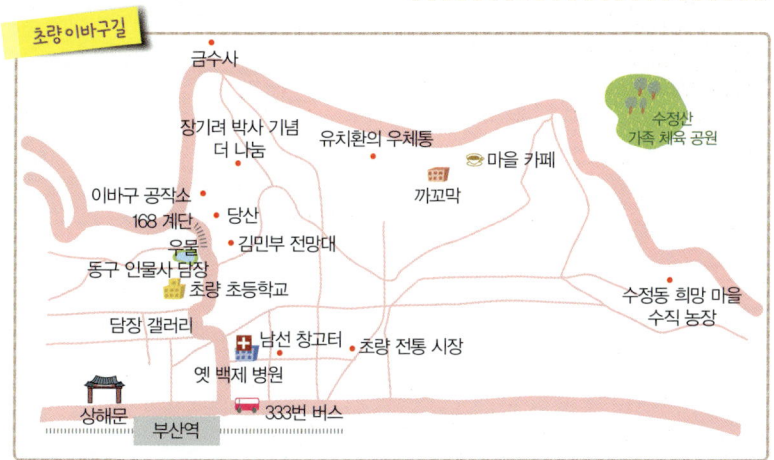

갈맷길

오직 세월만이 만들 수 있는 작품

몇 해 전부터 걷기 여행이 크게 각광 받으면서 부산시에서도 부산 전역에 걸쳐 걷기 코스를 개발하였는데 이것이 바로 갈맷길이다. 총 9개 코스의 갈맷길 700리 안에는 그야말로 부산의 명소가 다 담겨 있다. 걷다 보면 각종 잡지와 TV에 얼굴을 자주 내민 익숙한 장소와 자연스럽게 만나게 된다. 갈맷길 700리는 자연이 만들어 낸 풍경과 사람이 만들어 낸 풍경이 아름답게 어우러져 있어 먼 길도 지루하지 않게 완주할 수 있다.

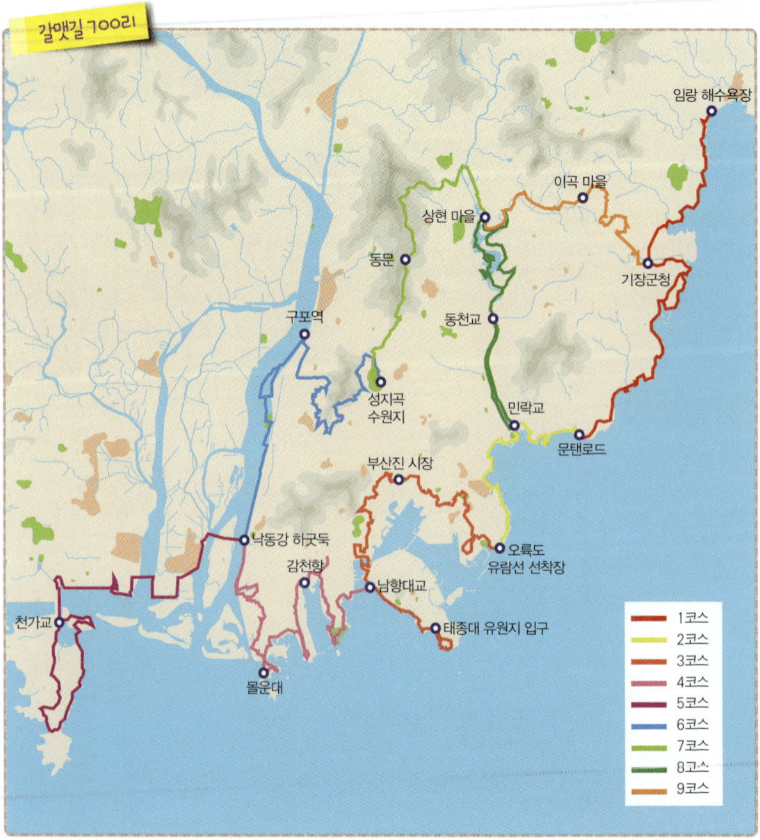

갈맷길 700리

- 1코스
- 2코스
- 3코스
- 4코스
- 5코스
- 6코스
- 7코스
- 8코스
- 9코스

1코스 임랑 해수욕장~문탠로드

백사장 주변에 노송이 즐비해 있는 임랑 해수욕장과 자연 그대로를 즐길 수 있는 일광 해수욕장, 국내 최대의 멸치 산지로 유명한 대변항, 무속인들이 용왕님을 모시고 치성을 올리는 곳으로 유명한 오랑대, 한 가지 소원은 반드시 이루어진다는 전설로 잘 알려진 해동 용궁사, 기장 제일의 명승지 시랑대, 투명한 바닷물이 매력적인 송정 해수욕장, 부산 팔경의 하나인 달맞이길을 지나는 코스이다.

임랑 해수욕장 🏠 기장군 장안읍 임랑해안길 51 🚌 부산역에서 1003번 버스 이용하여 대변 입구 하차, 188번 버스로 환승하여 임랑해수욕장 입구 하차 🌐 imrang.invil.org

🚩 **코스 : 총 33.6km, 10시간**

1-1구간 : 12.2km, 4시간
임랑 해수욕장(2.8km / 60분) → 칠암 파출소(2.0km / 40분) → 수산 과학 연구소(4.3km / 80분) → 일광 해수욕장(1.9km / 35분) → 기장 체육관(1.2km / 25분) → 기장군청

1-2구간 : 21.4km, 6시간
기장군청(3.2km / 60분) → 죽성만(3.8km / 60분) → 대변항(2.7km / 50분) → 오랑대(2.5km / 40분) → 해동 용궁사(4.3km / 70분) → 송정 해수욕장(4.9km / 80분) → 문탠로드

2코스 문탠로드~오륙도 유람선 선착장

부산의 대표적인 해수욕장인 해운대 해수욕장과 울창한 동백나무를 볼 수 있는 동백 공원, 2005년 APEC 정상 회담이 개최된 누리마루 APEC 하우스, 국내 최대 규모의 단일 영화 촬영 스튜디오, 사계절 내내 아름다운 광안리 해수욕장, 화려한 조명을 자랑하는 광안대교, 봄이면 꽃비가 내리는 남천동 벚꽃 거리, 기암절벽을 볼 수 있는 이기대, 돌부처 바위로 알려져 있는 농바위, 아름다운 바다를 볼 수 있는 오륙도를 지나는 코스다.

문탠로드 🏠 해운대구 중동 🚇 지하철 2호선 해운대역 3번 출구에서 도보 20분

💡 **TIP** 해운대 해수욕장을 마주 본 상태에서 왼쪽으로 가면 된다.

🚩 **코스 : 총 18.3km, 6시간**

2-1구간 : 5.7km, 2시간
문탠로드(1.4km, 35분) → 해운대 해수욕장(1.0km, 30분) → 동백섬 · 누리마루 APEC 하우스(3.3km, 55분) → 민락교

2-2구간 : 12.6km, 4시간
민락교(3.4km, 60분) → 광안리 해수욕장(4.0km, 70분) → 동생말(1.2km, 30분) → 어울 마당(4.0km, 80분) → 오륙도 유람선 선착장

3코스 오륙도 유람선 선착장~태종대 유원지

대한민국의 평화를 위해 고귀한 생명을 바친 유엔군 장병들의 봉사와 희생 정신을 기리기 위해 조성된 유엔 기념 공원과 부산의 대표적인 도매 시장인 부산진 시장, 중국 분위기를 느낄 수 있는 상해 거리, 한국 전쟁 당시의 향수를 느낄 수 있는 40계단 문화 관광 테마 거리, 도심 속 휴식 공간인 용두산 공원, 영화관이 모여 있는 BIFF 광장, 한국 근현대사를 엿볼 수 있는 부산 근대 역사관, 부산의 대표적인 재래시장인 국제 시장, 50년 역사를 자랑하는 보수동 책방 골목, 수입 주류와 의류 등을 판매하는 깡통 시장, 한국 최대의 어시장으로 불리는 자갈치 시장, 천혜의 절경을 볼 수 있는 태종대를 지나는 코스다.

오륙도 유람선 선착장 🏠 남구 용호동 936번지(방패섬)~941(등대섬) 🚇 지하철 2호선 경성대·부경대역에서 2번 마을버스 이용하여 오륙도 선착장 하차

🚩 **코스 : 총 37.3km, 13시간**

3-1구간 : 11.5km, 4시간
오륙도 유람선 선착장(2.1km, 50분) → 신선대(2.4km, 55분) → 유엔 기념 공원(3.8km, 70분) → 부산 외국어 대학교(3.2km, 65분) → 부산진 시장

3-2구간 : 15.8km, 5시간
부산진 시장(1.5km, 30분) → 증산 공원(4.5km, 80분) → 초량 성당(4.5km, 90분) → 국제 시장(1.0km, 20분) → 자갈치 시장(4.2km, 80분) → 남항대교

3-3구간 : 10.0km, 4시간
남항대교(2.0km, 55분) → 절영 해안 산책로(1.4km, 40분) → 중리 해변(2.1km, 55분) → 감지 해변 산책로(4.5km, 90분) → 태종대 유원지 입구

4코스 남항대교~낙동강 하굿둑

우리나라 제1호 해수욕장인 송도 해수욕장과 한 폭의 그림 같은 암남 공원, 국제 수산 물류 무역 기지인 부산 국제 수산물 도매 시장, 해송으로 우거진 몰운대, 모래사장이 인상적인 다대포 해수욕장, 시원한 물줄기를 자랑하는 다대포 꿈의 낙조 분수, 천혜의 낙동강 하구 전경을 한눈에 조망할 수 있는 아미산 전망대, 고려 시대부터 사용되었던 통신 시설인 응봉 봉수대를 지나는 코스다.

남항대교 🏠 영도구 남항동3가 🚇 지하철 1호선 남포역 6번 출구에서 508번 버스 이용하여 부산 보건 고등학교 하차

🚩 **코스 : 총 36.3km, 13시간**

4-1구간 : 13.0km, 4시간
남항대교(2.5km, 40분) → 송도 해수욕장(0.9km, 20분) → 송도 해안 볼레길(1.4km, 30분) → 암남 공원 입구(8.2km, 120분) → 감천항

4-2구간 : 12.5km, 5시간
감천항(5.0km, 130분) → 두송반도 전망대(7.5km, 170분) → 몰운대

4-3구간 : 10.8km, 4시간
몰운대(1.2km, 40분) → 다대포 해수욕장(4.0km, 80분) → 응봉 봉수대 입구(5.6km, 120분) → 낙동강 하굿둑

5코스 낙동강 하굿둑~천가교

자연의 소중함을 체험할 수 있는 낙동강 하구 에코 센터와 많은 철새가 모여드는 곳으로 유명한 낙동강 철새 도래지, 부산 산업의 또 다른 중심지 부산신항, 흥선 대원군이 지어 세운 흥선 대원군 척화비, 가덕도에서 가장 높은 곳에 있는 가덕도 천성 봉수대, 가덕도 최남단에 위치한 대항 어촌 체험 마을, 제1, 2차 세계 대전 당시 일본군이 판 가덕도 대항 인공 동굴, 옛 등대와 현대식 등대를 볼 수 있는 가덕도 등대를 지나는 코스다.

낙동강 하구 에코 센터 사하구 낙동남로 1240 지하철 1호선 하단역 5번 출구에서 58, 58-1번 버스 이용하여 을숙도 휴게소 하차, 에코 센터 방면 700m
wetland.busan.go.kr

코스 : 총 41.1km, 13시간

5-1구간 : 22.0km, 6시간
낙동강 하굿둑(6.0km, 110분) → 명지 오션시티(3.8km, 60분) → 신호대교(1.4km, 30분) → 르노삼성 자동차 부산 공장(10.8km, 160분) → 천가교

5-2구간 : 20.1km, 7시간
천가교(5.2km, 110분) → 연대봉(3.0km, 70분) → 대항 선착장(3.1km, 60분) → 어음포(4.2km, 90분) → 동선 방조제(2.5km, 50분) → 정거 생태 마을(2.1km, 40분) → 천가교

6코스 낙동강 하굿둑~성지곡 수원지

다양한 농산물을 볼 수 있는 엄궁 농산물 도매 시장과 축구장, 야구장, 농구장 등 다양한 운동 시설이 있는 삼락 생태 공원, 북구의 새로운 관광 명소로 자리 잡은 도시철도 구포역, 깨끗한 자연이 함께하는 운수사, 금정산맥의 주능선에 솟은 백양산, 범어사의 말사인 선암사, 산림욕장이 있는 곳으로 유명한 어린이 대공원을 지나는 코스다.

낙동강 하구 에코 센터 사하구 낙동남로 1240 지하철 1호선 하단역 5번 출구에서 58, 58-1번 버스 이용하여 을숙도 휴게소 하차. 에코센터 방면 700m
wetland.busan.go.kr

코스 : 총 36.2km, 11시간

6-1구간 : 13.2km, 4시간
낙동강하굿둑(6.4km, 110분) → 낙동강사 문화 마당(1.2km, 30분) → 삼락 생태 공원(3.5km, 60분) → 삼락 I.C(2.1km, 40분) → 구포역

6-2구간 : 23.0km, 7시간
구포역(3.9km, 70분) → 백양 터널(0.9km, 30분) → 운수사(11.5km, 190분) → 선암사(6.7km, 130분) → 성지곡 수원지

7코스 성지곡 수원지~상현 마을

도심 속 자연 휴식 공간인 어린이 대공원과 익공계 팔작지붕의 단층 문루가 돋보이는 남문, 전망이 뛰어난 동문, 국내에서 가장 규모가 큰 산성인 금정산성, 정수리에 물이 괴어 있는 금샘, 영남의 3대 사찰 중 하나로 꼽히는 범어사, 레포츠 시설도 있는 스포원파크, 아름다운 경치를 자랑하는 회동 수원지를 지나는 코스다.

성지곡 수원지 부산진구 초읍동 31 지하철 1, 2호선 서면역 2번 출구에서 서면 쥬디스 태화(구 태화 쇼핑) 방향으로 이동 후, 부근에서 81번, 133번 버스를 이용하여 어린이대공원 하차

TIP 지하철 1, 2호선 서면역 2번 출구 롯데 백화점 앞 버스 정류장에서 133번 버스를 타고 어린이 대공원으로 갈 수 있다.

코스 : 총 22.3km, 9시간

7-1구간 : 9.3km, 4시간
성지곡 수원지(5.0km, 110분) → 만덕 고개(2.3km, 70분) → 남문(2.0km, 60분) → 동문

7-2구간 : 13.0km, 5시간
동문(3.8km, 70분) → 북문(1.6km, 40분) → 범어사(3.1km, 60분) → 노포동 고속버스 터미널 → 스포원파크(1.3km, 40분) → 부산 톨게이트(1.7km, 50분) → 상현 마을

8코스 상현 마을~민락교

2009년 부산 갈맷길 축제 길 콘테스트에서 대상을 받은 이 길은, 회동 수원지 길과 아름다운 경치를 자랑하는 오륜대, 다양한 야생화로 숲을 이룬 윤산 생태 숲, 푸른 녹음을 자랑하는 APEC 나루 공원, 건축 미학이 돋보이는 영화의 전당, 세계에서 가장 큰 백화점으로 불리는 신세계 백화점 센텀시티점, 각종 행사가 개최되는 BEXCO, 부산의 대표적인 미술관 부산 시립 미술관, 수백 척의 요트들이 줄지어 서 있는 부산 요트 경기장을 지나는 코스다.

상현 마을 금정구 선동 지하철 1호선 구서역 2번 출구에서 금정구 3-1번 버스를 이용하여 상현 마을 하차

코스 : 총 17.2km, 5시간

8-1구간 : 10.2km, 3시간
상현 마을(2.4km, 40분) → 오륜대(5.1km, 90분) → 명장 정수 사업소 회동지소(0.9km, 20분) → 동대교(1.8km, 30분) → 동천교(석대다리)

8-2구간 : 7.0km, 2시간
동천교(석대다리)(2.5km, 40분) → 원동교(1.3km, 30분) → 과정교(1.1km, 20분) → 좌수영교(0.7km, 10분) → APEC 나루 공원(1.4km, 20분) → 민락교

9코스 상현 마을~기장군청

부산 시민의 휴양처인 회동 수원지, 뛰어난 자연 경관을 자랑하는 철마 한우, 수령이 300년이나 된 노거수, 해안 절경을 한눈에 볼 수 있는 모연정, 전국에서 두 번째로 공인된 경기장인 MTB 경기장, 자연 공원 같은 일광산, 관립 중등 교육 기관이었던 기장향교, 전국에 있는 선정비와 같은 공덕비군, 장관청 건물이 남아 있는 기장읍성을 지나는 코스다.

상현 마을 🏠 금정구 선동 🚇 지하철 1호선 구서역 2번 출구에서 금정구 3-1번 버스 이용하여 상현 마을 하차

🚩 **코스 : 총 20.5km, 6시간**

9-1구간 : 11.5km, 3시간
상현 마을(4.7km, 70분) → 장전2교(2.2km, 40분) → 장전 마을(철마면 사무소)(1.6km, 20분) → 보림교(3.0km, 50분) → 이곡 마을

9-2구간 : 9.0km, 3시간
이곡 마을(4.8km, 100분) → 모연정(4.2km, 80분) → 기장 군청

바다에서 감상하는
부산 풍경

유람선 여행

푸른 바다와 아름다운 해변을 가진 해양 도시 부산! 세계적인 휴양지 해운대, 천혜의 자연 경관을 자랑하는 태종대, 부산이 만든 걸작 광안대교까지 많은 명소가 바닷가에 위치해 있어 유람선을 이용하면 편안하게 감상할 수 있다. 부산을 다른 시각에서 보고 싶다면 유람선에 몸을 맡겨 보자.

⛵ 해운대 유람선

부산의 대표 유람선으로 1979년 취항 이후 오늘날까지 많은 사랑을 받고 있다. 해운대를 출발하여 광안대교와 오륙도를 가로질러 왕복 운항하며 부산의 절경을 보여 준다. 특히 오륙도 유람선 동백호가 출발하는 미포 선착장은 영화 〈해운대〉를 촬영한 곳으로도 유명하다.

☎ 1899-4841 ⓘ www.mipocruise.com

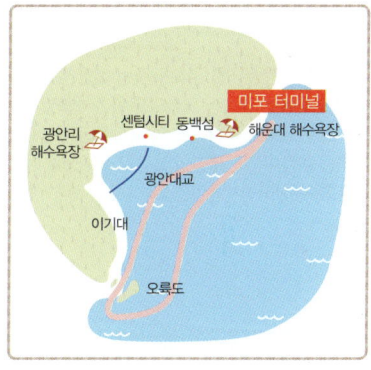

운항 정보	
운항 코스	해운대(미포)↔동백섬(누리마루)↔광안대교↔이기대↔오륙도
출항 시간	9시부터 일몰시까지 40~50분 간격으로 운항 (※기상 상황이나 현장 사정에 따라 변동 가능)
승선 요금	대인 28,000원 / 소인(만 2세~12세) 16,000원

⛵ 해운대 유람선, 야경 관광

해운대를 출발하여 화려한 야경을 자랑하는 광안대교, 오륙도를 왕복 운행하는 유람선이다. 30년을 운항해 온 부산 전통의 유람선으로 부산을 찾은 이들에게 특별한 밤의 추억을 선물해 준다.

☎ 1899-4841 ⓘ www.mipocruise.com

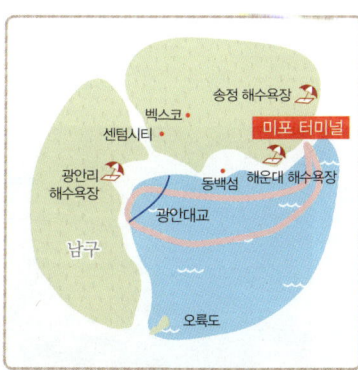

운항 정보	
운항 코스	해운대(미포)↔동백섬(누리마루)↔광안대교↔광안리 해수욕장
출항 시간	일몰 이후~22시까지
승선 요금	대인 28,000원 / 소인(만 2세~12세) 16,000원

⛵ 누리마루호

주간에 부산항 투어를 겸해서 국립 해양 박물관에 기항한 후 부산의 상징 오륙도를 돌아서 출발지로 돌아오는 오륙도 운항 코스와 환상적인 부산항의 야경을 즐길 수 있는 부산항 야경 코스가 있다. (누리마루호는 운항이 일시 중단된 상태. 운항 재개 시점은 미정.)

오륙도 운항 코스	
운항 코스	연안여객터미널→북항대교→국립 해양 박물관(영도) 기항→오륙도→연안 여객 터미널
출항 시간	13:30, 15:30 (계절에 따라 유동적 - 예약 필수)
승선 요금	대인 22,000원 / 소인 11,000원(편도는 대인 13,000원 / 소인 7,000원)
부산항 운항 코스(왕복)	
운항 코스	연안 여객 터미널→북항대교→해양 박물관→조도→연안 여객 터미널
출항 시간	18:00~19:00 (예약 필수)
승선 요금	대인 22,000원 / 소인 11,000원

고품격 선상 파티 유람선 티파니21

해운대 해안선과 동백섬, 멋진 야경을 자랑하는 광안대교까지 부산의 절경을 한눈에 감상할 수 있다. 전망대와 이벤트 공간도 마련되어 있어 선상 회의는 물론 선상 결혼식도 가능하다. 단, 티파니21은 사전 예약제로 운항되니 승선을 원하면 하루 전까지 전화나 홈페이지(www.coveacruise.com)를 통해 예약을 해야 하며 출항 30분 전까지 선착장에 도착해야 한다.

☎ 1833-5880 www.haeundaecruise.com

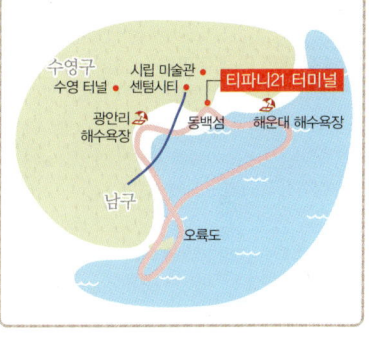

티파니21 유람선 승선 요금 (오륙도 해상, 광안대교 야경 요금 공통)		
구분	현장가	온라인 할인가
대인 (중학생이상, 경로 포함)	40,000원	27,000원
소인 (36개월 이상~초등생)	28,000원	18,000원
유아 (36개월 미만)	무료	무료

※ 오륙도 해상 관광과 광안대교 야경 관광은 요금이 동일합니다.
※ 기상 상황, 단체 대선 및 최소 승선 인원 미달 시 운항이 취소될 수 있습니다.
※ 기상 상황에 따라 코스는 일부 변경될 수 있습니다.
※ 선내 매점이 마련되어 있지 않으며, 간단한 음료 및 음식물 반입은 허용됩니다. (단, 주류 반입 금지)

유람선 선착장 지도

⛵ 부산 연안 여객 터미널

누리마루호를 탈 수 있는 부산 연안 여객 터미널은 롯데 백화점 광복점에서 걸어서 가도 되는 곳에 위치해 있다.

🚇 지하철 1호선 남포역 10번 출구와 중앙역 2번 출구에서 도보 5분 ☎ 1688-7680

⛵ 해운대 미포 선착장

30년 전통 유람선 동백호의 선착장이자 영화 〈해운대〉 촬영지로 유명한 곳이다.

🚇 지하철 2호선 해운대역 3, 5번 출구에서 도보 20분 / 지하철 2호선 중동역 하차 도보 10분 ☎ 051-742-2525

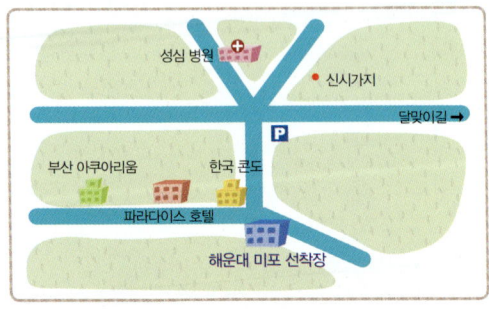

⛵ 해운대 티파니21 선착장

티파니21의 선착장으로 특히 야경이 아름다운 곳으로 유명하다.

🚇 지하철 2호선 동백역 1번 출구에서 도보 5분 ☎ 1833-5880

유람선 여행

테마 여행

부산 찍고 일본으로!

배 타고 일본 여행

부산항 국제 여객 터미널에서 배를 이용하면 일본으로 갈 수 있다. 짧게는 2시간 55분, 길게는 19시간이 소요되며 후쿠오카, 히타카츠, 이즈하라, 시모노세키, 오사카로 갈 수 있다. 특히 후쿠오카는 3시간이 채 안 되는 시간에 도착할 수 있는데다가, 볼거리도 많고 규슈 지방의 다른 도시와 연계하여 여행하기도 좋아서 큰 인기를 끌고 있다.

⛵ 부산 ↔ 일본 배편

부산항 국제 여객 터미널에는 후쿠오카, 히타카츠, 이즈하라, 시모노세키, 오사카 등으로 운항하는 선박이 있다. 표는 부산항 국제 여객 터미널 안에 있는 각 여객선 창구에서 구입하거나 선사 홈페이지에서 예매하면 되고, 많은 여행사에서 배편과 호텔을 묶은 패키지 여행 상품을 취급하고 있다. 대개는 직접 배편과 호텔을 예약하는 것보다 여행사의 패키지 상품이 더 저렴한 편이다. (2020년 7월1일 현재 대부분 선박이 임시 휴항 또는 잠정 휴항상태임)

☎ 운항 정보, 여객선사 안내(ARS) 1688-7677

일본행 선박 운항 정보

항로	선사	여객선	운항 형태	입항	출항	소요 시간
부산→후쿠오카	JR큐슈 고속선(주) T.469-0778	비틀호 비틀2호 비틀3호 (일본) (Beetle) (Japan)	매일	10:55 ~ 18:55	09:30 ~ 16:00	3시간 5분
부산→히타카츠				14:25 ~ 18:25	09:00	1시간 10분
				입출항 시간은 유동적임		
부산→후쿠오카 (임시 휴항)	미래 고속(주) (Miraejet) T.1599-0255	코비호5호 (한국) (Kobee) (KOREA)	매일	(임시 휴항)		2시간 55분
부산→이즈하라				12:00 ~ 12:30	08:30 ~ 09:00	1시간 55분
부산→히타카츠						1시간 10분
				입출항 시간은 유동적임		
		니나 (한국) (NINA) (KOREA)	주6회 (매일)	17:00 ~ 18:00	08:30 ~ 09:00	1시간 30분

※여객선의 운임, 운항 일정, 예약 등의 정보는 선사 홈페이지에서 확인할 수 있다.

코비

후쿠오카 여행을 할 때 이용하는 대표적인 배편인 고속선 코비를 자세히 살펴보자. 코비를 이용하면 부산에서 후쿠오카까지 2시간 55분이 소요된다. 코비 매표소는 부산항 국제여객터미널 2층에 위치해 있다.

🌐 www.kobee.co.kr

구분	편도	왕복
성인	115,000원	230,000원
할인 (학생, 경로, 장애우)	92,000원	184,000원
소아 (만2세~11세)	57,500원	115,000원
유아 (만1세)	11,500원	23,000원

- 국제 유가 변동에 따라 그때그때 다른 액수의 유류 특별 부가 운임이 별도로 부과된다.
- 1세 미만(12개월 미만)은 요금이 부과되지 않으며, 좌석이 배정되지 않는다.
- 학생(대학원생 제외)과 장애인 요금 적용은 발권 시 유효 기간이 표시되어 있는 국제 학생증(재학 증명서) 또는 장애인증 등의 증빙이 필요하다.
- 단체 등에 대해서는 할인 운임이 적용될 수 있으므로 사전에 문의해야 한다.
- 왕복 승선권의 유효 기간은 발행일로부터 180일간이다.
- 출발 시각 1시간 30분 전까지 터미널에 도착해 탑승 수속을 해야 한다.
- 모든 예약은 예약일을 포함해서 7일 이내에 결제를 완료해야 한다.

⛵ 부산항 국제 여객 터미널

일본행 선박을 탈 수 있는 곳이다. 출발 시간 1시간 전에는 도착하는 게 좋으니 참고하자. 유료로 운행하는 순환버스도 있다.

🏠 동구 충장대로 206 🚇 부산역 9번 출구에서 도보 10~15분 ☎ 051-400-1200 🌐 www.busanpa.com/bpt/Contents.do?mCode=MN0006

💡 **TIP** 순환버스 운행 코스 : 국제 여객 터미널 → 부산역 후문 9번 출구 → 부산 세관 앞(연안 여객 터미널) → 중앙역 (14번 출구) → 크라운하버 호텔 → 부산역(지하철 4번 출구 한국 교직원 공제회관 앞) → 초량역(4번 출구, 119소방서 맞은편) → 국제 여객 터미널

후쿠오카 여행하기

후쿠오카는 일본 규슈 후쿠오카 현 북서부에 있는 도시로 옛날에는 그냥 항구였지만 오늘날에는 상업과 문화의 중심지로 불리고 있다. 후쿠오카는 일본 내에서도 음식으로 유명한 곳이며 온천은 물론 미술관, 박물관, 센부쓰 종유석 동굴, 스페이스 월드 등의 명소가 있어 다양하게 즐길 수 있다. 하카타 지구에는 757년에 창건된 구시다 신사와 일본에서 가장 오래된 선종 사원인 쇼후쿠지 등의 신사와 절이 있고 규슈 최대 쇼핑가로 불리는 덴진 거리에는 유명 백화점과 패션 쇼핑몰이 밀집해 있다.

후쿠오카 타워

일본 최고의 해변 타워로 234m의 높이를 자랑한다. 전망대에 서면 후쿠오카 시내가 한눈에 보인다.

덴진 거리

후쿠오카의 대표 번화가라 해도 과언이 아닌 곳이다. 부산으로 치면 서면과 비슷한데 지하철이 교차하는 곳이라 유동 인구도 많고 지하상가도 있다. 백화점은 물론 음식점과 상점도 많다.

모모치 해변

인공 해변으로 후쿠오카 타워 북쪽에 위치해 있다. 해변에서 후쿠오카 타워는 물론 후쿠오카 돔도 보인다. 경치가 아름답고 예쁜 카페들이 있어 인공 해변이라는 느낌이 들지 않는다.

미노시마

'하카타의 부엌'이라고 불리는 곳으로 다양한 상점이 몰려 있다. 고로케를 비롯하여 수제 아이스캔디 등 군것질거리를 판매하는 상점도 많다.

오호리 공원

1929년에 문을 연 공원으로 중국의 공원을 모델로 삼았다. 공원의 절반 이상을 차지하는 것은 호수인데, 그래서 물의 정원으로도 불린다. 조깅과 산책을 즐기기에 좋아서 현지인들도 즐겨 찾고 있다.

평생 간직될 추억

부산의 축제 속으로

부산은 평소에도 늘 활기차고 즐거운 도시이다. 하지만 축제 기간에는 또 다른 볼거리가 더해지기 때문에 여행의 재미가 두 배가 된다. 너무나 유명한 부산 국제 영화제를 제외하더라도, 부산에서는 자갈치 축제, 해운대 모래 축제, 불꽃 축제, 바다 축제 등 그야말로 바다에서 하늘까지 폭넓게 펼쳐지는 축제를 즐길 수 있다.

부산 자갈치 축제

자갈치 시장과 용두산 공원 일원에서 열리는 축제로 용의 머리인 용두산 공원에서 열리는 굿거리 행사 용신제, 대규모 거리 축제 길놀이, 인간을 위해 희생되는 물고기의 넋을 위로하는 물고기 위령제, 초청 가수의 축하 공연 등 다양한 볼거리가 있다.

🏠 중구 자갈치로 🚇 지하철 1호선 자갈치역 10번 출구에서 도보 5분 / 지하철 1호선 남포역 1, 2번 출구에서 도보 5분 📅 매년 10월경 ☎ 1330

⛵ 부산 해운대 모래 축제

해운대를 대표하는 지역 고유 축제로 국내외 유명 아티스트들도 참여해 다양한 모래 작품을 보여 준다. 그 외에도 씨름왕 선발 대회, 비치발리볼, 무대 공연 등의 행사도 열려 찾아온 이들에게 다양한 즐거움을 준다.

🏠 해운대구 해운대 해변로 🚇 지하철 2호선 해운대역 3, 5번 출구에서 도보 10분 ◆ 매년 5~6월 사이 ☎ 051-749-4000

⛵ 부산 불꽃 축제

매년 가을밤 부산을 수놓는 환상적인 불꽃 쇼는 세계적인 규모를 자랑한다. '다이아몬드 브리지'라고 불리는 광안대교를 배경으로 펼쳐지는 불꽃 쇼는 다양한 불꽃과 첨단 시스템이 어우러져 세계 최고 수준의 연출을 보여 주는 것으로 유명하다.

🏠 수영구 광안해변로 219 🚇 지하철 2호선 광안역 3, 5번 출구에서 도보 5분 📅 매년 10~11월 사이 ☎ 051-501-6051 ℹ️ www.bfo.or.kr

⛵ 부산 바다 축제

해운대 해수욕장, 광안리 해수욕장, 송도 해수욕장, 송정 해수욕장, 요트 경기장 등에서 열리는 축제로 인기 가수의 특별 공연은 물론 한여름 밤을 수놓는 불꽃 쇼도 볼 수 있다.

🏠 해운대구 해운대 해변로 🚇 해운대 해수욕장 등 부산 6개 해수욕장 📅 매년 8월 초 ☎ 051-501-6051 ℹ️ www.bfo.or.kr

무작정 떠나서 좌충우돌하는 것도 여행의 묘미이지만
사전에 부산을 조금 알고 간다면 여행이 더욱 즐거울 수 있다.
부산여행을 시작하기 전에 알아두면 좋은 부산의 기본 정보와
여행 전 준비할 사항들, 부산으로 가는 방법, 대중교통과 시티투어까지
부산 여행의 필수 정보를 챙겨 둔다면 완벽한 여행이 될 것이다!

여행 정보

부산의 어제와 오늘
여행 준비하기
부산 가는 길
대중교통 이용하기
시티투어 즐기기
유용한 전화번호 & 사이트 & 어플

부산의 어제와 오늘

부산은 기후 조건이 좋고 산물이 풍부해 옛날부터 사람이 살기 좋은 곳이었다. 발견된 유적과 유물들로 볼 때 구석기 시대에도 사람이 살았던 것으로 추정되고 있으며 삼국 시대 초기에는 금관가야의 일부였다. 자연이 만들어 낸 뛰어난 경치와 온천이 있어 여러 왕과 시인들도 즐겨 찾았던 부산은 조선 시대에는 나라의 관문이자 국방상의 요충지였고 한국 전쟁 시기에는 임시 수도로서의 역할도 하였다.

임시 수도 시절을 겪으면서 대한민국 제2의 도시로 자리 잡은 부산은 당시 전국에서 모여든 피란민들의 삶의 터전이자 역사의 중심이 되었다. 전쟁을 피해 남쪽으로 피란하는 행렬은 줄을 이었고 부산은 삽시간에 생존 투쟁의 장으로 변했다. 도시 인구는 40여만 명에서 갑자기 70여만 명이 되었고 부산의 산들은 판자촌으로 변했으며, 넘쳐 나는 사람들로 입고 먹고 자는 모든 것이 부족한 상태가 되었다. 모든 것이 암울했고 사람들은 슬픔에 잠겨 있었지만 부산은 그 상황에서도 모든 사람들을, 그리고 정치적인 혼란과 경제적인 문제들을 끌어안았다.

오늘날 부산은 서울에 다음가는 대도시이자 대한민국 최대의 무역항 역할을 하고 있으며, 부산 국제 영화제, 부산 아시아 경기 대회, APEC 정상 회담 등 굵직한 국제 행사를 치르면서 세계적인 도시로의 변모를 꾀하고 있다. 천혜의 자연 경관, 오랜 세월이 스며 있는 옛 거리와 유적, 그리고 현대적인 마천루가 어우러진 부산의 독특한 매력이 점점 더 많은 사람들의 발길을 이끌고 있다.

여행 준비하기

일정 짜기

당일치기 여행일 때는 무리해서 많은 곳을 돌아다니기보다 꼭 보고 싶은 대표 명소 2~3곳만 골라서 제대로 보는 게 낫다. 교통이 편리하고 명소가 집중되어 있는 해운대와 남포동 등 시내 중심가 위주로 갈 곳을 선별한 다음, 지도와 교통편을 확인하면서 동선을 고려하여 코스를 짠다. 부산의 교통 정체는 유명하므로 주로 지하철과 도보로 이동할 수 있게 코스를 짜는 것도 시간을 절약하는 요령이다.
1박 2일 이상의 여행일 경우엔 다대포나 범어사, 해동 용궁사처럼 조금 먼 외곽 지역을 코스에 추가할 수 있다. 밤늦게까지 여행을 즐길 수 있는 이점이 있으므로 야간에 돌아다닐 수 있는 명소도 한 곳 정도 여행 일정에 넣는 것이 좋다.

예산 짜기

여행 예산을 짤 때 기본적으로 고려해야 할 항목은 교통비, 입장료, 식비, 숙박비이다. 입장료의 경우, 부산 아쿠아리움, 부산 타워, 통도사를 제외하면 입장료 낼 일이 거의 없고, 있다고 해도 소액이라서 부담이 되지 않는다. 교통비의 경우도 버스와 지하철 등 대중교통이 잘 갖춰져 있어 큰 부담이 없다. 따라서 가장 큰 비중을 차지하는 항목은 식비와 숙박비인데, 식비는 서울보다 조금 저렴하거나 비슷한 수준이고 숙박비는 어떤 숙소에 묵느냐에 따라서 요금 차이가 크다. 하지만 아무리 저렴한 여행이 가능하다고 해도 여행 예산은 어느 정도 여유 있게 책정하는 것이 좋다. 지갑이 무거울수록 여행 기분은 가벼워진다는 사실을 잊지 말자.

교통편 예약

부산으로 가는 교통편은 가까운 김해 공항을 이용한 항공편을 비롯하여 기차편, 고속버스편, 그리고 자가용 등이 있다. 항공편은 각 항공사 홈페이지에서, 기차는 코레일 홈페이지(www.letskorail.com)에서, 시외버스는 시외버스 통합예매시스템(txbust-money.co.kr/main.do)에서 예매할 수 있는데, 특히 KTX의 경우 주말에는 자리가 없는 경우가 많으므로 예매가 필수이다. ('부산 가는 길' 참고)

숙소 예약

숙소를 정할 때는 숙박비, 위치, 시설 등을 꼼꼼히 따져야 한다. 가장 저렴한 것은 찜질방이지만 원래 숙박 시설이 아니라서 불편한 점이 많고, 요즘 인기 있는 게스트하우스의 도미토리도 타인과 함께 공간을 쓰는 불편함을 감수해야 하니 무조건 저렴한 것만 찾을 게 아니라 자신에게 맞는 숙소를 고르는 게 중요하다.

게스트하우스나 호텔에 묵을 때는 사전에 예약을 해야 하는데, 미리 홈페이지를 방문해서 가격대와 위치, 시설을 미리 확인한 후 예약하는 것이 좋다. 숙소의 위치는 여행지와 가까운 곳을 선택하는 것이 좋다. 예약 후에는 숙소 위치와 연락처를 메모해 두고, 만일을 대비해 예약한 숙소 이외에 다른 숙소도 조사해 두도록 하자. ('지역 여행'의 '부산의 특별한 숙소' 참고)

⚓ 숙소 정보를 제공하는 사이트

한국 관광 공사
www.visitkorea.or.kr
호텔, 민박, 여관, 콘도, 펜션, 굿스테이에 관한 정보를 얻을 수 있다.

부산시 문화 관광
tour.busan.go.kr
부산의 관광지는 물론 역사와 문화, 맛집, 숙박 시설에 관한 정보를 얻을 수 있다.

여행 가방 꾸리기

여행 가방은 최대한 가볍게 하는 것이 좋다. 꼭 필요한 물품만 챙기고 치약이나 화장품 등은 쓸 양만큼만 덜어서 가자. 부산에 도착하면 숙소부터 들러서 짐을 맡기거나 기차역, 지하철역에 있는 물품 보관소에 넣어 두고, 관광할 때는 작은 가방만 들고 다니는 것도 좋은 방법이다. 여행 가방에 넣을 물품의 리스트를 아래와 같이 만들어서 체크한다면 빠뜨릴 염려가 없어서 좋다.

체크 리스트	확인	체크 리스트	확인
현금, 카드	☐	잠옷, 양말, 속옷	☐
티머니 카드	☐	모자, 선글라스	☐
신분증, 운전면허증	☐	세면 도구	☐
휴대폰	☐	화장품, 선크림	☐
부산 가이드북	☐	휴지, 물티슈	☐
부산 지도	☐	카메라	☐
메모장, 필기 도구	☐	책	☐
겉옷	☐	작은 가방	☐
여벌 상하의	☐	우산	☐

부산 가는 길

항공

부산에는 국내선과 국제선 둘 다 이용이 가능한 김해 공항이 있다. 국내에서는 김포 공항, 제주 공항, 양양 공항에서 대한항공, 아시아나항공, 에어부산 등의 항공편을 이용하여 김해 공항에 도착할 수 있으며, 소요 시간은 1시간~1시간 10분이다. 김해 공항에는 부산-김해 경전철과 여러 버스 노선이 있어서 부산 시내까지 편리하게 이동할 수 있다. 김해 공항에서 서면까지는 버스 이용 시 약 30분이 소요되고 부산역까지는 약 1시간이 소요된다.

항공편 예약

대한항공 kr.koreanair.com
아시아나항공 www.flyasiana.com
에어부산 www.airbusan.com

김해 국제공항

주소 부산광역시 강서구 공항진입로 108
전화번호 1661-2626
홈페이지 www.airport.co.kr/gimhae/main.do

김해 국제공항에서 부산 시내까지

지하철
공항역에서 부산-김해 경전철을 탄 후 대저역(3호선) 또는 사상역(2호선)에서 환승

공항 리무진

서면·부산역행	6,000원
국제선 → 국내선 → 서면 롯데 호텔 → 서면 1번가 → 현대 백화점 → 부산진역 → 부산역 → 토요코인 호텔 → 중앙동 → 연안 여객 터미널 → 남포동 → 충무동	
해운대	7,000원
국제선 → 국내선 → 남천동 → 금련산역 → 광안리 → 수영교차로 → 수영현대아파트 → 센텀 호텔 → 센텀 홈플러스(벡스코) → 올림픽 교차로 → 경남 마리나 아파트 → 파크 하얏트 호텔 → 한화 리조트 → 해운대 하이페리온 → 동백섬 입구(웨스틴 조선 비치 호텔) → 해운대 그랜드 호텔 → 해운대 해수욕장 → 노보텔 엠배서더 호텔 → 파라다이스 호텔 → 미포,문텐로드 입구 → 래미안 해운대 → 현대 아파트 → 장산역 → 백 병원 → 동부 아파트 → 대림 1차 아파트 → 양운 고등학교 → 양운 초등학교	

시내버스

307번 (김해 국제공항 ↔ 해운대구청)	1,300원

공항 → 공항 입구 → 경전철 덕두역 → 강서 브라이트 센터 → 등구 마을 → 신덕 마을 → 신덕 삼거리 → 강서 체육 공원 → 대저 119 안전센터 → 강서구청 → 강서구청역 → 북구청 → 구포 삼거리 → 구포역 → 구포 시장 → 덕천 지하철역 → 숙등 지하철역 → 구포 전화국 → 남산정 지하철역 → 만덕 성당 → 만덕 교차로 → 화신 아파트 → 광혜 병원 → 동래 럭키 아파트 → 메가 마트 → 동래 시장 → 동래 고등학교 → 안락동 → 동래 한전 → 뜨란채 아파트 → 안남 초등학교 → 토곡 한양 아파트 → 태광 아파트 → 수영강 푸르지오 아파트 → 과정교 → 동해선 센텀역 → 센텀 중학교 → SK텔레콤 → 시청자 미디어 센터 → 롯데 백화점 → 벡스코 → 해강 중학교 → 요트 경기장 → 대우 마리나 아파트 → 동백섬 입구 → 해운대 해수욕장 → 노보텔 엠버서더 → 해운대구청

시내급행버스

1009번 시내급행버스 (김해공항 ↔ 금곡 / 가덕 선착장)	1,800원

금곡 주차장 → 율리역 → 벽산 아파트 → 북구 보건소 인도네시아 센터 → 화신 중학교 → 와석 → 대림 아파트 → 북부 경찰서 → 화명 중학교 → 수정역 → 낙동 고등학교 → 부민 병원 → 덕천역 → 구포 시장 → 구포역 → 강서구청역 → 신덕 마을 → 경전철덕두역 → 국제선청사 → 국내선 → 경전철덕두역 → 덕두 시장 → 서부산 유통 산업단지 → 금호 마을 → 작지 → 명지 시장 → 행복 마을 → 남명 초등학교 → 롯데 캐슬 → 퀸덤 3단지 → 퀸덤 1,2단지 → 삼성 자동차 정문 → 부울 지방중소기업청 → 경제자유구역청 사거리 → 부산항 홍보관 → 동방 물류센터 → 현대 물류 → 범한판토스 → 신항 국제물류 → 신항 서문 입구 → 글로벌 물류센터 → 부산 신항만 → 현대 상선 → 선창

마을버스

강서 11번 (김해공항↔신평마을(울만)/구포시장)	1,300원

구포 시장 → 구포역 → 강서구청역 → 국제선 → 국내선 → 정관도 마을 → 신평 마을

강서 13번 (김해공항↔하단/덕천로터리)	1,300원

하단역 → 을숙도 → 명지 → 국제선 → 국내선 → 강서구청 → 구포역 → 구포시장 → 덕천로터리

기차

부산에는 부산역 외에도 부산진역, 부전역, 해운대역, 송정역, 사상역 등의 기차역이 있는데, 현재 일부는 폐역이 되었다. 서울-부산 간 노선은 KTX, 새마을호, 무궁화호가 운행되고 있는데, KTX가 약 2시간 40분, 새마을호는 약 4시간 40분, 무궁화호는 약 5시간 30분 소요된다.

⚓ 기차편 예약
레츠 코레일 www.letskorail.com

고속버스·시외버스

부산 서부 버스 터미널(사상 터미널)과 부산 동부 버스 터미널(노포동 터미널)을 통해 부산으로 들어올 수 있다. 서울 남부 터미널에서 부산 서부 버스 터미널까지는 약 4시간 30분이 소요되고 운임 요금은 어른 기준으로 우등 버스 32,700원, 심야 우등 버스 36,000원이다. 부산 근교 여행을 할 때도 이들 터미널을 이용하게 되는데, 김해 봉하마을과 진주성을 비롯하여 남해, 진해, 통영 등지로 향하는 시외버스를 타려면 부산 서부 버스 터미널을 이용하면 되고, 경주와 양산 통도사로 향하는 시외버스를 타려면 부산 동부 버스 터미널을 이용하면 된다.

▶ 고속버스·시외버스 예약
코버스 www.kobus.co.kr
시외버스 통합 예매 시스템 txbus.t-money.co.kr
버스 타고 www.bustago.or.kr
부산 동부 버스 터미널 www.dbterminal.co.kr
부산 서부 버스 터미널 www.busantr.com

대중교통 이용하기

버스

부산 시내를 운행하는 버스에는 시내버스, 좌석버스, 마을버스가 있고, 심야 시간대에 운행되는 버스는 심야 버스로 구분하기도 한다. 파란색과 흰색으로 된 시내버스의 요금은 성인 기준으로 현금은 1,300원, 교통 카드는 1,200원이다. 빨간색과 흰색으로 된 좌석 버스의 요금은 성인 기준으로 현금은 1,800원이고, 교통 카드는 1,700원이다. 마을버스는 시내버스보다 크기도 작고 비교적 짧은 거리만 운행하며 요금은 노선마다 다르지만 대체로 1,000원 안팎이다. 심야 좌석버스의 경우, 현금은 2,200원이고 교통 카드는 2,100원이다.

택시

부산의 택시는 일반 중형 택시, 대형 택시, 모범택시, 콜택시가 있다. 일반 중형 택시는 기본 요금(2km 이내)이 3,300원이며, 2km가 넘으면 거리 요금이 143m당 100원, 시간 요금이(15km/h이하) 34초당 100원씩 붙는다. 또한 심야(밤 12시 이후)에는 기본 요금에서 20%의 할증료가 붙는다. 대형 택시와 모범택시는 일반 중형 택시보다 요금이 조금 비싸서 기본 요금(3km 이내)이 5,000원이며, 거리 요금이 160m당 200원, 시간 요금(15km/h이하)이 38초당 200원씩 붙는다.

지하철

부산의 지하철은 1호선~4호선, 동해선, 경전철로 구성되어 있다. 역과 역 사이의 소요 시간은 약 2분이고 1구간 요금은 성인 기준으로 현금 1,400원, 교통 카드 1,300원이다. 1일권(5,000원)을 구입하면 횟수에 관계없이 하루 종일 자유롭게 타고 내릴 수 있다.

⚓ **운임 제도 - 이동 구간제**
1구간 출발역에서 10km까지(현금 1,400원, 교통 카드 1,300원)
2구간 출발역에서 10km 초과할 경우(현금 1,600원, 교통 카드 1,500원)

환승 제도

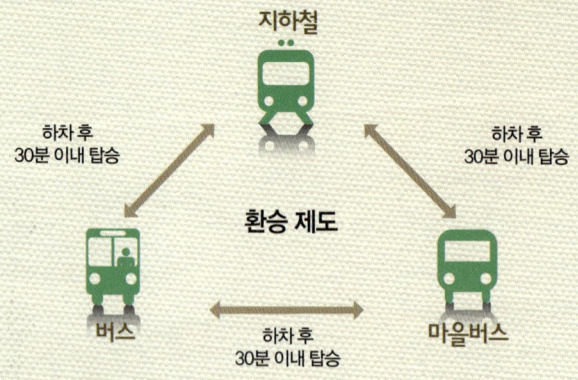

처음 이용한 교통수단에서 하차 후 30분 이내에 같은 교통수단 또는 다른 교통수단으로 갈아탈 경우 요금 할인 혜택이 있다. 2회까지 환승할 수 있다(총 3회 탑승).

※ 환승 할인을 받고 싶으면 하차할 때 교통 카드를 단말기에 태그해야 한다. 또 교통 카드는 일정 시간 안에 다른 교통수단에 승차하면 환승 할인이 적용되지만 현금은 환승 할인이 적용되지 않는다.

교통 카드

부산에서도 티머니 카드 사용이 가능하다. 단, 서울이나 제주도에 비해 충전할 수 있는 곳이 많지 않다. 부산에서는 교통 카드로 주로 캐시비, 하나로 카드가 이용되고 있는데 교통 카드를 겸하고 있는 신용카드도 큰 불편함 없이 사용할 수 있다. 교통 카드는 주로 편의점에서 판매하는데 지하철에도 교통 카드 자동 발매기와 자동 보충기가 있다.

- 하나로 카드 1577-1220, www.busanhanaro.com
- 캐시비 카드 1644-0006, www.cashbee.co.kr
- 부산광역시 버스 운송 사업 조합 051-791-4500, www.busanbus.or.kr

시티투어 즐기기

부산 시티투어 버스를 타면 부산 유명 관광지를 쉽게 둘러볼 수 있다. 해운대, 광안리, 부산 박물관, 광안대교를 보고 싶다면 레드 라인을, 오륙도, 태종대, 용두산 공원, 자갈치 시장, 송도 해수욕장을 보고 싶다면 그린 라인을, 송정 해수욕장, 용궁사를 보고 싶다면 블루 라인을 이용하면 된다.

⚓ 운행 및 승차

운행 연중 운행, 공휴일 정상 운행
휴무 매주 월요일(단, 월요일이 공휴일일 경우 정상 운행)
　　　※기후 사정 및 도로 사정 등 부득이한 상황이 있을 경우 변경될 수 있다.
주간 코스 최초 출발지는 부산역(지하철 1호선 부산역 8번 출구에서 도보 2분)
　　　　　　중간 정차지에서 선착순으로 승차 가능하며, 각 정차장에서 다음 버스로 환승 가능
　　　　　　부산역에서 다른 코스(해운대 코스↔태종대 코스)로 환승 가능
　　　　　　※시티투어 코스는 단일권 티켓으로 레드 라인(부산역 – 해운대 순환), 블루 라인(해운대 – 용궁사 기장 시장 순환), 그린 라인(부산역 – 태종대 운행) 각 노선을 이용하며, 환승 티켓 구매 시 전 노선 자유롭게 이용할 수 있다.

⚓ 승차권 구입

사전 예약 051-464-9898, www.citytourbusan.com
　　　　　（승차권은 탑승 시 운전사에게 직접 수령）
현장 구매 현장 정차지에서 선착순으로 승차권 구입 가능
　　　　　（단, 만차일 경우 탑승 불가능）

⚓ 이용 요금

성인(대학생 이상)	15,000원 / 태종대 환승 5,000원
소인 및 청소년(만 4세 이상)	8,000원 / 태종대 환승 3,000원

※ 태종대 코스(점보 버스)는 부산역, 용호만 터미널, 평화 공원에서 환승할 수 있으며 환승 시 별도의 추가 요금이 발생한다.

⚓ 운행 코스

레드 라인 ▶ 부산역 ↔ 해운대

부산역에서 출발하여 UN 기념 공원, 광안리, 마린 시티, 센텀 시티, 해운대 등 총 15개 정류장을 운행하며 부산의 명물인 부산항대교, 광안대교를 지난다.

블루 라인 ▶ 해운대 ↔ 용궁사

해운대 해수욕장을 출발하여 달맞이길, 청사포, 송정 해수욕장, 해동 용궁사 등을 거쳐 시립 미술관까지 지난다.

그린 라인 ▶ 오륙도 ↔ 용호만

용호만 유람선 터미널을 출발해 오륙도(SK뷰 아파트 도로변)를 지난다.

유용한 전화번호 & 사이트 & 어플

유용한 전화번호

⚓ 1330 관광 안내 전화

내외국인 관광객에게 국내 여행 안내 및 관광 통역 서비스를 지원하는 관광 안내 대표 전화다. 이용 요금은 일반 전화의 기본 요금이고 전국 어느 곳에서든 1330번호만 누르면 된다.

안내 분야 관광지, 교통, 숙박, 쇼핑, 통역 서비스 지원 등(365일 24시간 운영)
제공 언어 한국어, 영어, 일어, 중국어
이용 방법 국번 없이 1330

⚓ 관광 안내소, 외국인 서비스 센터

부산역, 국제 여객 터미널, 김해 공항, 노포동, 벡스코, 송정, 해운대, 수영, 창선, 달맞이길, 태종대 등에 관광 안내소가 있다. 특히 부산역에는 관광 안내소가 두 곳 있는데 부산역 건너편에 있는 관광 안내소는 외국인 서비스 센터로도 잘 알려져 있다. 지하철 부산역 1번 출구로 나와 상해 거리 쪽으로 가면 만날 수 있는데, 인터넷을 할 수 있는 컴퓨터도 있고 부산 여행에 도움을 주는 무료 안내 책자도 비치되어 있으며 무료로 이용할 수 있는 화장실도 있다. 외국인 서비스 센터이지만 내국인도 이용이 가능하다.

부산 종합 관광 안내소 051-253-8253
김해 공항(국제선) 관광 안내소 051-973-2800
김해 공항(국내선) 관광 안내소 051-973-4607
부산역 관광 안내소 051-441-6565
부산 외국인 관광 안내소 051-441-3121

⚓ **교통 문의**

코레일(www.korail.com) 1544-7788
부산 동부 버스 터미널(www.dbterminal.co.kr) 1688-9969
부산 서부 버스 터미널(www.busantr.com) 1577-8301

⚓ **기타**

민원 대표 전화 051-120

유용한 사이트

부산광역시 문화 관광 tour.busan.go.kr
부산의 맛집, 숙박, 축제, 공연, 전시, 쇼핑, 역사, 문화에 대한 정보가 수록되어 있는 사이트다. 한글은 물론 영어, 중국어, 일본어로도 서비스된다.

한국 관광 공사 www.visitkorea.or.kr
부산은 물론 타 지역의 여행 정보도 알 수 있는 사이트이다. 관광지는 물론 맛집과 숙박 시설에 대한 정보까지 다양하게 수록되어 있다. 한글과 영어, 중국어, 일본어, 불어 등 다양한 외국어로 서비스된다.

부산 관광 공사 bto.or.kr
부산 관광 사업에 대해 볼 수 있는 사이트다. 또 부산 여행에 대한 다양한 정보를 얻을 수 있다. 특히 'VISIT BUSAN' 코너에 들어가면 부산의 명소나 음식은 물론 가이드북과 지도도 볼 수 있다.

유용한 어플

카카오 맵
대한민국을 통째로 스캔한 카카오 맵은 원하는 곳의 장소 검색과 자동차 및 대중교통 길 찾기, 실시간 교통 정보를 얻을 수 있다.

네이버 지도
빠른 길 찾기와 실시간 교통에 대해 제공하는 어플이다. 자동차, 대중교통, 자전거, 도보 이용 시 최적의 경로를 찾아 주는 빠른 길 찾기 기능이 있다.

대한민국 구석구석
한국 관광 공사에서 제공하는 국내 최대 여행 정보 어플이다. 전국 관광지, 음식점, 숙박에 관한 정보를 제공한다.

오디(구 스마트 투어 가이드)
한국 관광 공사가 관광 안내 서비스 개선을 위해 제작한 어플이다. 한국의 대표적인 역사 유적지와 각 지역의 국립 박물관을 소재로 꾸며져 있어 재미있게 즐길 수 있다.

BUTI 부산시티투어
생생하고 다양한 관광 서비스를 제공받을 수 있다. 해운대 코스, 태종대 코스, 야경 투어 코스 등을 통해 테마 관광지를 손쉽게 즐길 수 있다.